KARL CZOK

AUGUST DER STARKE UND SEINE ZEIT

KURFÜRST VON SACHSEN
KÖNIG IN POLEN

EDITION LEIPZIG

Bildnachweis

Alle Abbildungen stammen aus dem Bildarchiv
Preußischer Kulturbesitz/Verlagsarchiv

Das Frontispiz zeigt Portal und Teile des Treppenhauses
im Wallpavillon des Dresdner Zwingers. Kupferstich von
Johann Georg Schmidt nach Matthäus Daniel Pöppelmann,
1729. Staatsarchiv Dresden

Die Deutsche Bibliothek – CIP-Einheitsaufnahme
Czok, Karl:
August der Starke und seine Zeit : Kurfürst von Sachsen,
König in Polen / Karl Czok. – 3., neu gestaltete und erw.
Aufl. – Leipzig : Ed. Leipzig, 1997
ISBN 3-361-00472-1

© 1989 by Edition Leipzig
3., neu gestaltete und erweiterte Auflage 1997
Die Verwertung der Texte und Bilder, auch auszugsweise, ist ohne
Zustimmung des Verlags urheberrechtswidrig und strafbar. Dies gilt
auch für Vervielfältigungen, Übersetzungen, Mikroverfilmungen
und für die Verarbeitung mit elektronischen Systemen.
Umschlaggestaltung: Morian & Bayer-Eynck, Coesfeld
Produktion: VerlagsService Dr. Helmut Neuberger
& Karl Schaumann GmbH, Heimstetten
Karte: Matthias Weis
Druck: Westermann Druck, Zwickau
Printed in Germany
Gedruckt auf alterungsbeständigem Papier
mit chlorfrei gebleichtem Zellstoff

Inhalt

Vorwort 7

Vom Hoflager zur Residenz 9

Der kurfürstliche Hof in Dresden 15

Geburt, Kindheit und Jugend Friedrich Augusts 19

Friedrich August I., Kurfürst von Sachsen 39

Die sächsisch-polnische Union (1697–1763) 48

Die Familie ohne Familienleben 90

Hofstaat und Hofadel 107

Repräsentation und Festkultur 123

Bauten und Kunstsammlungen 135

Leipzig als Nebenresidenz 147

Von Hof zu Hof 159

Hof und Regierung Augusts des Starken
im Urteil der Nachwelt 176

INHALT

Stammbaum Augusts des Starken *182*

Zeittafel *183*

Anmerkungen *192*

Karte *196*

Literaturhinweise *197*

Personenregister *203*

Vorwort

1697 wurde mit der Wahl und Krönung der Wettiner Kurfürst Friedrich August I., den man später »August den Starken« nannte, als August II. König in Polen. Er begündete damit die sächsisch-polnische Personalunion, die sich zu einem Machtfaktor in der europäischen Politik erhob und insbesondere von den Großmächten Österreich, Frankreich, England und Schweden beargwöhnt worden ist. Auch Sachsens unmittelbarer Nachbar Brandenburg-Preußen betrachtete diese Union als gefahrenbringende Konkurrenz und verhielt sich anfangs reserviert, später zunehmend gegnerisch. Selbst das zaristische Rußland entwickelte sich vom Bundesgenossen zum politischen Feind dieser Verbindung, weil es in Polen annexionistische Ziele verfolgte.

Im protestantischen Sachsen selbst herrschte keinesfalls Begeisterung über die königliche Standeserhöhung des Landesherrn, zumal sie mit der Konversion des Kurfürsten zum Katholizismus verbunden war, wenn auch August II. diese als seine »Privatsache« propagierte. Vorteile von der Unionspolitik versprachen sich weder Adel noch Bauern, eher schon das wirtschaftlich denkende und handelnde Bürgertum. Es erwartete, wie auch der Kurfürst-König, viel von wachsenden Wirtschaftsbeziehungen zwischen beiden Ländern, wenn auch die unterschiedliche ökonomische Struktur diese Hoffnungen nur bedingt zu erfüllen vermochte. Primäres politisches Ziel war für August II. die Durchsetzung des Absolutismus in Sachsen und Polen, was ihm in seinem Heimatland nur teilweise, im Kronland jedoch kaum gelang. Der Sohn und Nachfolger Friedrich August II. versuchte als König August III. dieses Ziel mit seinem Ersten Minister

Graf Brühl weiterhin zu erreichen, doch wachsender Widerstand in Polen selbst und bei den ausländischen Mächten, insbesondere Rußland und Preußen unter Friedrich II., ließen nicht einmal die Schaffung einer direkten Landverbindung zwischen den Unionsländern geschweige denn eine Realunion zu. Die Niederlagen im Siebenjährigen Krieg (1756–1763) bereiteten sowohl der sächsisch-polnischen Union als auch der damit verbundenen internationalen Stellung des Kurstaates ein ruhmloses Ende.

Dies war für die politischen Nachfolger wie für spätere Generationen – auch von Historikern – Anlaß genug, sowohl die Herrscher als auch ihr Werk, die Personalunion, durchweg negativ zu beurteilen. Eine objektive Betrachtung kann jedoch feststellen, daß in ihrer Geschichte auch positive Faktoren in Politik, Wirtschaft, Handel, Verwaltung und Kultur zu entdecken sind, die nachgewirkt haben, beispielsweise in der polnischen Verfassung von 1791 mit dem Kronangebot an Kurfürst Friedrich August III. und seiner Erhebung zum Herzog von Warschau 1807. Die beträchtliche Zunahme polnischer Händler anläßlich der Leipziger Messen, die Aufnahme von Emigranten in Sachsen im Gefolge der Befreiungsbewegung 1830/31 und die Beteiligung zahlreicher Freiheitskämpfer Polens an den revolutionären Bewegungen 1848/49 können ebenso als nachwirkende Faktoren genannt werden. Deshalb gilt es, die Erinnerungen und Traditionen des Augusteischen Zeitalters und der sächsisch-polnischen Union wachzuhalten, um sie für künftige Kooperationen zwischen Deutschland und Polen in einem geeinten Europa nutzbar zu machen.

Leipzig, im Januar 1997
Karl Czok

Vom Hoflager zur Residenz

Anfang der neunziger Jahre des 17. Jahrhunderts erinnerte sich August der Starke an den Hof seines Großvaters: »Dieser regierde zeit seiner regierung in ruhe es blihenten unter ihm alle ergezlichkeiten und man kunte sagen das es der schenste hoffe den ein kenig zu der zeit hatte.«[1]

Wenn es sich auch bei Kurfürst Johann Georg II. (1656–1680) um keinen König handelte, wie ihn der junge Friedrich August romanhaft übersteigert bezeichnete, so besaß er doch unzweifelhaft eine königlich ausgestattete Hofhaltung. Die Entwicklung dahin hatte fast 200 Jahre gebraucht. Denn im 15. Jahrhundert kannten die Wettiner noch keinen ortsfesten Hof, sondern sie schlugen ihr Hoflager an ganz unterschiedlichen Orten des Landes auf: in Burgen und Städten. Die Stifter der beiden Linien des Hauses Wettin wurden in den Burgen Meißen – der ältere Ernst – und Grimma – der jüngere Albrecht – geboren. Neben Meißen, Wittenberg und Torgau bevorzugten sie auch Dresden und Leipzig als Aufenthaltsorte. Die Trennung in einen ernestinischen und einen albertinischen Gebietskomplex infolge der Leipziger Teilung von 1485 geschah zu einer Zeit, da der Wandel vom Hoflager zu einer ortsfesten Residenz im Gange war.

In den Jahren 1471 bis 1474 begann der aus Leipzig kommende Landbaumeister Arnold von Westfalen noch im Auftrage beider Landesherren sowohl die Burg Meißen umzugestalten als auch das Dresdner Schloß zu erweitern. Doch während der Burgberg zu Meißen dem zeitgemäßen Anspruch an eine Residenz nicht entsprach, war das sich im Elbtal und in der Ebene erstreckende Dresden entschieden besser dafür geeignet. Freilich übernahmen Schloß, Stadt und Umland erst

VOM HOFLAGER ZUR RESIDENZ

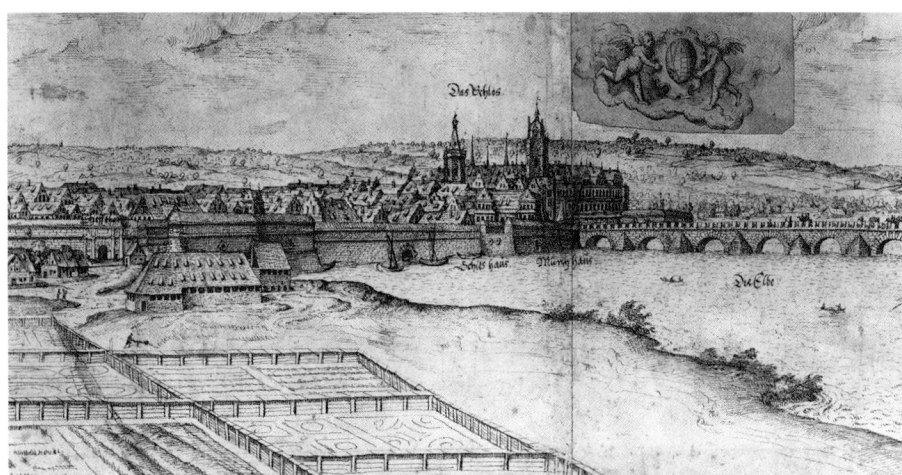

Residenzschloß mit Festungsanlagen, Schießhaus, Münze und Elbbrücke von der Pirnaischen Vorstadt aus. Nach der Leipziger Teilung von 1485 hatte sich Dresden zur ständigen Residenz des albertinischen Herzogtums Sachsen entwickelt. Älteste überlieferte Darstellung der Stadt, Bleistiftzeichnung von Gabriele da Tola, um 1570. Museum für Geschichte der Stadt Dresden

allmählich die ihnen zugedachte Funktion. So wurde Herzog Georg (1500–1539) im Jahr 1471 noch in Meißen geboren, sein Bruder Heinrich residierte in Freiberg, und die traditionelle Begräbnisstätte der Albertiner befand sich bis zum Ausgang des 17. Jahrhunderts dort im Dom. Seine beiden Söhne, der ältere Moritz und der jüngere August, erblickten gleichfalls in dieser erzgebirgischen Stadt das Licht der Welt, regierten jedoch schon von Dresden aus, wo es nun – in der Mitte des 16. Jahrhunderts – ein ansehnliches Renaissanceschloß gab.

Die Gründe für den Wandel von einem ständig den Ort wechselnden Hoflager zur ortsfesten Residenz waren wirtschaftlicher, politischer und kultureller Natur. In den mittelalterlichen Jahrhunderten umgaben den Fürsten und Landesherrn nur relativ wenige Personen, die mit der Hofhaltung und Verwaltung eines Territoriums zu tun hatten. Er mußte deshalb mit den Seinen im Lande umherziehen, um die an verschiedenen Orten zusammengebrachten Naturalabgaben der Bauern in Form von Nahrungs- und Futtermitteln zu verbrauchen und die angefallenen Steuern und anderen Geldabgaben der Städte zu kassieren. Die sich immer stärker durchsetzende Geldwirtschaft, die zweite Welle des Bergbaus mit beträchtlichen Ausbeuten, finanziellen Gewinnen und der damit verbundenen frühkapitalistischen Entwicklung sowie das Wachstum des Städtewesens schufen die wirtschaftlichen und siedlungsgeschichtlichen Voraussetzungen für die Bildung von Residenzen, die sich allmählich auf eine Stadt konzentrierten.

Meißen, Freiberg, Torgau und Leipzig waren bis dahin nicht nur größere Städte als Dresden, sondern zudem vom landesherrlichen Hof häufiger besuchte Orte. Wenn auch keiner der albertinischen Herrscher des 16. Jahrhunderts eine Begründung dafür gab, so entschieden sie sich letztlich dennoch für die Stadt in der Ebene. Vielleicht gaben die städtischen Siedlungen beiderseits des Flusses mit ihrer waldreichen Umgebung oder die verkehrsgünstige Elblage – eine Brücke existierte schon seit dem 13. Jahrhundert – und die »Frankenstraße«, die östliche Länder mit den oberdeutschen Metropolen Nürnberg und Augsburg verband, den Ausschlag, Dresden als Residenz auszubauen. Einen Grund bildete auch der Wandel von Baustil und Architektur, der die wettinischen Fürsten zwang, von der Höhe des Meißner Burgberges in die Elbebene zu wechseln.

Den Westflügel des Schlosses in Dresden mit der dazugehörigen Treppe, den Arnold von Westfalen unter anderem erbaut hatte, ließ Kurfürst Moritz 1549 wieder abreißen, weil er einen großen Turnierhof für Ritterspiele und Feste wünschte. Sein Onkel hatte bereits von 1530 bis 1535 die Erweiterung des Schlosses nach Osten hin vorgenommen, wodurch der nach ihm benannte Georgenbau entstanden war. Die 1547 durch den erst sechsundzwanzigjährigen und von Tatendrang erfüllten Moritz erworbene Kurwürde mochte Veranlassung gegeben haben, den Turnierhof in der Größe zu verdoppeln und in drei Hofecken Treppentürme mit Wendelsteinen oder sogenannten Schnecken zu bauen. Vor der südlichen Längswand des Nordflügels wurde ein »Altan« nach dem Vorbild italienischer Loggien mit reichen Säulenanordnungen errichtet. Durch seine Erhöhung beherrschte der »Hausmannsturm« die Silhouette der Stadt.

Die Notwendigkeit einer ortsfesten Residenz ergab sich auch aus politisch-staatlichen Bedingungen. Im Machtbereich der Wettiner hatte sich seit dem frühen 14. Jahrhundert der territoriale Ständestaat herausgebildet, an dessen Spitze zwar der Landesherr stand, der sich jedoch mit den Ständen – den Vertretern des Adels, des Klerus und der landtagsfähigen Städte – gewissermaßen in die Macht teilen mußte. Vor allem in den Steuer- und Finanzangelegenheiten hatten die Ständevertreter ein gewichtiges Wort mitzureden. Die Zusammenkünfte der Fürsten mit den Ständen fanden bis zur Mitte des 16. Jahrhunderts an verschiedenen Orten statt, konzentrierten sich jedoch im albertinischen Sachsen in der zweiten Jahrhunderthälfte immer häufiger auf Dresden. Zu diesen Gelegenheiten kamen mehrere hundert Personen mit einem beträchtlichen Anhang zusammen, was gewaltige Kosten verursachte. Deshalb bemühten sich die beiden Kurfürsten Moritz und August bereits darum, diese Versammlungen auf sogenannte Ausschußtage zu reduzieren, auf denen nur bestimmte Vertreter anwesend sein mußten. Erst 200 Jahre später, 1775, bekamen sie mit dem »Landhaus« ein eigenes Gebäude in Dresden, vordem hatten sie sich mit wechselnden Unterkünften zu bescheiden.

Den kurfürstlichen Brüdern Moritz und August gelang es mit ihrer Staatsorganisation und Verwaltung, die Einheit von Hof, Regierung und Residenz herzustellen. In seiner Kanzleiordnung von 1547 regelte Moritz sachlich und zeitlich den täglichen Dienstbetrieb seiner Räte, des Kanzlers, der Sekretäre und Kopisten. Sein Bruder übernahm diese Ordnung und entwickelte sie weiter. Er ließ 1579 sogar in der Nähe des Schlosses ein eigenes Kanzleihaus errichten. Ferner wurden in Dresden die Steuer- und Finanzverwaltung konzentriert, die Landesregierung als oberste Justizbehörde und der Lehnhof für die Belehnungssachen des Adels etabliert. Dazu kam noch 1580 als oberste Kirchenbehörde das Oberkonsistorium. Mit der Einrichtung des Geheimen Rates 1574 war eine Regierungszentrale geschaffen worden, an deren Spitze der Landesfürst stand, der sich von einer Gruppe bestallter Geheimer Räte, denen ein Kanzler vorstand, beraten ließ. An drei Tagen in der Woche mußte sich dieses Kollegium versammeln, dessen Beratungen protokollarisch festgehalten wurden. Zu den behandelten Themen gehörten die Innen- und Außenpolitik, die Bergwerks-, Kammer-, Landtags- und Verwaltungsangelegenheiten,

VOM HOFLAGER ZUR RESIDENZ

Kurfürst Moritz von Sachsen und seine Gemahlin Agnes, geborene Landgräfin von Hessen. Politische Tatkraft, Energie und das Streben nach Größerem kennzeichneten diesen Wettiner, dem sein Nachfahre Friedrich August nacheiferte und in seinen politischen Erfolgen ebenbürtig werden sollte. Gemälde von Lucas Cranach d. J. Staatliche Kunstsammlungen Dresden, Gemäldegalerie Alte Meister

der Nachrichtendienst, der auswärtige Schriftwechsel sowie die Beamtenbestallung. Die zunehmende Zentralisierung der Landesverwaltung und ihr wachsender Umfang kamen auch darin zum Ausdruck, daß das albertinische Territorium erst in fünf, später in sieben Kreise eingeteilt wurde: den Thüringischen, Leipziger, Meißnischen, Gebirgischen, Neustädter und Vogtländischen Kreis. Die untere Ebene der Staatsorganisation bildeten die Ämter.

Diese staatliche Zentralisierung hatte unter Kurfürst August einen solchen Grad erreicht, daß die Möglichkeit des Übergangs vom territorialen Ständestaat zum territorialstaatlichen Absolutismus bestand. Unter seinem Sohn und Nachfolger, Christian I. (1586–1591), versuchte dessen Kanzler Nikolaus Crell, der aus einem Leipziger Bürgergeschlecht stammte und mit dem Handelsbürgertum der Messestadt verbunden war, diese Politik zu verwirklichen. Doch durch den frühen Tod seines Landesherrn und den Widerstand des Adels sowie der lutherischen Geistlichkeit – Crell neigte dem Calvinismus zu – scheiterten diese Versuche. Der Initiator wurde einer der ersten und berühmtesten Häftlinge im »Staatsgefängnis« auf dem Königstein und schließlich 1601 in Dresden hingerichtet. Infolge der »calvinistischen Wirren«, des Dreißigjährigen Krieges und des wieder wachsenden Einflusses des Adels und der Stände sowie wegen der politischen Schwäche der Landesherren im 17. Jahrhundert kam es zu keiner absolutistischen Herrschaft wie in Frankreich oder Brandenburg, wenn auch die Zentralisierung der Staatsorganisation in Kursachsen einige, allerdings bescheidene, Fortschritte machte.

Der kurfürstliche Hof in Dresden

Der Kurfürst als der Landesherr mit einer mehr oder weniger großen Familie stand an der Spitze des Hofes, umgeben vom Hofstaat, zu dem Beamte und Bedienstete aller Ebenen gehörten. Die Stellung des Landesherrn bestimmte weitgehend Größe und Ansehen des Hofes.

Mit der Kurwürde und dem Erzmarschallamt des Reiches, die Herzog Moritz von Sachsen auf dem Reichstag zu Augsburg am 24. Februar 1548 von Kaiser Karl V. erhalten hatte – einschließlich der Kurfahne und des Kurschwertes als Zeichen dieser Würde –, besaßen die albertinischen Wettiner ihren bisher höchsten Rang als Reichsfürsten. Diese Erhöhung wirkte sich auch auf den kurfürstlichen Hof aus. Mit Moritz war der älteste Sohn Herzog Heinrichs zur Regierung gekommen. Dies entsprach dem Erbrecht im sächsischen Adel. Nach dem frühen Tod von Kurfürst Moritz folgte ihm der jüngere Bruder als Regent, eine Tatsache, die noch weitere Male vorkommen sollte, weil entweder männliche Erben ausblieben oder als Landesherren früh starben. Diese »ungeplante« Regierungsübernahme, wie sie bei den Kurfürsten August, Christian und August dem Starken erfolgte, veranlaßte einige Historiker zu der unbegründeten Behauptung, daß diese Fürsten nur ungenügend auf ihr landesherrliches Amt vorbereitet waren.

Die Erziehung der Fürstenkinder geschah in den damals maßgeblichen Formen, die beim hohen Adel des Reiches allgemein üblich waren und die in zunehmendem Maß auch von niederen adligen Schichten übernommen wurden: Ihre Schulbildung genossen sie im Einzelunterricht, wobei Theologen und Juristen eine nicht unbedeu-

🜲 *Kurfürst August von Sachsen. Der Bruder und Nachfolger Moritz' sicherte erfolgreich das junge albertinische Kurfürstentum in seinem territorialen Bestand. Die außerordentliche wirtschaftliche und innenpolitische Entwicklung brachte ihm, der sich um alles kümmerte, den Beinamen »Vater August« ein. Das Porträt zeigt ihn mit geschultertem Kurschwert, auf dem das Wappen des Reichserzmarschallamtes und das der Kurwürde gut zu erkennen sind. Gemälde von Zacharias Wehme, 1586. Staatliche Kunstsammlungen Dresden, Gemäldegalerie Alte Meister*

tende Rolle spielten. Universitätsstudien waren nicht Bedingung. Der junge Moritz hatte die Landesuniversitäten Leipzig und Wittenberg nicht besucht, dafür beeinflußten ihn jedoch nachhaltig der Hof seines Onkels Georg in Dresden und der des Landgrafen Philipp in Kassel, mit dessen Tochter Agnes er schließlich 1541 ohne elterliche Erlaubnis die Ehe einging, ein damals beim Adel ungewöhnliches Verhalten. Seine späteren politischen Entscheidungen erwiesen sich als ebenso umstritten und fanden sowohl Zustimmung als auch Kritik oder gar erbitterte Ablehnung.

Sein Bruder August besuchte dagegen die Universität Leipzig mit seinem »Zuchtmeister«, dem Humanisten Johannes Rivius. Er entwickelte sich zu einem Landesherrn, der in Wirtschaft und Politik vorsichtig, aber zielstrebig vorging und in religiösen Angelegenheiten das gelten ließ, was er von seinem lutherischen Standpunkt aus für richtig hielt. Seine handwerklichen Fähigkeiten – August drechselte bekanntlich gern –, die vielseitigen Interessen für die Natur – er zeichnete kleine Landkarten und war ein leidenschaftlicher Jäger – und insbesondere seine große Sammelleidenschaft haben dazu beigetragen, daß der Dresdner Hof nicht nur als politisches Zentrum des wirtschaftlich starken kursächsischen Staates ein großes Ansehen genoß, sondern auch als einer der kulturell geachtetsten europäischen Höfe galt.

Verglichen mit dem vielgegliederten und prachtvollen Hofstaat zur Zeit Augusts des Starken, erscheint der des 16. Jahrhunderts bescheiden. Wenn auch Herzog Moritz zur Entgegennahme der Kurwürde auf dem Augsburger Reichstag mit einem außergewöhnlich reich ausgestatteten Hofstaat erschien, zu dem die vornehmsten Männer des sächsischen Adels mit ihrem Gefolge gehörten – die Reiter waren in Samt gekleidet und trugen rote Fähnlein mit einem Wappen von Sachsen –, so haben doch seine Nachfolger Hofämter und Bedienstete nur unwesentlich erweitert. Erst nach dem Dreißigjährigen Krieg unter Johann Georg II. (1656–1680) nahmen Umfang und prunkvolle Ausstattung zu. Der Adel des Landes drängte immer zahlreicher zum Dienst am Hofe, weil er dort standesgemäße Zukunft erwarten konnte. Die Oberhofämter waren dabei fast durchweg von den vornehmsten adligen Familien Sachsens besetzt: die von Berlepsch, Callenberg, Carlowitz, Einsiedel, Friesen, Gersdorf, Haugwitz, Klengel, Lüttichau, Miltitz, Neitschütz, Ponickau, Schleinitz, Schönberg, Taube, Werthern, Wolframsdorf und anderen. In der von dem Zweiten der Johann George eingeführten Hofstaatsrangordnung von 1676 sind insgesamt 301 Personen genannt, was gegenüber den 100 Angehörigen des Hofes von Kurfürst August als beträchtliche Erhöhung angesehen werden muß. Dazu kam noch ein Heer von Bediensteten, die für das persönliche Wohl der Hofgesellschaft zu sorgen hatten. Damit präsentierte auch der Hof zu Dresden den herausragenden Rang der adligen Gesellschaft in Sachsen.

Als Johann Georg II. vor der in Dresden ausgebrochenen Pest 1680 in das bescheidenere Schloß Freudenstein nach Freiberg floh, weil er meinte, daß dort gesündere Luft wehte, ereilte ihn gerade hier in seinem 67. Lebensjahr der Tod, was bei seinem Enkel, dem jungen Friedrich August, einen solchen Eindruck hinterließ, daß er in der nach 1690 geschriebenen Darstellung seiner Jugenderlebnisse darüber berichtete: »Unterteßen aber wurde der ganze hof zerstreiet durch eine contagion so einfihl welches machte das n 2 (Johann Georg II.) mit der gemahllien nacher n (Freiberg) residiren ginge alwoh er sein lehben beschloße«.[2]

Geburt, Kindheit und Jugend Friedrich Augusts

Die gesellschaftlichen Zustände Kursachsens, in die Friedrich August hineingeboren wurde, waren gekennzeichnet durch den Wiederaufbau nach dem großen Krieg, das erneute Aufblühen von Manufakturen und Verlagswesen und die Überwindung der Drangsale des Krieges.

Die Menschen erfüllte immer mehr ein Optimismus zu neuem Leben, wie es zahlreiche Kirchenlieder aus diesen Zeitläuften noch heute ahnen lassen. Denn höhere landwirtschaftliche Erträge, auf den Bauernwirtschaften und Rittergütern erarbeitet, beseitigten bei vielen Menschen die Qual des Hungerns. Später erhielten diese auch wieder ein Dach über dem Kopf und Kleidung auf dem Leib. Wohlhabende und Mächtige entfalteten einen Luxus, der von strengen lutherischen Pastoren und einigen Kritikern der Gesellschaft als Auswuchs des Bösen angeprangert wurde.

Am 12. Mai 1670, vormittags gegen neun Uhr, brachte Anna Sophie, Tochter des Dänenkönigs Friedrich III., einen zweiten Sohn zur Welt, der den Namen Friedrich August erhielt. Zwei Jahre zuvor war bereits der Bruder Johann Georg geboren worden. Der Vater dieser beiden Söhne, Kurprinz Johann Georg III., mußte noch volle zehn Jahre warten, ehe er selbst die Nachfolge als Landesherr antreten konnte. Seine hauptsächlichsten Interessen galten dem Militär und dem Kriegsdienst, der Jagd und den Geselligkeiten. Der Kaiser hatte ihn 1661 zum Reichsjägermeister ernannt. Sein Vater, Johann Georg II., beteiligte ihn seit 1663 an der Regierungsarbeit und schickte ihn sechs Jahre später als Landvogt in die Oberlausitz mit der Ortenburg zu Bautzen als Residenz.

GEBURT, KINDHEIT UND JUGEND

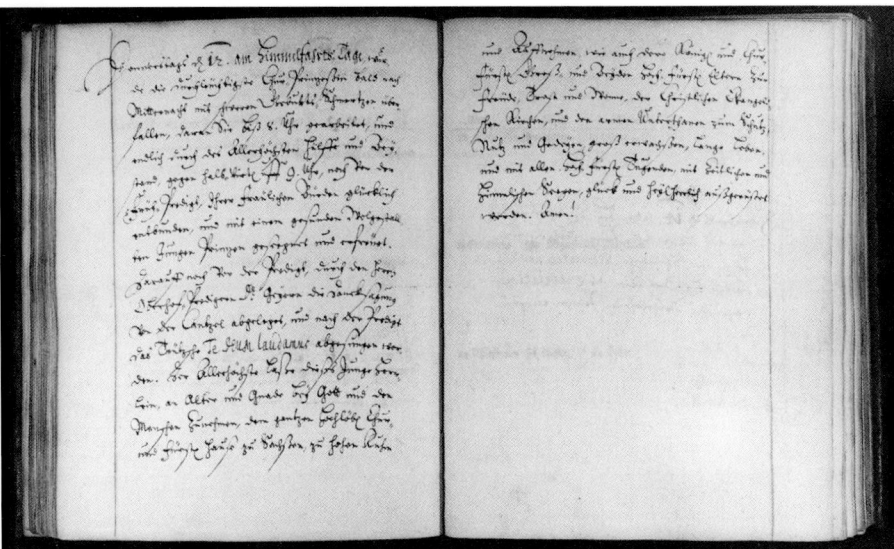

Eintragung über die Geburt von Friedrich August am 12. Mai 1670 im Hoftagebuch des Kurprinzen Johann Georg und seiner Frau Anna Sophia. Darin heißt es unter anderem, daß die Kurprinzessin »gegen halb-viertel uff 9 Uhr noch vor der Frühpredigt ihrer fraulichen Bürden glücklich entbunden und mit einem gesunden wohlgestallten jungen Prinzen geseegnet und erfreuet« wurde. Staatsarchiv Dresden

Die Eltern des im Zeichen des Stiers geborenen Knaben, den man zu dieser Zeit noch Friedrich rief, ergaben aber ein sehr ungleiches Paar mit völlig unterschiedlichen Interessen und Veranlagungen. Der lebenslustigen Art des Vaters entsprach die ernste und fromme der gebildeten dänischen Königstochter kaum. Sie beherrschte neben ihrer Muttersprache Latein, Deutsch, Französisch, Italienisch sowie Spanisch und trat energisch für den Protestantismus ein. Von der Mutter hatte Friedrich August vor allem das Äußere geerbt: die lange kräftige Nase und die dunklen Augenbrauen. Nach dem Vater geriet er in der Lebensart, doch noch leidenschaftlicher in allem, was er anpackte oder zu erreichen suchte. Die Kinderjahre verlebte der junge Friedrich bei seinem Großvater Johann Georg II., der noch bis 1680 regierte. Dessen großzügige und prachtvolle Hofhaltung, vor allem die Feste im sogenannten Riesensaal des Schlosses, beeindruckten den Jungen.

GEBURT, KINDHEIT UND JUGEND

Scheibenschießen im Hofe des Schießhauses zu Dresden, 1678. Bei allen Schwierigkeiten führte Johann Georg II., der Großvater von August dem Starken, einen glänzenden Hof. Im Rahmen der jährlichen Familienzusammenkünfte fanden in der Residenz traditionell Festveranstaltungen im Schloß, im Schloßhof und auf der Stallbahn statt. Kupferstich von Georg Jacob Schneider, 1680. Staatsarchiv Dresden

Als er fünf Jahre alt war, erhob sich der Schloßturm durch Umbau auf die stattliche Höhe von 97 Metern. Schloß, Stallhof und Stechbahn, das von Wolf Caspar von Klengel erbaute neue Reithaus, der vergrößerte Jägerhof in Altendresden sowie das später errichtete Lusthaus auf der Jungfernbastei und schließlich der erste Barockbau, das Palais im Großen Garten vor dem Pirnaischen Tor, stellten das architektonische Umfeld dar, in dem der zweitgeborene Fürstensproß mit seinem älteren Bruder Johann Georg aufwuchs. Das vermittelte ihm das stolze Bewußtsein, zu einem der traditionsreichsten deutschen Fürstenhäuser zu gehören. Der junge Friedrich August wurde so ganz selbstverständlich mit den Lebensgewohnheiten und Festtraditionen des landesherrlichen Hochadels vertraut gemacht.

Anläßlich der »Durchlauchtigsten Zusammenkunft« der gesamten Mitglieder des sächsischen Hauses in Dresden im Jahr 1678 fanden auch Karussellrennen neben Opern-, Schauspiel- und Ballettaufführungen statt. Der junge Friedrich August, damals gerade knapp acht Jahre alt, dürfte mit kindlichem Staunen und besonderer Anteilnahme diesen festlichen Höhepunkt miterlebt haben. Ein Jahr zuvor hatte der Knabe zur Zeit des Karnevals in der Komödie »Der durchlauchtigste Gärtner, mit Maschinen« als des Gärtners Diener in der Rolle des »Hanswursts« mitgewirkt, während sein Bruder den Gärtner spielen durfte. Mehrere Festlichkeiten des wettinisch-albertinischen Hofes blieben nicht in der Abgeschlossenheit des Schlosses, sondern erstreckten sich auf die Stadt Dresden oder ihre nähere Umgebung. In den ersten Wochen des Jahres fanden vor allem die Karnevalsfeste statt, die sich seit dem 16. Jahrhundert von Italien kommend mehr und mehr in Deutschland verbreiteten. Schon unter Johann Georg I. hatte sich das ausgelassene närrische Treiben, verbunden mit üppigen Festmählern, entwickelt. Bei den Maskeraden ging es lockerer her als zu anderen Hoffesten. Der Kurfürst und seine Familie mischten sich unter die Leute, wenn auch ihre Masken meist allgemein bekannt gewesen sein dürften. Andere Teilnehmer – vom Diener bis zu den höchsten Hofchargen, selbst Hofnarren und Mohren – vermochten sich ungezwungen zu verhalten und veranstalteten allerhand Späße und Neckereien, die Personen von Adel ebenso hinnehmen mußten wie Bürger und Bauern.

In der Veranstaltung von Aufzügen, Balletten, Opern, Komödien, Wirtschaften, Jagdvergnügungen, Bauernhochzeiten, Ausflügen und anderen Festlichkeiten erwiesen sich der Kurfürst Johann Georg II. und seine Oberhofmarschälle – Baron von Rechenberg, Graf von Callenberg, Baron von Kanne und Hermann von Wolframsdorf – als beinahe unerschöpflich. Die Gegenmaßnahmen des Oberkonsistoriums, zusätzliche Fasten-, Buß- und Bettage zu verordnen, berührten die Hofgesellschaft kaum. Da eine Teilnahme des Hofadels an den Festen zur gesellschaftlichen Pflicht gehörte und immer häufiger Landadlige geladen wurden, zudem unter Johann Georg II. die französische Mode sich auszubreiten begann, stiegen die Ausgaben für die Festlichkeiten sowohl des Hofes als auch der einzelnen Adelsfamilien. Kleider, Livreen und Wagen mit goldenen und silbernen Verzierun-

GEBURT, KINDHEIT UND JUGEND

👑 *Das Residenzschloß Dresden in seiner Renaissancegestaltung. Die Ansicht von der Stadtseite her gestattet einen Blick auf den Schloßgarten, den Schloßhof und die Innenseite des zur Elbe gerichteten Schloßflügels mit den Sgrafittoverzierungen und dem Schloßturm. Kupferstich von Johann Alexander Boener aus der Dresden-Chronik von Anton Weck, Der Churfl. Sächs. weitberuffenen Residentz und HauptVestung Dresden Beschrei- und Vorstellung, Nürnberg 1680*

gen, der Aufwand an kostbarem Schmuck und Zierat, Perücken für die Herrschaft und die Dienerschaft veranlaßten zwar die Landstände, gegen Luxus und Wohlleben beispielsweise auf dem Landtag von 1676 zu protestieren und eine Luxussteuer zu erheben. Diese blieb jedoch ohne Wirkung. Die große Schuldenlast – mit vier Tonnen Gold angegeben – mußten schließlich die Landstände übernehmen. Sie ließen sich jedoch dafür das Direktorium des Steuerwesens übertragen. Eine Landakzise und die Stempelsteuer sollten helfen, den Berg von Schulden abzutragen.

Die Vertreter der Stände befanden sich in einer zwiespältigen Situation: Einerseits kritisierten sie die besonders pracht- und luxusliebende Hofhaltung Johann Georgs II., weil sie ihnen zu viel Geld kostete, andererseits waren sie mit ihr auf vielfältige Art und Weise verbunden. Denn die meist weitverzweigten sächsischen Adelsgeschlechter vermochten sich dem Hof nur schwer zu entziehen; er übte im Gegenteil eine immer größere Anziehungskraft auf sie aus, zumal er inzwischen auch internationales Ansehen gewonnen hatte: 1678 verlieh der englische König Karl II. aus dem Hause Stuart Johann Georg II. den Hosenbandorden, den der Gesandte William Schwan überreichte. Bereits fünf Jahre zuvor war eine russische Gesandtschaft in Dresden eingetroffen. Am Kaiserhof in Wien befand sich ein ständiger Botschafter Kursachsens. Künstler aus Italien und Frankreich beherrschten das kulturelle Leben am Hofe, aber auch ein Musiker, Kapellmeister und Komponist wie Heinrich Schütz, Hofkapelle und Oper bis 1672 leitend, trug zu seinem über die sächsischen Grenzen hinausreichenden Ansehen bei.

Ob Friedrich August von der bürgerlichen Welt seiner Zeit ebenfalls beeindruckt wurde, ist nicht überliefert. Die Einwohnerzahl der kursächsischen Hauptstadt Dresden stieg von 16 000 Bewohnern im Jahr 1648 auf 21 300 im Jahre 1689 an, und obwohl sie sich mit den großen außerdeutschen Residenzstädten – Paris, London und Madrid – natürlich nicht zu messen vermochte, legte auch die Elbestadt ihren provinziellen Charakter allmählich ab. Die sich zunehmend sozial differenzierende Bevölkerung stand unter dem Einfluß des Hofes, seiner landesherrlichen Beamten und der Kaufleute. Die bürgerliche Ober-

GEBURT, KINDHEIT UND JUGEND

👑 *Kurfürst Johann Georg III. von Sachsen im Alter von 38 Jahren. Der Vater Augusts des Starken ist in die Geschichte als »sächsischer Mars« eingegangen. Mit dem von ihm geschaffenen stehenden Heer hatte er 1683 entscheidenden Anteil an der Vertreibung der Türken vor Wien. In seiner Regierungszeit kamen viele befähigte Menschen nach Dresden, die später den Ruhm der sächsischen Residenz in absolutistischer Zeit mitbegründen halfen. Gemälde von Samuel Bottschildt, 1693. Kriegsverlust*

Kurfürst Johann Georg IV. von Sachsen. Der zwei Jahre ältere Bruder Friedrich Augusts trat im September 1691 die Nachfolge seines Vaters an. Reliefmedaillon aus Böttgersteinzeug nach einem Elfenbeinrelief von Balthasar Permoser. Staatliche Kunstsammlungen Dresden, Porzellansammlung

schicht hatte die Handwerker aus dem Stadtrat verdrängt, der sich andererseits immer wieder Eingriffe des Landesherrn gefallen lassen mußte, wie sie in einer Residenzstadt zur Tagesordnung gehörten. Dazu kamen die Veränderungen im Stadtbild: Die Zahl hochgebauter Bürgerhäuser oder Adelspalais nahm zu, allmählich wuchs der Anteil der Steinbauten mit repräsentativen Toren und geschnitzten Doppeltüren. Die Renaissancearchitektur der Häuser veränderte sich durch Um- und Anbauten; Erker und plastisches Schmuckwerk sowie bunte Bemalung gaben den Straßen ein abwechslungsreicheres und freundlicheres Aussehen. Die Gebäude des Schlosses, der Stallhof, das Reit- und Zeughaus, die Oper und das Komödienhaus boten aristokratischen Kontrast zu den Bürgerhäusern.

Eine Zeitlang wuchsen die Brüder Johann Georg und Friedrich August gemeinsam auf, doch litten ihre Erziehung und das Zusammenleben unter häufigen Streitigkeiten. Wir haben nur »stehten Krieg miet einander und dieweil die natur den ingern mehr forteil vor dem elteren geben«, schrieb Friedrich in seinen Aufzeichnungen um 1690. Den Bruder charakterisierte er folgendermaßen: Er »wahr von natur und glietmaßen schwag, von gemiette zornig und melanquollich; sehr großes belieben, wissenschaften zu lernen in welchen er sehr reuchirte« (erfolgreich war).[3] Das schlechte brüderliche Verhältnis mag der Grund dafür gewesen sein, daß Friedrich August mit 15 Jahren einen eigenen Hofmeister erhielt: den westfälischen Adligen Christian August von Haxthausen.

Ein Jahr später hatte er bereits sein erstes Liebeserlebnis mit der Hofdame Marie Elisabeth von Brockdorf. Als die Liaison an die Öffentlichkeit kam, wies die Kurfürstin die Hofdame mit dem als Postillon d'amour tätigen Pagen aus dem Schloß. Doch Friedrich steckte sich hinter seinen Vater, der schönen Frauen gleichfalls nicht abhold gewesen ist. Dessen feuriges Temperament durften seine beiden bekannten Mätressen genießen: die einheimische Adlige Margarethe Susanne von Zinzendorf und die italienische Sängerin Margherita Solicole. So war es nicht verwunderlich, daß der Vater der Hofdame und Geliebten seines Sohnes erlaubte, an den Dresdner Hof zurückzukehren.

Seine erste größere Reise unternahm der Fürstensohn mit seiner Mutter im Herbst 1686 zum Onkel, König Christian V. von Dänemark. Ob die strenggläubige Mutter diese initiierte, um den Sohn aus der für ihn »gefährlichen Situation« hinauszukomplimentieren, ist ungewiß.

Die Hofetikette erforderte eine sorgfältige Vorbereitung und Durchführung. Schon im März des Jahres 1686 schrieb von Haxthausen an den Kurfürsten um die Bewilligung von 3000 Talern für die Reise und 1000 Talern für die Anschaffung einer Equipage. Ein Vierteljahr später gab dann der kurfürstliche Vater dem Hofmeister eine Instruktion für die Reise nach Holstein. Danach hatte dieser auf die Gesundheit und »Conduite« entsprechend den jungen Jahren des reisenden Fürstensprößlings zu achten und sollte, wenn sich etwas Besonderes ereignete, die Mutter konsultieren oder den dänischen König. Das Reisegeld war genau spezifiziert, denn schon am 19. April 1686 hatte die Rentkammerverwaltung 2000 Taler gegen Quittung

GEBURT, KINDHEIT UND JUGEND

Anna Sophie, Gemahlin des Kurfürsten Johann Georg III. von Sachsen. Mit dieser Heirat im Jahre 1666 wurden die dynastischen Verbindungen der Wettiner zu den Herzögen von Schleswig-Holstein-Gottorp bzw. dem Königshaus von Dänemark, die bereits im 16. Jahrhundert bestanden hatten, erneuert. Auch ihr Sohn Friedrich August stellte nach 1694 diese familiären Beziehungen in den Dienst seiner ehrgeizigen Politik. Gemälde von einem unbekannten Meister, um 1666. Ehem. Schloß Großsedlitz

ausgezahlt. Von dieser Summe mußten die Spesen für die mitreisenden Personen bestritten werden: für den Hofmeister, den Reisemarschall, den Kücheninspektor, den Futtermarschall, den Fourier, vier Pagen und vier Lakaien, die begleitenden Gardesoldaten und ihren Kommandanten, die Musikanten und Komödianten und eine Altfrau. Für Küche und Keller waren 200 Taler vorgesehen, die Präsente für den dänischen Königshof kosteten 650 Taler und 21 Groschen. Nachdem die Reisegesellschaft Dresden verlassen hatte, schrieb der in Sachsen zurückgebliebene Kurfürst an die Kammerdirektion und die Landstände die Mitteilung, daß für die Reise insgesamt 3000 Taler ausgegeben werden mußten.[4] Diese Tatsache zeigt erneut, daß der kursächsische Landesherr in Finanzsachen von den Ständen und ihrer Steuerverwaltung in einem gewissen Maß abhängig gewesen ist.

In der zweiten Hälfte des 17. Jahrhunderts ein sich festigender Staat, hatte Dänemark durch die sogenannten Königsgesetze von 1665 den Charakter einer absolutistischen Monarchie angenommen, in der einerseits Macht und Einfluß des Adels durch die Auferlegung von Steuern zurückgedrängt wurden und andererseits fähige bürgerliche Ständevertreter in hohe Staatsämter aufsteigen konnten. Die wichtigste und folgenreichste gesetzliche Bestimmung aber legte fest, daß der König unumschränkte Gewalt ausüben konnte, aber nur von dänischem Boden aus. Außerdem mußte er dem lutherischen Bekenntnis angehören. Zur Erbfolge berechtigt waren männliche und weibliche Nachkommen. Dies eröffnete auch den Söhnen der Königstochter und Kurfürstin Anna Sophie die Möglichkeit, unter günstigen Umständen Ansprüche auf die dänische Krone anzumelden.

Zur Zeit des Besuches der Verwandtschaft aus Sachsen war das Königreich Dänemark-Norwegen auch ein wirtschaftlich aufstrebendes Land, das eine eigene überseeische Kolonialpolitik betrieb. Daß den Sechzehnjährigen am dänischen Königshof andere Dinge mehr beeindruckten, läßt der kurze Brief an seinen Vater in Dresden vom 16. September 1686 aus Gottorp vermuten: »Durchlauchtigster Churfürst, gnedigster Herr vater. Ich habe meines kind schuldigsten gehorsam erachtet Ew Gnaden mit dießen aufzuwarten und zu berichten, daß wir mit Ihr. Majet gestern wieder hier kommen. Vermelde auch, daß das Caronsel (Karussellrennen) künftige Woche noch vor sich gehen werde, nach welchem man vermutet, (daß) Ihr Gnad balt von hier wieder zurück gehen werde. Hoffe ich also das Glück auch bald zu haben, Ew. Gnad. die Hände zu küssen und unterthänigst zu versichern, daß ich mit schuldigsten respect bin Ew. Gnad. unterthänigster Sohn und diener Friedrich August H.(erzog) z.(u) S.(achsen).«[5]

Kurz nach seinem 17. Geburtstag sollte Friedrich August wieder auf die Reise gehen. Diesmal stand ihm die große Kavalierstour bevor. Bereits Johann Georg I. hatte eine solche nach Italien unternommen. Friedrichs Bruder Johann Georg war von dieser Reise 1686 gerade zurückgekehrt, die ihn durch Frankreich, England, die Niederlande, Holstein – hier trafen sich die Brüder beim dänischen König –, Niedersachsen und Westfalen führte. Die Aufgabe einer solchen Reise – sie kam überhaupt beim Adel im 17. Jahrhundert immer mehr in Mode

– bestand darin, den Fürstensohn an ausländischen Höfen einzuführen, ihm gewandte Umgangsformen, diplomatische Kenntnisse und Erfahrungen zu vermitteln, ihn in Fremdsprachen zu üben sowie Kunst, Architektur und Kultur anderer Länder kennenlernen zu lassen. Im Staatsarchiv Dresden befindet sich eine Akte mit dem Titel »Herzog Friedrich Augusti zu Sachsen. Hochfürstliche Durchlaucht Reisen in fremde Lande«, die mit bürokratischer Akkuratesse diese Kavalierstour mit allen ihren Begleiterscheinungen festhielt. Danach wandte sich der Landesherr und Vater am 30. März 1688 an die Direktoren und Geheimen Räte zu Dresden, indem er seinen Entschluß bekanntgab, daß Friedrich August in »fremde Lande« reisen müßte, damit er sich »in allen wohlanständigen Fürstlichen Tugenden desto mehr perfectionieren möge«[6]. Nach den Wünschen des kurfürstlichen Vaters sollte die Reise drei Jahre dauern. Zu seiner Begleitung gehörten: als Leiter der Hofmeister von Haxthausen, ein adliger Kammerdiener (von Vitzthum) und ein Stallmeister (von Einsiedel). Die beiden bürgerlichen Mitreisenden waren Dr. Matthäus Pauli als Medikus und Dr. Paul Anton als Pfarrer. Sie hatten sich für die Berufung zu diesem ehrenvollen Auftrag besonders bedankt. Als Reisetermin war der 19. Mai 1687 festgesetzt worden.

Eine in mehrfachen Handschriften vorhandene »Reise-Beschreibung oder Diarium So bey Sr Hochfürstl. Durchl. zu Sachßen Herzogs Friedrich Augusti gethanen Reise vom 19. May 1687 biß den 28. April 1689 gehalten« beweist, daß dieser Reise bewußt eine Öffentlichkeitswirkung zugemessen wurde, obwohl Friedrich August als »Graf von Leißnigk« und nicht als Herzog von Sachsen unterwegs sein sollte. Er war mit zwei Pässen in lateinischer und deutscher Sprache ausgerüstet, als ihn an diesem Maitag das kurfürstliche Ehepaar bis Leipzig begleitete, weil es sowieso die Ostermesse zu besuchen gedachte. Von der Messestadt aus begann die Fahrt – wie dann jeweils täglich – zwischen fünf und sechs Uhr früh nach dem Morgengebet.

Zu den ersten Stationen gehörten Erfurt, Frankfurt am Main, Straßburg und Paris, wo die Reisegesellschaft am 17. Juni 1687 ankam. Nach den Briefen des Fürstensohnes an seinen Vater zu urteilen, hatte

GEBURT, KINDHEIT UND JUGEND

👑 *Jugendbildnis des Prinzen Friedrich August im Alter von etwa 15 Jahren. Es zeigt einen bereits stattlichen jungen Mann, der erwartungsvoll in die Welt blickt. Frühzeitige körperliche Übungen, wie Reiten, Fechten, Springen, Schießen, Fahnenschwingen, Ringel-Reiten und Ballschlagen, ließen die ihm angeborene Körperkraft voll zur Entfaltung kommen. Gemälde eines unbekannten Meisters, um 1685, Barockmuseum Schloß Moritzburg*

er kaum etwas Außergewöhnliches erlebt. Sie waren stets sehr kurz gehalten, meist weniger als eine Folioseite beschrieben. Sogar die beiden Empfänge beim »Sonnenkönig« Ludwig XIV. haben ihn danach nicht sonderlich beeindruckt. So teilte er dem Vater den ersten Empfang, den die Gemahlin des königlichen Bruders, Elisabeth Charlotte (genannt Liselotte von der Pfalz) arrangierte, folgendermaßen mit: »... wie madame la Dauphine mich gar wohl empfangen und sich zu allen gegen mir offieret, güng hernacher auß ihrem gemach auf die lange gallerie, allwo der König zu ihr kam, an welchen sie mich presentierte.«[7] In einem späteren Brief verwies der protestantische Fürstensohn aus Sachsen auf Verfolgungen der Hugenotten, die im Zusammenhang mit dem Edikt von Fontainebleau 1685 wieder verstärkten Repressalien ausgesetzt wurden: »Es wird von ganz gewiß gesaget, das die Straßburger order bekommen haben sich in etlich dagen zu resolviren die religion zu chanchiren zu dem und sein auch schon viel dragoner hineinmarschiret sie zu bekehren.« Außer dem Empfang bei König Ludwig interessierte ihn besonders das Schloß Versailles, in das wenige Jahre zuvor Regierung und Hof von Paris aus verlegt worden waren. Jedermann zugänglich, bildete es eine überragende Demonstration an Macht und Größe. Ähnliches muß Friedrich August bei der Besichtigung der von Sébastien le Prestre de Vauban geschaffenen Befestigungsanlagen mit den zahlreichen vorgeschobenen Bastionen empfunden haben, zumal er durch seinen Lehrer Wolf Caspar von Klengel zum Studium des Festungswesens besonders angeregt worden war.

Die Briefe des Hofmeisters von Haxthausen an seinen kurfürstlichen Herrn besaßen höheren Informationswert. Während der junge »Graf zu Leißnigk« auch über den zweiten Besuch bei Ludwig XIV. nur kurz berichtete, daß er ihn »gar honnet und mit gar fihller distinction empfangen«, wird aus des Hofmeisters Mitteilung deutlich, daß auf seine Bitte hin Elisabeth Charlotte »sich gütigst erbotten, meinen Herrn nicht allein dem König zu presentiren, sondern auch in allem waß zu Seinem Vergnügen am hiesigen hofe gereichen könte zu contribuiren«. Er berichtete weiterhin über Personen, politische Ereignisse, diplomatische Aktivitäten, militärische Vorkommnisse, Regi-

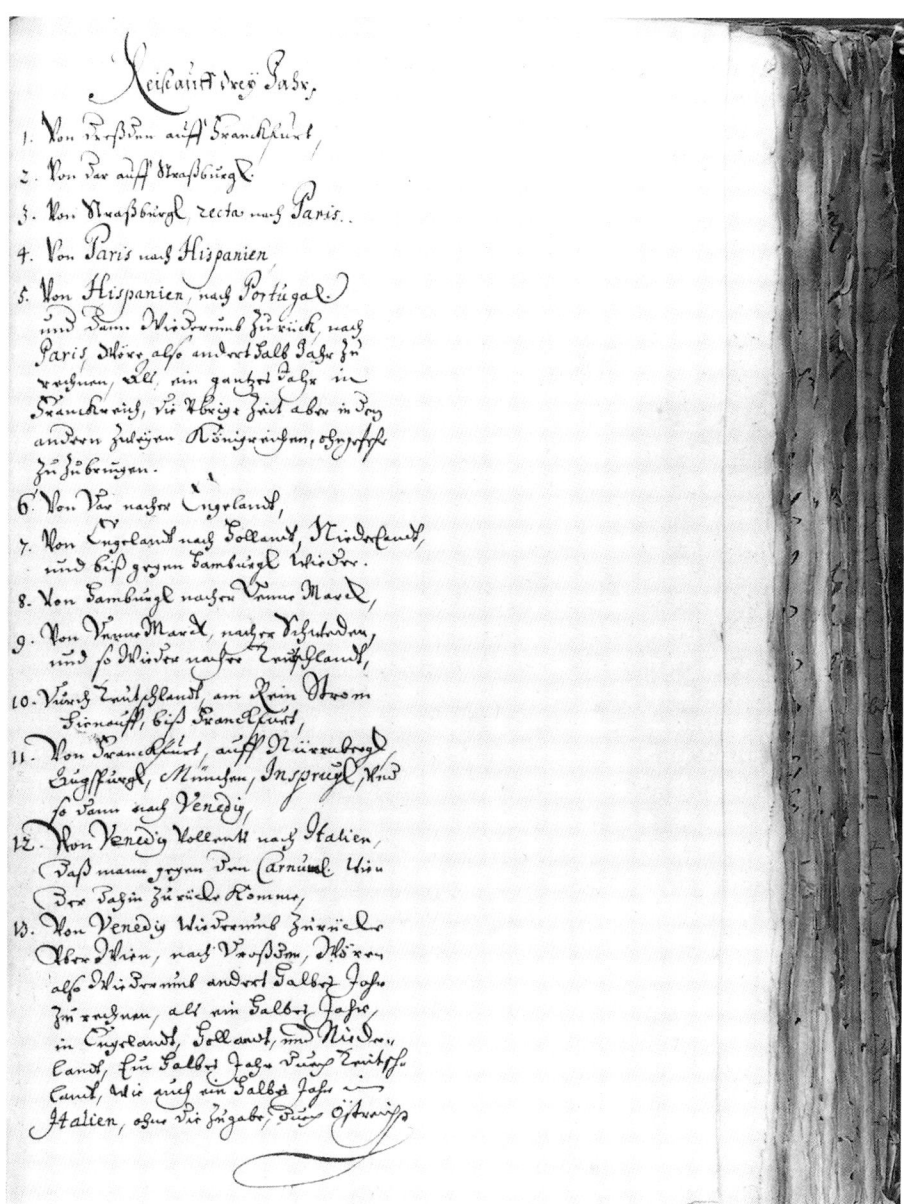

Programm für die Kavalierstour des Kurprinzen Friedrich August. Diese »Reise auf drey Jahr« sollte den »Graf von Leißnigk« vom 19. Mai 1687 bis zum 28. April 1689 von Dresden über Frankfurt am Main und Straßburg nach Paris, Spanien, Portugal, England, Holland, Dänemark, Schweden, von da erneut über Frankfurt, Nürnberg, Augsburg, München und Innsbruck nach Venedig und auf der Rückreise von Italien über Wien zurück nach Dresden führen. Staatsarchiv Dresden menteraufstellungen und vieles andere, was in Sachsen zur Aufhellung der französischen Eroberungen im Westen des Reiches durchaus zu kennen wichtig war. Denn die Reunionspolitik Frankreichs verschärfte die Kriegsgefahr.

Für Friedrich August ging die Zeit seines Aufenthaltes in Paris und Versailles im Herbst 1687 zu Ende. Er hatte hier abwechslungsreiche Tage verlebt, die vormittags mit Unterricht und Studien, nachmittags mit Ausflügen und Besichtigungen und abends mit Gesellschaften und Theateraufführungen ausgefüllt waren. Dadurch gab es viele Gelegenheiten für Bekanntschaften und Beobachtungen. Als die Reisegesellschaft von Paris aufbrach, um nach Spanien weiterzuziehen, gab der Hofmeister ein »Verzeichnis der ordinari – Monatl. Ausgaben«[8].

800 Taler monatlich, mit dem Wein, ohne das Extraordinaire
175 „ Hausmiethe
80 „ für 7 Pferde zu unterhalten und dem Schmiede
34 „ für die Kutsche, welche der Herr Graf gemietet
224 „ Kostgeld für den Doktor, den Geistlichen, den Sekretär und andere Bediente
65 „ für die Exerzitien in der Akademie, für Kopf und Ringrennen
23 „ für den französischen und spanischen Sprachmeister
15 „ für den Tanzmeister
50 „ für den Herrn Grafen (Friedrich August) als Handgeld
7 „ für den Fortifikationsmeister
160 „ für Reisen nach Versailles, für Oper und Komödien

Dies ergab eine monatliche Ausgabensumme von 1633 Talern. Sie blieb also unter den in Dresden veranschlagten 2000 Talern.

In Bayonne nahe der spanischen Grenze mußte eine längere Zwangspause eingelegt werden, weil Friedrich August an einer fiebrigen Krankheit litt, die sich bis Jahresende hinzog und infolgedessen spezielle Aktivitäten des begleitenden Arztes Dr. Pauli erforderte. Selbstverständlich gab er auch darüber ausführlichen Bericht nach

Dresden, der allerdings über die Krankheitsursache nur Vermutungen äußerte. Der Doktor war heilfroh, als die Genesung des ihm anvertrauten Jünglings wieder sichtbare Fortschritte machte, so daß gegen Jahresende die Reise fortgesetzt werden konnte.

Ende Dezember 1687 erreichten die Reisenden Madrid. Friedrich August beeindruckte vor allem der Escorial, ein riesiges Granitbauwerk, das auf Weisung Philipps II. von 1563 bis 1585 als Kloster, Kirche und königliche Begräbnisstätte errichtet worden war. Diese eigenartige Residenz trug wohl mit dazu bei, daß den architekturbegeisterten Fürsten Zentralbauprojekte ein Leben lang immer wieder beschäftigten. Ein Abstecher führte nach Lissabon, und dann ging es wieder zurück nach Paris, das man jedoch wegen des Ausbruchs des Pfälzischen Krieges im Mai 1688 – früher als beabsichtigt – fluchtartig verlassen mußte.

»Paris hat den Prinzen ganz verdorben«, urteilte abschließend Liselotte von der Pfalz, nicht wissend, daß dieser nun noch nach Italien und insbesondere nach Venedig reiste. Hier genoß Friedrich August lebens- und liebeshungrig die heitere und ausgelassene Atmosphäre der Lagunenstadt, die zur Karnevalszeit den Gipfel erreichte. Als ihn im März der väterliche Befehl zur Heimkehr erreichte, dürfte ihm der Abschied von den venezianischen Schönheiten sehr schwer geworden sein. Nach einem Besuch der Habsburger Residenzstadt Wien ging die Reise über Prag zurück nach Dresden, wo sie am 28. April 1689 ihr Ende fand.

Im darauffolgenden Jahr erkrankte der nun Zwanzigjährige an den Blattern, einer gefährlichen und ansteckenden Infektionskrankheit, die damals in vielen Fällen zum Tode führte. Doch Friedrichs kräftige Konstitution und ein glücklicher Krankheitsverlauf mögen dazu beigetragen haben, daß er sich bald wieder erholte. Während der Genesung beschäftigte er sich mit zeitgenössischer Romanliteratur, unter anderem mit der 1688 von Heinrich Anselm von Zigler und Kliphausen veröffentlichten »Asiatischen Banise«, einer Erzählung im allerschwülstigsten Stil, die der Schriftsteller dem Kurprinzen Johann Georg, Friedrichs Bruder, gewidmet hatte. Zeitgenossen spendeten diesem Werk großen Beifall. Außerdem las der Genesende das ungeheuer ausladende und schwülstige Werk des Daniel Kaspar von Lohenstein »Großmütiger Feldherr Arminius oder Hermann nebst seiner durchlauchtigsten Thusnelda«, das zweibändig in Leipzig 1689/90 erschienen war.

Sicherlich durch diese Lektüre angeregt, aber auch durch die Mußestunden während der Gesundung veranlaßt, begann der junge Herzog selbst einen Roman im Stile dieser Vorbilder zu schreiben. Es sollte ein Loblied auf die Wettiner und die von ihnen vertretenen fürstlichen Ideale werden. Aber der Roman blieb Stückwerk und kam über wenige Seiten nicht hinaus. Er charakterisierte nur eine kurze Periode sächsischer Geschichte und die Persönlichkeiten des Großvaters, Vaters und Bruders. Sich selbst beurteilte Friedrich August als einen jungen frischen Herrn, »der wenig achtete und in seiner jugen(d) schon ... zeigte das er von leibe gliederen und constitution stark wehren wierde von gemiette giettig freigebig nichts andres als was eine ehr lihbende sehl anstendig tuhn sohl liebtr geschickt alle exercitia zu lernen hingegen wohlte er sich zum studiren nicht appliciren sagend er wierd nichts als ein mahl den degen zu seinem fort kohmen bedierffen dero halben ihm in der zarten jugent schon das sohltahten weßen ein gepflanzet wahr ...«[9]. Dieser Entwurf spiegelt sein Selbstbewußtsein, den Stolz auf sein fürstliches Geschlecht, aber auch seine Enttäuschung wider, daß er als Zweitgeborener keine Aussicht auf die Regentschaft hatte, obwohl er sich dem Bruder gegenüber als der Geeignetere empfand, denn »ihdenog daht der jingerer es dem elteren alle zeit zu vor«. Außerdem spielte der junge Mann auch auf die Liebesgeschichte mit Marie Elisabeth von Brockdorf an, von der er einsah, daß er diese »hoftahme« ... »nicht in stande zu heirahtten« wäre.

Als im Jahr 1691 der Vater Johann Georg III. starb, trat sein ältester Sohn als Kurfürst Johann Georg IV. die Nachfolge an. Sie sollte nur wenige Jahre währen. Verheiratet, doch ohne eheliche Zuneigung zu der sechs Jahre älteren Eleonore Erdmuthe Louise von Ansbach-Bayreuth, verwitwete von Sachsen-Weimar, wandte er sich ganz seiner Mätresse, der bildschönen und raffinierten Sibylla Magdalena von Neitschütz zu, die bald darauf vom Kaiser zur Reichsgräfin von

GEBURT, KINDHEIT UND JUGEND

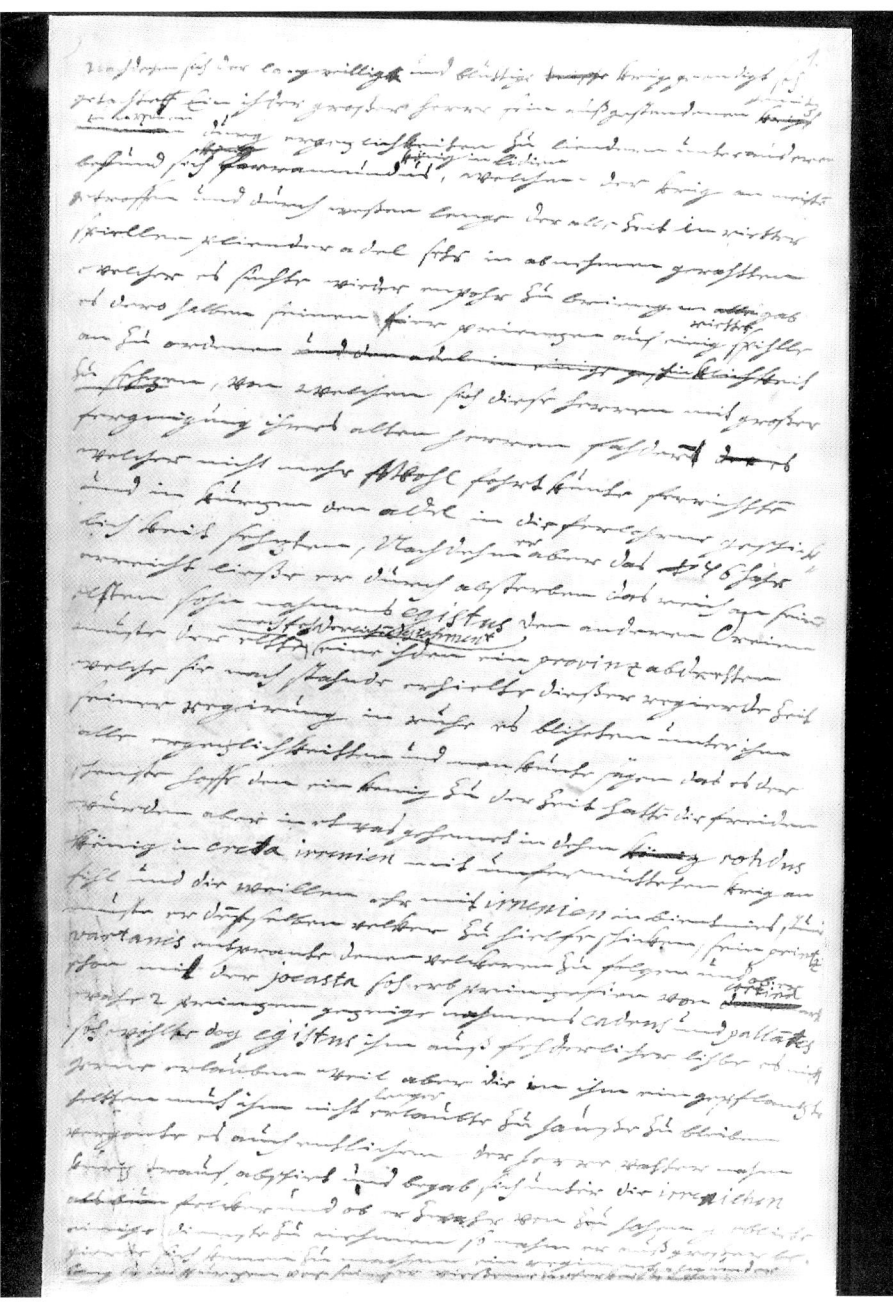

🜚 Seite aus dem handschriftlichen Romanfragment des zwanzigjährigen Friedrich August. Es zeigt die bis an sein Lebensende bewahrte Eigenart, seine Schriftstücke so zu schreiben, wie er sprach. Staatsarchiv Dresden

Rochlitz erhoben wurde. Aber auch sie erkrankte an den Blattern und starb im April 1694. Der liebende Kurfürst, der die Sterbende geküßt und sich so angesteckt hatte, folgte ihr noch im gleichen Monat im Tode nach. Damit war nun für Friedrich August der Weg vom Herzog zum Kurfürsten von Sachsen frei! Obwohl er auf diese Weise seinen sehnlichsten Wunsch in Erfüllung gehen sah, kam er doch völlig unvermutet zur Regierung eines bedeutenden, wirtschaftlich aufstrebenden deutschen Territorialstaates.

Friedrich August I., Kurfürst von Sachsen

Zur Jahresmitte 1694 trat der junge und überaus ehrgeizige Friedrich August seine Herrschaft als Kurfürst von Sachsen an. Aber damit gab sich der nach größerer Macht strebende Wettiner noch nicht zufrieden. Wie andere deutsche Fürsten nutzte er die Chance, eine Königskrone zu erlangen.

Wenige Jahre später hatte er als August II. von Polen dieses Ziel erreicht. Doch der Weg dahin und die Erhaltung seiner Königsherrschaft waren mit vielen Schwierigkeiten und Problemen verbunden, die ihm sowohl Bundesgenossen als auch Gegner bereiteten.

In einem um 1704 französisch geschriebenen Pamphlet »Portrait de la cour de Pologne« urteilte ein bisher nicht mit Sicherheit zu identifizierender Autor über August II.: »Alles Gute am Hof hat ihn zum alleinigen Urheber. Sein Rat ist stets der tauglichste, seine Entschlüsse sind aufs beste gefaßt, und die Ausführung seiner Pläne basiert auf vernünftigen und einwandfreien Gründen. Niemals wartet er auf die Hilfe anderer, um eine Angelegenheit zur Ausführung zu bringen, sondern ersinnt selbst die dazu nötigen Mittel und macht sie durch Geistesschärfe leicht ausführbar. Endlich ist er von einem Haufen unwissender, fader, alberner, egoistischer, boshafter und feiger Menschen umgeben, die er in seinem Dienst duldet, obgleich er sie sicherlich kennt. Sie allein bilden ein Hemmnis, ihn zu seiner Größe gelangen zu lassen, und wenn sie auch nicht imstande sind, seinen Ruhm zu verdunkeln, bringen sie es vielleicht durch ihre Falschheit und gemeine Handlungsweise doch so weit zu verhindern, daß er ins recht Licht gerückt wird und die Früchte hiervon genießen kann.«[10]

👑 *Medaille auf die Übernahme der Kurwürde durch Friedrich August von Sachsen. Sie bildet den jungen Kurfürsten im Harnisch mit drapiertem Hermelinmantel ab. Der Revers zeigt den Hercules Saxonicus als ein Motiv, das immer wieder in der Regierungszeit Augusts des Starken von Bildhauern, Malern, Kupferstechern, Architekten, Goldschmieden und Medailleuren künstlerisch gestaltet wurde. Der Hercules mit Löwenfell und Keule stützt sich auf ein Postament mit dem gekrönten sächsischen Kurwappen. Silbermedaille von Philipp Heinrich Müller. Staatliche Kunstsammlungen Dresden, Münzkabinett*

Als diese Zeilen geschrieben wurden – von einem dem König ergebenen Mann –, hatte Friedrich August bereits zehn Jahre Regierungserfahrungen gesammelt, war durch Höhen und Tiefen in seinem politischen Wirken geschritten. Nun stand er vor der Tatsache, daß sein Gegner im Nordischen Krieg, der noch jugendliche Schwedenkönig Karl XII., ihn infolge der militärischen Niederlagen als polnischen König August II. absetzen konnte. In dieser für ihn und sein Land trostlosen Situation verfaßte er ein Dokument, das man ein »Politisches Testament« nennen kann. Diese Niederschrift war keinesfalls Ausdruck einer hoffnungslosen Resignation, sondern sie enthielt Vorschläge für Veränderungen, die der König aus Erfahrungen, Erkenntnissen, Fehlern und Versäumnissen seiner Regierungsvergangenheit herleitete.

Friedrich August I. hatte als junger Mann mit 24 Jahren die Regierung übernommen. Wenn er selbst bekannte, noch unerfahren in den »Geschäften« zu sein, dann versuchte er doch, diese Unerfahrenheit durch eine Fülle von Aktivitäten wettzumachen. Die knappen Eintragungen des Hof-Journals von 1694 zeigen, daß der junge Kurfürst in den Mai- und Junitagen entweder im Dresdner Schloß residierte – hier befanden sich seine Arbeits- und Wohnräume im ersten Obergeschoß des Südflügels – oder in Moritzburg, wo er sich besonders gern aufhielt.[11]

Die ersten Wochen seiner Regierung waren mit jenen traditionellen Erbhuldigungen ausgefüllt, die jeder neue Kurfürst entgegennahm. Die Landschaft, das heißt die Vertreter der Stände, der Hofadel und die Bürgerschaft Dresdens, leisteten Friedrich August ihren Untertaneneid am 11. Juli 1694 (am 21. Juli nach dem am 18. Februar 1700 in Kraft getretenen Gregorianischen Kalender). Der festliche Akt fand in der Residenz statt, verbunden mit einem Gottesdienst, dreimaligem Glockenläuten und einer Predigt des Oberhofpredigers. Die Zeremonie leitete der Oberhofmarschall von Haugwitz. Dem Dresdner Festakt folgten weitere Erbhuldigungen in Torgau, Wittenberg, Leipzig und Bautzen.

Mitte August begann für den neuen Landesherrn der Regierungsalltag, der jedoch zu dieser Zeit von wenig Regelmäßigkeit und Systematik durchdrungen war. Doch mit der Zeit sollte sich das ändern. Friedrich August stand sehr früh auf und erledigte vormittags seine Amtsgeschäfte, beispielsweise Beratungen oder Audienzen.

In diesen Tagen kehrte auch ein Mann nach Sachsen zurück, der bereits 1691/92 in sächsischen Diensten gestanden hatte: der Generalfeldmarschall Hans Adam von Schöning. In Unfrieden aus Brandenburg geschieden, hatte er Johann Georg IV. als Berater zur Seite gestanden und diesen energisch zu einer absolutistischen Politik veranlaßt, die im Inneren gegen die Stände und den Adel, nach außen jedoch gegen Brandenburg und Österreich gerichtet war. Deshalb ließen ihn die Habsburger anläßlich eines Kuraufenthaltes in Teplitz verhaften und auf die Festung Spielberg bei Brünn bringen. Friedrich August vermochte Schöning infolge seiner guten Beziehungen zum Kaiser wieder freizubekommen. Es scheint so, daß der Feldmarschall den jungen Landesherrn entscheidend beeinflußte, die absolutistische Politik zu forcieren, und dieser ihm das Zepter der Regierung weitgehend überließ, denn bereits im Dezember 1694 berichtete der brandenburgische Gesandte über Schöning nach Berlin: »Sein Credit ist seit 14 Tagen dergestalt gestiegen, daß alles vor ihm zittert und zaget und er gantz absolute in allem verfahret, und zwar hat er u. a. durch die Intriguen der Königsmarckin, so den Churfürsten gantz possediret, es so weit gebracht, die jenigen, so ihm böse Dienste haben thun wollen und nicht Finesse und Adresse genug gehabt, es auf gute manier zu bewerkstelligen, haben ihn vielmehr immer besser und fester bey seinem hohen Principal gesetzet, da sie ihre Sachen mal à propos vorgebracht und alle ihre Passiones gezeigt haben.«[12]

Kurfürst Friedrich August dürfte im Herbst dieses Jahres nicht seine ganze Zeit für die Regierung seines Landes verwendet haben. Er empfing zwar den kaiserlichen Gesandten von Harrach zur Audienz im Schloß, doch begab er sich wenige Tage später mit der Post von Dresden nach Leipzig zur Messe, eine Reise, die von früh um einhalb drei bis mittags einhalb zwölf Uhr, also in etwa neun Stunden, zurückgelegt war. Seine Hofstatt – Kleidung, Schmuck, Bettzeug und anderes – wurde stets extra transportiert; sie mußte vor ihm am Reiseziel sein. Zur Leipziger Messe fühlte sich Friedrich August schon seit seiner Kinderzeit besonders hingezogen. An der Jahreswende 1694/95 kam er bereits wieder zur Leipziger Neujahrsmesse. Seit 1693 mit Christiane Eberhardine von Brandenburg-Bayreuth vermählt, besuchte er zwischendurch auch seine Schwiegereltern in Bayreuth. Dann widmete er etliche Zeit seiner ersten offiziellen Mätresse, Aurora von Königsmarck, die im August 1694 nach Dresden gekommen war, um von hier aus Unterstützung in einer Familienangelegenheit zu erbitten. Vergnügungen und Feste fanden im bunten Wechsel in Dresden und Moritzburg statt.

Zur gleichen Zeit lernte der junge Friedrich August die ernste Seite des Regierungsgeschäfts kennen. Hof und Residenz erlebten den Auftakt politischer Auseinandersetzungen zwischen Kurfürst und Landständen, wie sie bis dahin in der sächsischen Geschichte noch nicht vorgekommen waren. Der Landesherr hatte den Landtag bereits im September einberufen lassen; am 18. November 1694 wurde er früh mit einem Gottesdienst feierlich eröffnet, dann zogen die etwa 400

Teilnehmer in den »Steinernen Saal« des Schlosses, der seinen Namen von dem mit Steinplatten belegten Fußboden erhalten hatte und nach dem »Riesensaal« den zweitgrößten Raum des kurfürstlichen Schlosses darstellte. Die Vorlesung der Proposition geschah in einem festgelegten zeremoniellen Akt: Auf einem erhöhten Podest thronte der Kurfürst, seitlich von ihm stand das Mitglied des Geheimen Rates, das die Proposition zu verlesen hatte. Dem Fürsten gegenüber saßen die Vertreter der ersten Kurie des Landtages: die Grafen auf samtbezogenen Stühlen, ebenso die Vertreter der Stifte von Meißen, Merseburg, Naumburg und Zeitz. Dann folgten die Universitätsdeputierten von Leipzig und Wittenberg auf Stühlen, die nur mit rotem Tuch bezogen waren. Auf ebensolchen Sitzgelegenheiten hatten auch die Landschaftsdeputierten und der Erbmarschall Platz genommen. Deutlich von diesen Abgesandten der ersten Kurie getrennt, saß links vom Mittelgang die Ritterschaft als zweite. Rechts davon durften die Städtevertreter als dritte Kurie Platz nehmen, wobei den Vorsitzenden der Städtekurie aus Leipzig, Wittenberg, Dresden und Zwickau die ersten Stühle vorbehalten waren. An den Wänden und im Mittelgang standen die Garde du Corps und die Schweizer Garde Spalier.

In seiner Proposition ließ Friedrich August erklären, daß er die lutherische Lehre in seinem Land bewahren wolle, die Justiz zu schützen gedenke und die Treue zu Kaiser und Reich halten werde. Dann jedoch folgten seine Forderungen: die volle Bewilligung der Steuern auf sechs Jahre und zusätzlich zwei Quatembersteuern. Er ließ die Landschaft ermahnen, die Steuern tatsächlich aufzubringen, weil dies in der Vergangenheit meist nicht geschehen wäre. Die höheren Finanzansprüche begründete der Landesherr mit gestiegenen Kosten für den Hofstaat, für Verpflichtungen gegenüber Kaiser und Reich und auch für die Aufstockung des Militärs.

Der kurfürstlichen Proposition folgten die Präliminarschrift der Stände, die in 16 Punkten deren Wünsche und Forderungen enthielt, und die »Gesammelten Gravamina der Landschaft«, in denen die zweite Kurie der Ritterschaft ihre Beschwerden vorbrachte. Sie richteten sich gegen Eingriffe kurfürstlicher Beamter, gegen größere Bewilligungen, gegen das Patent vom Oktober 1694 mit seinem Verlangen nach einer genauen Inventarisierung aller Rittergüter, von der man als Folge eine steuerliche Mehrbelastung erwarten mußte. Die Städtekurie reagierte in ihrem Auftreten gegenüber den landesherrlichen Ansprüchen uneinheitlich: Ein Teil schloß sich den Beschwerden der Ritterschaft an, vor allem wandten sie sich gegen die Konsumtionsakzise, eine indirekte Steuer auf viele Waren des täglichen Gebrauchs. Einige Befürworter dieser landesherrlichen Maßnahmen wurden erbittert bekämpft, denn nach den Grundsatzerklärungen und Forderungskatalogen des Landesherrn und der Stände begann das umständliche und langwierige Feilschen der Parteien, das sich bis in das Frühjahr 1695 hinzog. Am 1. April fand die feierliche Schlußsitzung statt. Friedrich August hatte zwar eine »Bewilligung« für die ersten beiden Jahre seiner Regierung in Höhe von 200 000 Gulden erhalten, mußte jedoch auf die Forderungen nach Verstärkung des Militärs und Einführung der Konsumtionsakzise verzichten. Die Stände hatten erkennen müssen, daß sie zwar einem kompromißbereiten, aber entschlosseneren Fürsten gegenüberstanden, als es sein Bruder Johann Georg IV. gewesen war.

Während die Ständevertreter am Hofe und in der Residenz weilten, bot ihnen Friedrich August abwechslungsreiche Karnevalsfeste. Nach dem Abschluß der Landtagssession strebten sie wieder ihren Heimatorten zu, während der Kurfürst erst noch die Leipziger Ostermesse besuchte, dann ins Bad nach Teplitz und anschließend nach Wien reiste, um Ende Juli am Feldzug gegen die Türken in Ungarn teilzunehmen. Im Interesse des weiteren Ausbaus seiner zum Absolutismus strebenden Politik wäre allerdings seine Anwesenheit in Kursachsen notwendiger gewesen; denn die Ergebnisse des Landtages und die Auseinandersetzung während der Verhandlungen hatten offenbar werden lassen, daß dies erst ein Anfang war. Doch den ehrgeizigen Friedrich August drängte es zu neuen Taten außerhalb seines Landes. Mochte die Regierung daheim sehen, wie sie seine Politik und seine Forderungen gegenüber den Ständen durchsetzte!

Wie sah diese Regierung aus? Die entscheidenden staatlichen Instanzen waren am Hofe und in der Residenz etabliert. Doch faktisch gab es bei Regierungsantritt Friedrich Augusts kein Staatsorgan,

👑 *Thronsessel aus dem großen Thronsaal im ersten Obergeschoß des Residenzschlosses. In dem seit 1722 als Propositionssaal bezeichneten früheren »Steinernen Saal« fand die feierliche Eröffnung des Landtages statt. Staatliche Kunstsammlungen Dresden, Museum für Kunsthandwerk (rechts)*

👑 *Galakutsche Augusts des Starken. Es handelt sich um einen mit sogenannten S-Federn aufgehängten Kasten, zwei Schwangbäume verbinden Vorder- und Hinterwagen. Barockmuseum Schloß Moritzburg (unten)*

das seine Ziele und Interessen bedingungslos verwirklicht hätte. Ständestaatliche Machtpositionen und absolutistische Politik ließen sich kaum konfliktlos miteinander vereinen. Das hatte die erste Ständeversammlung 1694/95 unmißverständlich gezeigt. Einen hervorragenden Einfluß auf die Stände übte beispielsweise ihr Erbmarschall Hans von Löser aus. Seit dem 14. Jahrhundert befand sich das Erbmarschallamt bereits im Besitz der Familie, die wiederum mit anderen alten sächsischen Adelsfamilien versippt und verschwägert war. Der gegenwärtige Erbmarschall fungierte zugleich als Geheimer Rat und Obersteuereinnehmer. Obwohl er im Dienste des Landesherrn verschiedene Missionen übertragen bekam, hieß das noch lange nicht, daß er dessen Politik insgesamt vertrat.

Die oberste Staats- und Verwaltungsbehörde in Kursachsen repräsentierte zu dieser Zeit der Geheime Rat. Er bestand aus etwa einem Dutzend »wirklichen« Geheimen Räten und besaß seine eigene Kanzlei im Schloßkomplex. War der Landesherr in Dresden, nahm er meist an dessen Sitzungen teil und beeinflußte maßgeblich seine Entscheidungen. Den Vorsitz führte seit 1686 der Direktor Nikolaus Freiherr von Gersdorf. Er hatte bereits unter beiden Vorgängern Friedrich Augusts gedient. Der Herkunft der Mitglieder nach wurzelte diese Behörde tief in den ständischen Traditionen und stellte demzufolge mehr ein Gegengewicht zur kurfürstlichen Politik dar.

Wie die Ständeversammlung zeigte, bildete das Finanz- und Steuerwesen den nervus rerum für ein absolutistisches Regiment. Doch hier türmten sich für den Landesherrn die größten Schwierigkeiten auf. Im Schloß befand sich zwar das »Gemach der Kammerräte«, was jedoch noch lange nicht bedeutete, daß der Schloßherr über die etwa drei Millionen Gulden des jährlichen Staatshaushaltes verfügen konnte. Die Einnahmen der Kammerverwaltung aus den fürstlichen Berg-, Münz-, Zoll-, Geleits-, Forstregalien und anderen Posten bildeten zwar die eine, die Steuerverwaltung jedoch die andere Seite. Die Stände hatten ein entscheidendes Wort mitzureden, wenn es um die Ausgaben ging. Das dafür zuständige Obersteuerkollegium setzte sich nämlich aus Beauftragten des Landesherrn, der Sekundogeniturfürstentümer Sachsen-Zeitz, Sachsen-Weißenfels und Sachsen-Merseburg sowie der Landstände zusammen. Damit war klar: Friedrich August mußte seine ganze Kraft darauf konzentrieren, die staatlichen Institutionen, den Hof, die Verwaltung, die Wirtschaftspolitik und selbst die kulturellen Traditionen im Sinne eines absolutistischen Regimes zu verändern. Dafür waren Geld, Machtstützen und Bundesgenossen unerläßliche Voraussetzungen.

Nachdem der Kurfürst von dem wenig erfolgreichen Türkenfeldzug aus Ungarn zurückgekehrt war, unternahm er einen erneuten Anlauf, die Stände gefügig zu machen. Diesmal ließ er aber nur einen sogenannten Ausschußtag nach Dresden einberufen, der aus knapp 100 Ständevertretern bestand. Diese Versammlung beriet im März und April 1696 und sollte dem Landesherrn das nötige Geld für eine zusätzliche Armee von 4000 Mann und die Feldzugskosten bewilligen, die Friedrich August forderte, um wiederum einen Kriegszug gegen die Türken zu unternehmen, für den er allerdings schon von Österreich, Holland und England 400 000 Taler Subsidien kassiert hatte. Aber auch damit erntete er keinen militärischen Ruhm und legte das Amt des kaiserlichen Oberbefehlshabers im Herbst dieses Jahres nieder.

Die sächsisch-polnische Union (1697–1763)

Die nächsten außen- und innenpolitischen Schritte unternahm der Landesherr nun, ohne die Stände zu fragen. Ihre politische Tragweite reichte über alles bisher Dagewesene hinaus: Er bewarb sich um die im Juni 1696 vakant gewordene polnische Königskrone, da der bisherige Polenkönig, Johann Sobieski, gestorben war. Die mit dem liberum veto um 1652 institutionalisierte polnische Wahlmonarchie erlaubte es auch Ausländern, sich um die Krone Polens zu bewerben. Der Entschluß des jungen Kurfürsten hing mit Verhandlungen zusammen, die bereits der Vater und der Bruder mit dem Hannoveraner Kurfürsten geführt hatten und die 1692 zu einem Vertrag führten, in dem die Absichten der Kronerwerbung in Polen durch die Wettiner deutlich wurden. Sowohl außen- als auch innenpolitische und persönliche Motive dürften Friedrich August zu diesem Entschluß veranlaßt haben. Es ist auch möglich, daß er von seinem damaligen engsten Berater, von Schöning, darin bestärkt worden war.

Die Situation erforderte jedoch, alle Vorbereitungen zunächst geheim zu halten. Dies galt einerseits für die diplomatischen Sondierungen in Paris/Versailles beim französischen König, beim Vatikan und in Wien am Kaiserhof, wo sich der Kurfürst Anfang Juni 1697 persönlich aufhielt. Andererseits war damit die Notwendigkeit der Konversion zum Katholizismus verbunden, die der sächsische Kurfürst mit Hilfe eines Verwandten, der Bischof von Raab geworden war, im Geheimen in Baden bei Wien vollziehen ließ, um sie allerdings erst nach erfolgter Königswahl öffentlich zu machen. Einige Tage später berief Friedrich August seine Geheimen Räte ins Dresdner Schloß,

DIE SÄCHSISCH-POLNISCHE UNION (1697–1763)

Medaille auf die Krönung von Kurfürst Friedrich August I. von Sachsen zum König August II. in Polen. Die anläßlich dieses historischen Ereignisses geschaffene Medaille zeigt auf der Vorderseite den neuen König als Brustbild in Harnisch und Hermelinmantel, auf der Rückseite den Stammbaum in Lorbeerzweigen mit der Abstammung des Wettiners vom polnischen König Kasimir IV. in Gestalt gekrönter Wappenschilde versinnbildlicht, war doch Barbara, die Gemahlin Herzog Georgs von Sachsen, die Tochter von Kasimir IV. Silbermedaille von Christian Wermuth. Staatliche Kunstsammlungen Dresden, Münzkabinett

um sie vertraulich von seiner beabsichtigten Kronbewerbung zu unterrichten. Die Stände wurden weder gefragt noch benachrichtigt. In gleicher Weise verfuhr er bei der Einsetzung eines Statthalters, der während der Abwesenheit des Landesherrn stellvertretend in Sachsen regieren sollte. Es handelte sich um Fürst Anton Egon von Fürstenberg, katholisch, aus schwäbischem Adelsgeschlecht, der ebenfalls im Juni 1697 in Dresden ankam, worüber das Hof-Journal nur kühl berichtete.

Es war also kein Zufall, wenn der auf dem Sprung stehende Kurfürst bereits im Frühjahr 1697 eigenhändig eine Denkschrift entwarf, die mit den Worten begann: »Umb Pohlen in flor und in ansehung gegen seine nachtbarn zu setzen ...« Darin entwickelte Friedrich August, der nun schon über einige Regierungserfahrungen in Kursachsen verfügte, Pläne, in Polen die »commercien in schwang« zu bringen, nicht nur fremde Waren zu importieren und Geld dafür außer Landes gehen zu lassen, sondern auch mit anderen Ländern

Warenaustausch anzustreben. In Polen selbst wollte er reiche Familien etablieren und dafür sorgen, daß der polnische Adel mit »den selben nicht so übel imgehen« kann. Ihm schwebte – ähnlich wie im eigenen Land – die Einführung der Konsumtionsakzise vor, also die Umlage einer indirekten Steuer auf viele von den Konsumenten erworbene Waren. Denn davon versprach sich der Fürst eine Belebung des Handels und der Messen. Zollbefreiungen sollten nicht gewährt werden, Juden nicht geduldet. Ferner seien vier Universitäten und Akademien zu gründen und gelehrte Leute zu berufen. Die »justiciensachen mißen besser atministriret werden, den(n) anitzoh wirfet der reige (Reiche) den armen übern hauffen und ist keine gerechtigkeit in keiner sache«.

Zum Schutze gegen ausländische Bedrohungen sollten die Grenzen mit Festungen versehen werden. Denn ein offenes Land reize den Feind zum Überfall, »da er aber festungen findet darf er sich nicht nein wagen und in den rücke(n) lassen«. Die befestigten Plätze seien außer mit Garnisonen auch mit Magazinen zu versehen, die Proviant für drei Jahre haben müßten. Außerdem wären Artillerie und genügend Munition erforderlich. Verschiedene Seehäfen und eine ansehnliche Flotte seien zu erbauen. Zum Schutze für das ganze Land müßten vier Heeresformationen gebildet werden: eine an der Ostseeküste, die andere an der pommerschen und schlesischen Grenze im Westen, die dritte an der Grenze zu Ungarn und Siebenbürgen bis zum Dnestr und die vierte Armee am Dnepr sowie an der Düna im Osten zur Sicherung gegenüber dem Russischen Reich. Zum Unterhalt dieser Armeen, der Festungen, Flotten und Waffen wäre eine Kriegskasse von 20 Millionen Talern notwendig, die durch Kontributionen immer auf diesem Stand gehalten werden müßte. Alle Reichstage sollten zur Rechnungslegung und Kontrolle über die sachgemäße Verwendung dieser Gelder verpflichtet sein.

Die Hauptgedanken der kurfürstlichen Denkschrift kreisten also vorwiegend um wirtschaftliche und militärische Maßnahmen, die letzten Endes der Etablierung einer europäischen Großmacht dienen sollten. Merkantilismus und stehendes Heer bildeten die Instrumente zu ihrer Verwirklichung. Friedrich Augusts Kenntnisse über Polen

DIE SÄCHSISCH-POLNISCHE UNION (1697–1763)

Schild mit dem polnischen Adler. Kupfer, vergoldet, von Christian Friedrich Holland, 1727/28. Staatliche Kunstsammlungen Dresden, Grünes Gewölbe

◊ *Jacob Heinrich von Flemming. Er führte die entscheidenden Verhandlungen in Warschau um die Wahl Augusts zum polnischen König. Bis zu seinem Tod in Wien am 30. April 1728 war Flemming als leitender Kabinettsminister eine der entscheidenden Stützen augusteischer Innen- und Außenpolitik. Gemälde von Antoine Pesne, um 1720. Staatliche Kunstsammlungen Dresden, Historisches Museum*

und die dortigen gesellschaftlichen und staatlichen Verhältnisse der Adelsrepublik konnten zu dieser Zeit nur vorwiegend theoretischer Natur sein. Aber diese Denkschrift bewies auch, daß er mit konkreten Überlegungen an die Ausführung seiner weitgesteckten Pläne ging. Die Zukunft würde zeigen, ob sie zu verwirklichen waren.

Dafür ließ er einen Mann aktiv werden, der aus Pommern kam und seit drei Jahren in kursächsischen Diensten stand: Jacob Heinrich von Flemming, in Diplomatie und Militär erfahren. Nur wenig älter als Friedrich August, hatte er in Frankfurt (Oder), Utrecht und Leyden studiert, verfügte über gute Verbindungen in Polen, zeigte sich hier diplomatisch geschickt und geschäftstüchtig und verstand es auf diese Weise, ausgerüstet mit beträchtlichen Summen Geldes, einflußreiche Teile des niederen Adels (der Schlachta) und des Hochadels (der Magnaten) im Sinne seines Herrn zu beeinflussen und den anderen Kronbewerbern – insbesondere dem französischen Kandidaten, Prinz Conti, Cousin König Ludwig XIV. – im zweiten Königswahlgang eine Niederlage zu bereiten. Die Gesandten Österreichs sowie des Papstes und die Haltung Peters I. von Rußland leisteten maßgebliche Unterstützung. So konnte der Bischof von Kujawien, Stanislaw Dabski, Friedrich August am 27. Juni 1697 in Warschau zum König in Polen ausrufen. In seinem Namen leistete Flemming den Eid auf die pacta conventa, die die verfassungsmäßigen Verpflichtungen des Neugewählten enthielt. Das Wahldiplom stellte der polnische Sejm erst zwei Jahre später – 1699 – aus, wodurch der Akt der Königswahl seine endgültige Bestätigung erhielt.

Krönungsornat Friedrich Augusts für die Zeremonien in der Kathedrale des Wawel am 15. September 1697. Der neugewählte König hatte sein Krönungsgewand mit Harnisch sowie schwerem pelzverbrämtem Mantel selbst entworfen. In den Händen hielt er Zepter und Reichsapfel, auf dem Haupt trug er die polnische Königskrone. Das Ornat geriet so schwer, daß Friedrich August Mühe hatte, die Krönungszeremonie zu überstehen. Staatliche Kunstsammlungen Dresden, Historisches Museum

Die feierliche Krönung fand am 15. September in Krakau statt. Seine Gemahlin Christiane Eberhardine nahm nicht teil, weil sie die Konversion abgelehnt hatte. Sondergesandte vermeldeten die Thronbesteigung Augusts II., der mit diesem Namen an die Tradition des polnischen Königswahlrechts bewußt anknüpfte, den europäischen Höfen, die diese Nachricht jedoch durchaus unterschiedlich aufnahmen. Beispielsweise agierte der französische Gesandte, Graf Melchior de Polignac, in Warschau gar nicht im Sinne des neuen Herrschers, und auch die Königinwitwe Maria Kasimieras nahm weiterhin eine reservierte Haltung ein, obwohl August ihr weitgehende Zusicherungen gegeben hatte.

Überhaupt zeigte sich nun, daß seine Thronbesteigung in Polen ungünstige Bedingungen und innere Konflikte offenbarte. Die Position des Primas Radziejowski war insofern vorherrschend, weil er als Repräsentant der Rzeczpospolita die königlichen Handlungen zu kontrollieren vermochte, die auf der Grundlage der Personalunion zwischen Polen und Sachsen vereinbart waren, was den Augusteischen Plänen einer absolutistischen Herrschaft und künftigen Realunion überhaupt nicht entsprach. Die Bildung einer deutschen Kanzlei, der die Verbindung zwischen beiden Regierungen oblag, insbesondere zwischen dem König in Polen und seinem Statthalter von Fürstenberg in Sachsen, wurde zur Quelle vielseitiger Ärgernisse, die auch durch einen obersten Kanzler, Augusts Vetter, dem Bischof von Raab, nicht aus der Welt geschafft werden konnten. Ab 1699 stieg Graf Wolf Dietrich von Beichlingen in dieses Amt mit großem Einfluß auf, nunmehr offiziell als Großkanzler tituliert. Die Sekretariatsgeschäfte der Kanzlei führten zwei bürgerliche Mitarbeiter: Wolfgang Heinrich Vesnich und Christian August Beyer. Da die deutsche Kanzlei zunehmend auch zur Erledigung polnischer Angelegenheiten herangezogen wurde, gab es Anlaß für viele Reibungen.

So brachte die Durchsetzung der Herrschaftsansprüche Augusts II. stets neue Probleme: Ihre Lösung kostete immer wieder viel Geld, und da es aus Polen meist nicht zu holen war, mußte auf die Finanzquellen Sachsens zurückgegriffen werden. Dies führte beispielsweise zum Einsatz einer Revisionskommission zur Überprüfung der

Steuerzahlungen und der Finanzverwaltung bei Landes-, Amts- und Stadtverwaltungen sowie bei Hofbeamten, Adligen und Bürgerlichen. Doch der Revisionsrat – vornehmlich aus vertrauenswürdigen Personen aus des Königs Umgebung zusammengesetzt – ging differenziert vor. Während er bei vermögenden und einflußreichen Adligen strenge Untersuchungen durchführte und sie mit Geldstrafen gefügig zu machen suchte, hielt er sich bei der Masse des Rittergutsadels und der Gutsuntertanen zurück. Einer Reihe von hohen adligen Standespersonen konnte man erhebliche Veruntreuungen nachweisen – beispielsweise dem Erbmarschall Hans von Löser in einer Gesamthöhe von 418 000 Talern – oder Betrügereien, die Verdächtigte oder Angeklagte sogar zeitweise ins Gefängnis brachten, etwa den Oberhofmarschall von Haugwitz, den Oberkonsistorialpräsidenten von Knoch und den Geheimen Rat von Bose. Auch Untersuchungen gegen bereits Verstorbene wurden durchgeführt.

Strenge bewies der Revisionsrat bei den Städten, wie aus den umfänglichen Nachrichten über die Revision ersichtlich ist, die von 16 Städten erhalten blieben. Den Stadträten von Meißen und Zwickau wurden Unterschlagungen von mehreren zehntausend Talern nachgewiesen, ferner ungerechtfertigte Ausgaben für Wein, Bauholz, Steine und Grundstücke sowie für Geschenke. Mehrfach konnte der Beweis für eine beispiellose Günstlings- und Mißwirtschaft erbracht werden. In den Städten nahmen gemischte Kommissionen, die zu gleichen Teilen aus adligen und bürgerlichen Revisoren zusammengesetzt waren, die Untersuchungen vor. Einzelne Bürgermeister und ganze Stadträte verloren dadurch ihre Posten. August der Starke hatte der Revisionskommission persönlich bis ins einzelne gehende Instruktionen gegeben. Beispielsweise verlieh die Krakauer Instruktion dem Revisionsrat und den Kommissaren eine außergewöhnliche Machtvollkommenheit, wie sie ein ähnliches Staatsorgan in Kursachsen wohl noch nie besessen hatte. Deshalb rief der Revisionsrat mit seinen diktatorischen Vollmachten Angst, Haß und Widerstand hervor. Mannigfaltige Beschwerden beim König in Polen, Morddrohungen gegenüber Revisoren, immer lauter werdende Unzufriedenheit und Gerüchte im Ausland, daß in Kursachsen sogar ein »Ausverkauf« drohte, weil Ämter, Landgüter und Häuser in den Städten feil um einen billigen Preis angeboten würden, ließen August II. schließlich in einen Kompromiß einwilligen. Deshalb hat der König die Revision anläßlich des Landtages 1699/1700 einstellen lassen. Aber August der Starke bewies mit seinen außergewöhnlichen Revisionsmaßnahmen wie selten ein anderer Landesherr, daß er selbst gegen den Adel vorzugehen bereit war, wenn es um die Durchsetzung der absolutistischen Herrschaft ging.

Ferner zeigte sich, daß der König die realen polnischen Verhältnisse nur oberflächlich kannte und seine vor der Wahl ausgearbeiteten Reformpläne wenig Chancen auf Verwirklichung besaßen. Die Durchführung einer gemeinsamen Hofhaltung in Dresden und Warschau hatte kaum Aussicht auf Realisierung. Auch die Festlichkeiten zum Karneval in Warschau 1698, auf die der König entsprechend seiner politisch betonten Festkultur große Hoffnungen setzte, fielen im Hinblick auf die Beteiligung der Gäste dürftig aus. Denn sowohl die polnische Adelsgesellschaft als auch die Frauen der Senatoren hielten sich infolge der gespaltenen Verhältnisse bei der vergangenen Königswahl zurück. Gerüchte, daß der König nicht in Begleitung seiner Ehefrau, sondern einer Favoritin, der Gräfin Esterle aus Wien, an diesen Festlichkeiten teilnahm, erregten zusätzlich die Gemüter, da in Polen Mätressen offiziell nicht geduldet wurden.

Welche Vorstellungen von den sozialen und politischen Verhältnissen in Polen August II. besaß, ist nicht überliefert. Ende des 17. Jahrhunderts war Sachsen zwar der viertgrößte Fürstenstaat im Deutschen Reich mit ungefähr 1,4 Millionen Einwohnern, aber im Vergleich dazu hatte der Unionspartner eine riesige geographische Ausdehnung von über einer Million Quadratkilometern und etwa acht Millionen Menschen. Die politische Verfassung charakterisierte zwar eine Adelsrepublik – Rzeczpospolita –, in der Realität herrschte allerdings eine Magnaten-Oligarchie, die nur zehn Prozent der Bevölkerung ausmachte. Die Herrschaftsgebiete der Magnaten glichen absolutistisch regierten Kleinstaaten, in die der König nicht hineinzuregieren vermochte. Die Magnaten-Wirtschaft basierte auf der Arbeit leibeigener Bauern. In einigen dieser Güter oder den dazugehörigen

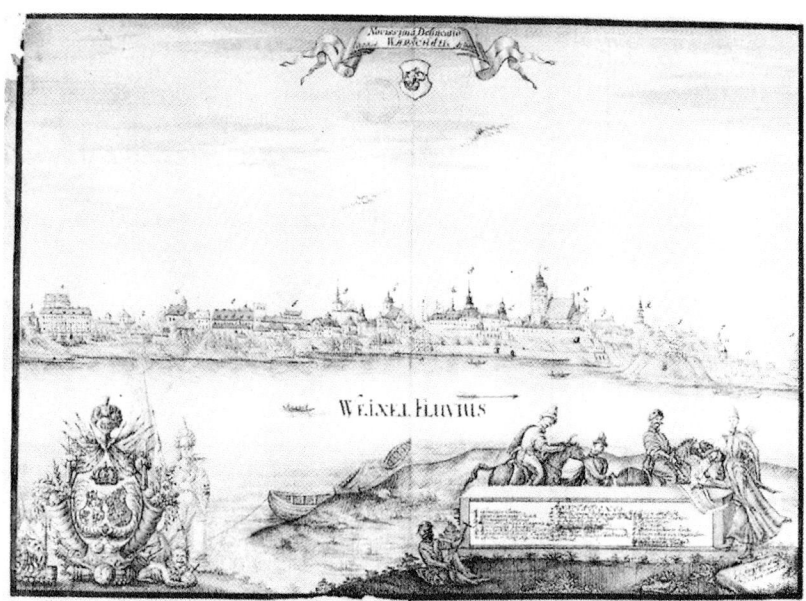

🕮 »Neue Beschreibung Warschaus«, der Hauptstadt des Königreiches Polen. Vom linken Weichselufer aus fällt der Blick auf das Panorama der Warschauer Altstadt mit dem Karmeliterkloster, dem Palast des Fürsten Czartoryski, der Gedächtnissäule für König Sigismund I. August, dem Königsschloß, der Johanniskirche und dem Rathaus. Tuschzeichnung von Johann Georg Feige, 1701. Staatsarchiv Dresden

Städten wurden außer landwirtschaftlichen Erzeugnissen auch manufakturmäßig Luxusartikel und Handwerksprodukte hergestellt. Das Bürgertum lebte und arbeitete in »königlichen« und »privaten« Städten, die annähernd den landesherrlichen und grundherrlichen Städten in Sachsen entsprachen, aber nur in wenigen Ausnahmefällen gewerblich und kommerziell hoch entwickelt waren. Die Masse des polnischen Adels bildeten die verschiedenen Gruppen der Schlachta, eines »Kleinadels«, der einerseits wohlhabend, aber auch bitter arm, sowohl frei als auch dienstpflichtig sein konnte.

Allerdings besaß gerade die Schlachta bei den Königswahlen großen Einfluß. Unter den staatlichen Institutionen stand der Sejm gewissermaßen als Reichstag an der Spitze, in dem sich drei Stände etabliert hatten: der König, die Magnaten und die Schlachta. Bauern und Bürger waren nicht vertreten. Im Senat mit seinen auf Lebenszeit ernannten 140 Senatoren saßen Kanzler, Minister, Schatzmeister, Erzbischöfe, Bischöfe und Wojwoden, während der Senatsrat die Ratgeber des Königs stellte, jedoch auch eigene Entscheidungsrechte besaß. Die Reichstage sollten in der Regel alle zwei Jahre stattfinden, entweder in Warschau oder in Krakau. Die Landtage – Sejmniki – waren provinzielle Organe, die in Groß- und Kleinpolen, Preußen, Masowien, Litauen und in verschiedenen Wojewodschaften existierten. Wollte man einen Vergleich zu deutschen Verhältnissen herstellen, so entsprachen die Zustände in Gesamtpolen am ehesten denen des Heiligen Römischen Reiches und die der Magnatenstaaten denen Kursachsens. So war der Magnat Adam Sieniawski um 1700 einer der reichsten Männer Polens mit einem Vermögen von ungefähr 150 Millionen Zloty, eigener Armee, Hofhaltung und Außenpolitik, die sich oft im Gegensatz zu der des Königs befand.

Darüber hinaus bildete der in Polen weitverbreitete Mythos des Sarmatismus für August II. ein schwerwiegendes Hindernis bei der Verwirklichung seiner Politik. Diese Ideologie, ursprünglich die mythische Auffassung, daß alle Polen auf einen gemeinsamen Volksstamm zurückgingen, reduzierte sich im Verlaufe des 17. Jahrhunderts auf die Herrschaft des Adels, die zugleich weitgehend alles Fremde und Ausländische ablehnte. Mit der Wahl eines sächsischen Fürsten zum König in Polen wurde die Krise des sarmatischen Mythos offensichtlich. Eine so isolierende »Weltanschauung« erwies sich als unhaltbar. Außerdem vertieften die immer intensiver werdenden Wechselbeziehungen und Abhängigkeiten zu den Nachbarstaaten Rußland, Österreich und Brandenburg-Preußen sowie die Ausstrahlung von Aufklärung und Pietismus auf Polen diese Krisenerscheinungen. Kritik an dem Mythos und seinen Auswirkungen wurden immer deutlicher, die – merkwürdigerweise – beispielhaft in einer Wiederbelebung und Pflege der polnischen Sprache gipfelte. Die sächsisch-polnische Union zeigte in dieser Beziehung fruchtbare Veränderungen: Michael Abraham Troc (Trotz), der von Warschau nach Leipzig umsiedelte, begann 1728 mit der Herausgabe der »Bibliotheca Polono-poetica«, in der die Ehrfurcht vor der polnischen Muttersprache zum Ausdruck kam, mehr noch in seinem Lebenswerk »Neues französisch-deutsch-polnisches Wörterbuch«, erschienen zwischen 1744 und 1764. Andererseits wirkten der Verleger Mitzler de Kolof, ein in Warschau ansässiger Sachse und der Thorner Tadäus Bauch, im Sinne der polnischen Sprachpflege mit der Herausgabe einer moralisch-politischen Zeitschrift »Der polnische Patriot«.

Die politischen Aktivitäten des Kurfürst-Königs führten zu einem Wechsel von Erfolgen und Niederlagen. Er trat bewußt als Fortsetzer des politischen Programms seines königlichen Vorgängers Johann Sobieski auf, denn er hatte sich in den pacta conventa zur Eroberung von Kamieniec Podolski und der in der Vergangenheit durch Polen verlorenen Gebiete verpflichtet, ja er wollte sogar Teile der Ukraine und der Walachei gewinnen. Doch der Kriegszug gegen die Türkei endete – ohne Augusts Einfluß – durch den Frieden von Karlowitz 1699. Polen erhielt Kamieniec Podolski und die 1672 verlorenen Gebiete zurück. Auf diese Weise errang er einen Erfolg, der ihm im Kronland einen großen Triumph einbrachte.

Augusts Hauptaufmerksamkeit aber galt der Auseinandersetzung mit Schweden, zumal er sich zur Rückeroberung der besetzten Gebiete verpflichtet hatte. Entsprechende Bündnisse mit Dänemark und Rußland 1698 waren für August entscheidende Schritte. Bei einem Treffen mit Peter I. in Rawa Ruska bei Lwow (Lemberg) einigten sich beide Herrscher – fast gleichaltrig und üppigen Festivitäten zugetan, miteinander symbolisch ihre Degen tauschend –, gemeinsam gegen Schweden Krieg zu führen. Im Jahr darauf unterzeichnete August II. einen Vertrag mit den Ständen Livlands, vertreten durch Johann Reinhold Patkul, über die Rückgewinnung für Polen. Damit waren die Voraussetzungen für den nun beginnenden Nordischen Krieg gegeben (1700–1721), der dem Land schwere Zerstörungen und dem König entscheidende militärische und politische Niederlagen bringen sollte. Hatte schon die Kronerwerbung für den Kurfürst-König große Geldsummen verschlungen – nach einer von ihm selbst aufgestellten Rechnung im November 1697 über zwei Millionen Gulden –, so kam er nun aus den Geldnöten überhaupt nicht mehr heraus, wie zahl-

👑 *Karl XII., König von Schweden. Im gleichen Jahr, in dem der Wettiner Friedrich August zum polnischen König gewählt wurde, trat der 1682 geborene Karl als Fünfzehnjähriger die Regierung an. Gegen die Vormachtstellung Schwedens verbanden sich König August II. von Polen, Zar Peter I. von Rußland und König Friedrich IV. von Dänemark. Mit 36 Jahren fiel Karl XII. bei der Belagerung von Frederikshall in Norwegen. Kupferstich von Peter van Gunst. Staatliche Kunstsammlungen Dresden, Kupferstich-Kabinett*

reiche Briefe aus Polen an den Statthalter in Dresden beweisen: Er brauche dringend Geld, sonst »sind wir verloren« (1703).

Die Niederlagen hatte ihm der schwedische König Karl XII. – ein reichliches Jahrzehnt jünger als August, noch dazu sein Vetter und erst seit 1697 an der Macht – zugefügt, der rasch den Bundesgenossen Dänemark zur Kapitulation gezwungen und durch einen Blitzsieg bei Narwa (1700) die russische Armee in die militärische Katastrophe getrieben hatte. Da der polnische Senat eine Beteiligung an diesem Krieg ablehnte, stand der König nun völlig isoliert, aber sein Gegner mit einer schlagkräftigen Armee mitten in Polen, Warschau und Krakau besetzend. Kein Wunder also, wenn sich August einerseits mit Friedensabsichten trug, in die er sogar seine ehemalige Mätresse, die aus Schweden stammende Aurora von Königsmarck, einschaltete. Andererseits dachte er sogar an Thronverzicht, zu dem ihn schließlich der Schwedenkönig zwang, indem er am 14. Februar 1704 durch eine Versammlung polnischer Adliger seine Entthronung verkünden ließ.

Dabei spielten der Kongreßfeldherr Fürst Lubomirski und der Kardinalprimas Michael Radziejowski eine führende Rolle. Letzterer war der Onkel der damaligen Mätresse Augusts, der Fürstin von Lubomirska. Doch der Gegenkönig Stanislaw Leszczyński, großpolnischer Wojewode, 1705 in Warschau statt traditionell in Krakau gekrönt, erfreute sich wegen seiner Abhängigkeit von Karl XII. in Polen keiner breiten Unterstützung. Außerdem war der Zug der schwedischen Armee durch das Land bei den meisten Bewohnern höchst unpopulär. Die Konföderation von Sandomierz im Mai 1704 offenbarte auch Unterstützungsbereitschaft für den Entthronten. Erneut geplante gemeinsame Aktionen durch August II. und Peter I. gegen die schwedische Macht blieben ungeschehen, weil Karl XII. weitere militärische Siege errang, Sachsen fast für ein Jahr mit einer Besatzung beschwerte und den abgesetzten König 1706 zum Frieden von Altranstädt zwang.

In den Jahren zwischen 1705 und 1709, in denen sich der Kurfürst mit dem Königstitel im wesentlichen auf Sachsen beschränkt sah, geriet er auch in der Heimat in politische Schwierigkeiten. Im Frühjahr 1703 sah sich eine gegnerische Gruppe von Höflingen in der Lage, den Großkanzler von Beichlingen wegen außenpolitischer Eigenmächtigkeiten zu belasten, so daß der König diesen absetzen und verhaften ließ. Das führte sogleich zu einer Regierungsumbildung, die Voraussetzungen für die Bildung eines Geheimen Kabinetts schuf und damit zu einem obersten Regierungsinstrument im Sinne des Absolutismus, weil sich in ihm die außenpolitischen, die militärischen und die polnischen Angelegenheiten sowie die wichtigsten und geheimsten Vorgänge sächsischer Politik konzentrierten.

Ferner unternahm der Kurfürst-König tatkräftige Maßnahmen zur weiteren Stärkung der eigenen absolutistischen Herrschaft und damit zur Festigung der politischen Stellung des Dresdner Hofes, und er versuchte auch, dessen gesellschaftliche und kulturelle Bedeutung zu erhöhen. Aussagekräftige Quelle bilden die »Hof-Journale« dieser Jahre. Sie belegen vor allem rege diplomatische Aktivitäten in Form von Audienzen, die August den Gesandten Englands, Dänemarks, der Niederlande und Schwedens – oft mehrmals – gewährte. Im Jahr 1707 traf er sich häufig mit dem schwedischen König in Altranstädt, Günthersdorf, Leipzig und Dresden, um bessere Friedensbedingungen auszuhandeln. Konferenzen mit dem seit 1704 bestehenden Geheimen Kabinett, weiteren kurfürstlichen Räten und Visiten mit den Herzögen der Sekundogeniturfürstentümer waren an der Tagesordnung.

Ein Erfolg für den Landesherrn war die Einführung der Generalakzise in der Grafschaft Mansfeld, die zwar von Sachsen lehnsabhängig war, aber in den Landständen Kursachsens keine Vertretung besaß. Daraufhin erklärten sich 1703 bereits 112 meist amtssässige kursächsische Städte mit der Akziseordnung einverstanden, worauf die Generalakzise-Inspektion unter Leitung von Graf Hoym eingerichtet werden konnte. Sie brachte bald – wenn auch vorerst bescheidene – Steuergewinne für den Staat. Der Widerstand der Stände konnte auf dem Ausschußtag 1704 überwunden werden. Die Akziseerhebung für Dresden und Leipzig bildete die Fortsetzung dieser Finanz- und Steuerpolitik. Dem Leipziger Stadtrat vertraute der Landesherr die Akziseverwaltung für ein Jahr an, setzte genaue Steuerbeträge in Talern, Groschen und Pfennigen für die einzelnen Waren fest – wie sie heute noch im Codex Augusteus nachzulesen sind – und verfügte, daß sich niemand dieser Abgabe entziehen dürfte, ganz gleich, ob hohe oder niedere Hof-, Militär-, Kammer-, Steuer-, Jagd-, Akzise- oder Postbeamte; auch »Universitätsverwandte«, Juristen sowie Inhaber von Freihäusern waren davon nicht ausgenommen. Nur Professoren, Kirchen- und Schulbedienstete, Thomasschüler, das Lazarett und das Hospital bekamen Rückerstattungen. Es wurden strenge Visitationen angekündigt. Dies war zweifellos ein Erfolg kurfürstlicher Politik. Denn nun mußte auch der Adel die Akzise mittragen, anders als in Preußen, wo er kraft seiner Privilegien und königlicher Machtvollkommenheit davon befreit blieb. In Kursachsen spaltete sich fortan die Opposition: Viele Bürgerliche erkannten in der strafferen Verwal-

👑 *Wolf Dietrich von Beichlingen. Als einer der engsten Vertrauten des jungen Kurfürsten begleitete er ihn bei langen Aufenthalten in Polen und leitete die Reisekanzlei. 1700 zum Reichsgrafen erhoben, wurde er zum Obersten Kanzler ernannt und verband damit die Leitung der Geheimen Kammerkanzlei. Damit hatte er praktisch das Amt einer Art Premierminister inne. Gemälde (Ausschnitt) von François de La Croix, 1702. Privatbesitz*

tungsorganisation und dem einheitlichen Steuersystem einen Fortschritt, während vor allem die Ritterschaft und einige Städte des Vogtlandes weiterhin gegen die Akzise zu Felde zogen.

Auch Dietrich von Beichlingen hatte sich um die Stärkung des absolutistischen Regimes bemüht, wenn er dies auch mit anderen Mitteln zu erreichen hoffte als seine Gegner. Das brachten die gegen ihn und seine Anhänger geführten Untersuchungen mehr oder weniger klar zutage. Man warf dem Amtsenthobenen vor, große Summen verausgabt, Ämter und Verhandlungen eigenmächtig geführt, Steueraufschübe, Begnadigungen, Konzessionen erteilt und Geschenke angenommen zu haben. Verschiedene Berichte brachten immer neue Anschuldigungen vor, 1704 erschienen sogar öffentliche Anschläge, um die Verhaftung zu rechtfertigen. Aber ein Prozeßurteil gegen Beichlingen gab es nicht! Denn dieses hätte des Königs eigene Regierungsmethoden verurteilen müssen. Beichlingen blieb bis zum Februar 1709 in Haft – zu dem Zeitpunkt, als August wieder nach Polen zurückkehrte –, dann gab man ihm die Freiheit, die er bis zu seinem Tod 1725 auf seinem Gut Zschorna bei Wurzen genoß, ohne jemals wieder in der Politik aktiv zu werden. Der polnische Historiker Jacek Staszewski, dessen quellenkritischer Untersuchung die weitgehende Aufklärung des »Falles« Beichlingen zu verdanken ist, hat diesen als »Staatsstreich« bezeichnet. Als solcher war er Bestandteil einer »Staatskrise«, wie sie sich infolge militärischer Niederlagen, der Absetzung Beichlingens und schließlich der Entthronung Augusts in der ersten Phase des Nordischen Krieges entwickelt hatte.

In dieser Zeit sah sich der Kurfürst-König zu Überlegungen veranlaßt, zu denen ihn seine zehnjährige Regierungserfahrung, zahlreiche militärische und politische Niederlagen sowie das Erscheinen des Pamphlets »Portrait de la cour de Pologne«, in dem über 30 Männer seiner unmittelbaren Umgebung scharf kritisiert wurden, herausforderten. Zwar behandelte dieses Pamphlet primär kursächsische Zustände, doch wurde darin auch des Königs Politik in Polen angesprochen: Beispielsweise äußerte der anonyme Verfasser, daß es erstaunlich sei, einen Krieg gegen Schweden zu einer Zeit zu führen, da Polen durch innerliche Wirren zerrissen und Ruhestörer die Gelegenheit ergriffen, den König von Schweden ins Land zu rufen. Ferner sollte August bedenken, daß nun der Kurfürst von Brandenburg den Königstitel von Preußen trüge (seit 1701). Er wurde vor den guten wie den schlechten Eigenschaften des Krongroßschatzmeisters Przebendowski gewarnt, der jedoch mit den hervorragendsten polnischen Geschlechtern in Verbindung stehe, weshalb man ihn mit Vorsicht behandeln solle. Damit wurde seine Polenpolitik, wenn auch vorsichtig, kritisiert.

Dies alles scheint Veranlassung gegeben zu haben, daß der Kurfürst-König drei Manuskripte – wahrscheinlich 1705 verfaßt – niedergeschrieben hat, die wegweisende politische Überlegungen enthielten: Die erste Handschrift – »Régel pour la postérité« – Empfehlungen an seinen Sohn und Nachfolger, der damals kaum zehn Jahre alt war – gleichsam ein »Politisches Testament« –, das nicht für die Öffentlich-

Friedrich August I., Kurfürst von Sachsen, als August II. König in Polen. Gemälde von Louis de Silvestre, 1718. Staatliche Kunstsammlungen Dresden, Gemäldegalerie Alte Meister

2 Empfang einer Gesandtschaft des türkischen Sultans durch August den Starken im Senatorensaal des Warschauer Königsschlosses. Als König in Polen hatte er diplomatische Beziehungen zum unmittelbar an das Königreich Polen angrenzenden Osmanischen Reich zu unterhalten. Gouachezeichnung eines unbekannten Künstlers, um 1730. Staatsarchiv Dresden

3 Empfang Augusts des Starken im Berliner Schloß. Nach den vergeblichen Versuchen Brandenburg Preußens, den sächsischen Ost-West-Handel zu behindern, trat in der zweiten Hälfte der zwanzige Jahre eine erneute Annäherung beider Staaten ein, die zu gegenseitigen Besuchen in Dresden oder Potsdam-Berlin führte. Gemälde von Antoine Pesne, um 1728. Schloß Charlottenburg, Berlin

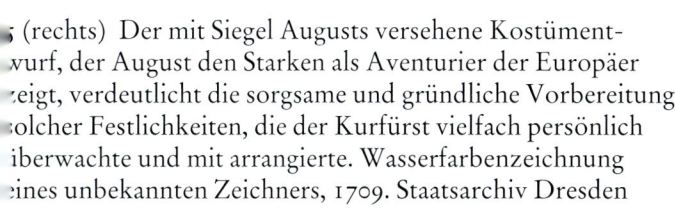

4 (oben) Festlichkeiten anläßlich des Besuches von König Friedrich IV. von Dänemark in Dresden: »Aufzug der Wagen und Reiter zum Damenfest« und »Aufzug der vier Weltteile« im Rahmen des Karussellrennens. Die Veranstaltungen fanden in dem aus Holz erbauten Amphitheater, dem Vorgängerbau des Zwingers, statt. Deckfarbenzeichnung von C. H. Fritzsche, 1709. Staatliche Kunstsammlungen Dresden

5 (rechts) Der mit Siegel Augusts versehene Kostümentwurf, der August den Starken als Aventurier der Europäer zeigt, verdeutlicht die sorgsame und gründliche Vorbereitung solcher Festlichkeiten, die der Kurfürst vielfach persönlich überwachte und mit arrangierte. Wasserfarbenzeichnung eines unbekannten Zeichners, 1709. Staatsarchiv Dresden

6 Der Neumarkt in Dresden, vom Jüdenhof aus gesehen. Vor der Frauenkirche von George Bähr steht die Alte Wache. Das 1749 von Bernardo Bellotto, genannt Canaletto, geschaffene Gemälde vermittelt einen Eindruck vom Leben in der Residenzstadt am Ende der Regierungszeit Augusts des Starken. Staatliche Kunstsammlungen Dresden, Gemäldegalerie Alte Meister

7 Hofkostüm. Modisch und prachtvoll mußte die Kleidung auch am Hofe Augusts des Starken sein, aber immer auf den jeweiligen Anlaß zugeschnitten. Allein bei den Festlichkeiten 1719 wurden für ihn 25 Kostüme gefertigt. Das abgebildete Kostüm ist eines davon: Es besteht aus Justeaucorps, Weste, Hose und Degentasche. Der Brokatstoff ist mit Goldstickerei aus diagonalen Streifen und großformatigen Blüten geschmückt. Vermutlich Dresdner Arbeit, 1719. Staatliche Kunstsammlungen Dresden, Historisches Museum

8 Karussellrennen im Zwinger im Rahmen der Karnevalslustbarkeiten im Februar 1722. Der Maler gestattet den Blick vom Kronentor auf das Schloß und die Elbe. Im Anschluß an die tatsächlich vorhandenen Zwingergebäude nach der Arkade aus Holz hat er die unausgeführt gebliebenen Zwingerbauten zum Elbufer hin mit dargestellt. Gemälde von Johann Alexander Thiele, 1722. Staatliche Kunstsammlungen Dresden, Gemäldegalerie Alte Meister

9/10 Figurinen für den Karneval des Dresdner Hofes 1725. Es war üblich, daß sich aus solchen Anlässen der Landesfürst, seine Familie sowie der sächsische und polnische Hofadel in Verkleidung durch Dresden begaben. Für die Große Wirtschaft zum Abschluß des Karnevals am 13. Februar wurden Trachten von Schiffern, Müllern, Winzern und Gärtnern ausgewählt. Die vier »Banden« hatten sich jeweils im Haus des »Chefs der Bande« einzufinden, von wo sie durch die Stadt zum Schloß zogen. Dort hatten sie sich um 16 Uhr in den Pfälzischen Zimmern einzufinden. Nach Aufführung einer italienischen Komödie speiste man in der Bildergalerie, anschließend wurde im Redoutensaal bis zwei Uhr früh gefeiert. Wasserfarbenzeichnungen eines unbekannten Künstlers, 1725. Staatsarchiv Dresden

11 Uniformzeichnung für einen sächsischen Grand Musquetaires. In Vorbereitung auf das Zeithainer Lager wurde die neugeschaffene Armee einheitlich bewaffnet und neu eingekleidet. Die Uniformentwürfe mußten dem Kurfürst-König vorgelegt werden, der sie prüfte und letztlich bestätigte. Die Neueinkleidung war radikal und reichte von den Uniformen der Generale bis zu den Knöpfen und Flintensteinen der Gemeinen. Die für die Offiziere kostspielige Ausstattung mußte von ihnen selbst bezahlt werden, eigenmächtige Änderungen waren untersagt. Am 28. Mai »legte der gantze Hoff, wie auch die Armée, die neue Livrée und Montur an«. Wasserfarbenzeichnung. Staatsarchiv Dresden

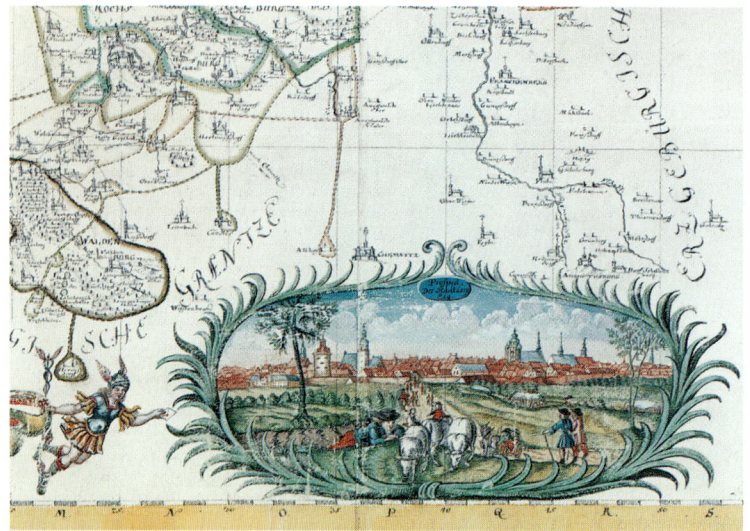

12 Ackerbau und Viehzucht im Leipziger Kreis. Das Bild zeigt im Vordergrund weidende Schafe, von einem Hüteknecht beaufsichtigt, dahinter einen Bauernwagen, der mit geerntetem Getreide beladen wird. Auf der in die Messestadt Leipzig führenden Straße gehen Menschen und fahren beladene Pferdefuhrwerke. Wasserfarbenzeichnung auf der Karte des Leipziger Kreises von Adam Friedrich Zürner, um 1730. Staatsarchiv Dresden

13 »Augusteisch Chursächssischer Atlas oder Accurate Geographische Delineation derer Chur. und Fürstl. Sächs. Lande Albertinischer Linie: II. General Charte oder Titul dieses Atlantis mit Andeutung der dabey adhibierten 4 HauptOperationen.« Seit 1711 war der Dorfpfarrer Adam Friedrich Zürner im Auftrag des Kurfürsten dabei, das Land neu zu vermessen. Eine vierspännige Vermessungskutsche mit einem Zählwerk, ein Vermessungsschubkarren, ein Schrittzähler, ein auf Geländehöhepunkten aufgestellter Meßtisch mit Winkelgerät und Diopter standen ihm als technische Hilfsmittel zur Verfügung. Dazu kamen vielfältige angeforderte Nachrichten aus den kursächsischen Ämtern und Städten. Atlaswerk von Adam Friedrich Zürner, 1725. Staatsarchiv Dresden

keit bestimmt war und seine geheimsten Gedanken enthielt[13]. Doch hier blieben der Verlust der Krone Polens und die sich daraus ergebenden Folgen unerwähnt. August gab Ratschläge, nach welchen Gesichtspunkten die höchsten Staatsämter in Sachsen zu besetzen seien, daß der Adel in Kursachsen zu »Staatsdienern« erzogen werden müsse und daß man im Umgang mit den Untertanen auf der Hut sein solle, weil es neben Menschen mit Ansehen und Verdiensten auch Schmeichler und Lügner gebe. Ferner vermittelte er außenpolitische Empfehlungen und solche für den Umgang mit Kirche und Klerus. Dann hinterließ der König noch ein Memoirenfragment von einer Folioseite, in dem er die Adelsherrschaft, ganz zum Unterschied von 1690, überwiegend negativ beurteilte und als Ursache für fürstliche Ohnmacht ansah. Das dritte Dokument wies in die Zukunft: »Project ins fahl das Haus Estraich absterben sohltes«.[14] Es schien für ihn bezeichnend, daß er trotz seiner augenblicklich ungünstigen Lage Hoffnungen auf den Übergang der Kaiserwürde von den Habsburgern auf die Wettiner hegte. Nach seinem »Project« sollten in den deutschen Territorien Habsburgs die deutschen Fürsten einen Kaiser wählen, dem diese dann auf Lebenszeit huldigten. Da Kaiser Leopold von Habsburg am 5. Mai 1705 starb, dürfte dies wahrscheinlich für August als Reichsvikar der Anlaß für die Denkschrift gewesen sein. Einige Jahre später vermittelte er die Heirat seines Sohnes mit der habsburgischen Kaisertochter, um diesem Ziel selbst näher zu kommen.

Zwischendurch hatten »Königl. Maj. ungelegenheit an Zähnen, weßwegen für sich den ganzen Tag innen halten mußten«. Bald reiste er nach Karlsbad zur Kur und führte, neben Bädern und Spaziergängen, häufig Verhandlungen. Zur Abwechslung brachten ihm 300 Bergleute aus Johanngeorgenstadt eine »Musique«. Die Leipziger Messen ließ er fast nie ohne seine Anwesenheit vorübergehen, ebenso nicht zahlreiche Opernaufführungen oder Maskenfeste im Schloß, Ball- oder Schießhaus zu Dresden, meist in der Begleitung seiner gegenwärtigen Mätresse, der Gräfin Cosel. Einen Höhepunkt in dieser Zeit bildeten die Festlichkeiten anläßlich des Besuches seines Vetters, des Dänenkönigs Friedrich IV. im Juni/Juli 1709. Der politische

Anlaß bestand in der Gewinnung dieses Monarchen für eine erneute Allianz gegen Schweden. Die anschließende Reise beider Herrscher zum Preußenkönig Friedrich Wilhelm I. diente demselben Zweck, allerdings ohne Erfolg. Alle diese Aktivitäten standen im engsten Zusammenhang mit Augusts Ziel, die Krone Polens zurückzugewinnen. Am 21. August 1709 überschritt er mit seiner Armee die Oder. Des Königs »Hofstaat« war ihm schon vorausgeeilt.

Zuvor hatte August diese Rückkehr durch intensive Überlegungen, festgehalten in Geheimpapieren, vorbereitet. Dabei unterstützte ihn der erfahrene Jacob Heinrich von Flemming. Dessen Empfehlungen liefen bereits auf eine Erneuerung des Bündnisses mit Rußland hinaus, das vom Kaiser und dänischen König unterstützt werden sollte und auf die Gewinnung von Subsidien abzielte, damit der Hof des Königs und das Militär ausreichend versorgt würden. Augusts Randbemerkungen zu diesen Vorschlägen ließen die Hoffnung auf russische materielle und insonderheit finanzielle Unterstützung erkennen; er wünschte jedoch das Kommando über russische Truppen in Polen. Denn August fehlten die nötigen Soldaten. Im Januar 1708 verpflichteten sich Flemming, Wackerbarth, Hoym, von der Goltz und Manteuffel nach weiteren Vorschlägen, Augusts Rückkehr nach Polen zu unterstützen, doch nicht, ohne sich rückzuversichern: Sollte das Werk fruchtlos ausgehen und sollten sich dann Leute finden, die entweder aus Neid oder aus Rache oder aus anderen Ursachen sie beschuldigen würden, dann müßte ihnen der König versprechen, sie in Schutz zu nehmen, was ihnen August in einer schriftlichen Randbemerkung auch zusicherte. Kurz darauf teilte er dem Papst Clemens XI. seinen Entschluß zur Rückkehr nach Polen mit. Um auch dessen Unterstützung zu erhalten, versprach er den Katholiken in Dresden eine Kirche und ernannte seinen Beichtvater Vota, sechs Kapläne und zehn Kleriker für die geistlichen Handlungen an dieser Kirche. Gleichzeitig ließ er die Weihe der Schloßkapelle »Zur Heiligen Dreifaltigkeit« vornehmen. Doch verbot er den katholischen Geistlichen jegliche Einmischung in weltliche Angelegenheiten und die Annahme von Geschenken. Sie mußten es auch unterlassen, gegen die Protestanten zu predigen, und durften keine Prozessionen außerhalb der Kirche

DIE SÄCHSISCH-POLNISCHE UNION (1697–1763)

👑 *Entwurf eines runden Schildes (oder Tellers?) mit den Wappen der ehemals selbständigen Herrschaften, die die Wettiner im Laufe der Jahrhunderte in ihren Besitz gebracht hatten bzw. auf die sie Erbansprüche geltend machen konnten. Wozu dieser Entwurf letztlich dienen sollte, der in der Ausführung nach Augusts eigenhändiger Anweisung auf der Zeichnung »apart topelt gestickert werde«, ist unbekannt. Er verdeutlicht aber sowohl das Machtbewußtsein des wettinischen Kurfürstenhauses als auch die genaue Kenntnis, die Friedrich August persönlich davon hatte. Tuschzeichnung, undatiert, mit eigenhändigen Bemerkungen Augusts des Starken. Staatsarchiv Dresden*

durchführen. Dergestalt meinte der Fürst und Katholik, sein Haus in jeglicher Weise bestellt und für die Rückkehr nach Polen vorbereitet zu haben.

Doch im Vergleich zu 1697 hatte sich jetzt seine Lage entscheidend verändert. Jetzt hatte Peter I. den Schwedenkönig militärisch besiegt. Im Vertrag von Thorn 1709 bestimmte der Zar, und August hatte zu akzeptieren. Der Verzicht des Gegenkönigs Leszczyński auf den polnischen Thron brachte August II. wenig Vorteile, und die Staatsstreichpläne 1713/14 zur Beseitigung des liberum veto verstärkten den Widerstand im Land. Seine Gegner schlossen sich in der Konföderation von Tarnogrod zusammen. Kampfhandlungen gegen sächsische Truppen, die man nun als Besatzungsmacht empfand, entbrannten – von Militär und Bauern durchgeführt – in verschiedenen Teilen des Landes. Man wollte hier August II. nur unter der Bedingung als König anerkennen, daß er auf alle weiteren absolutistischen Reformen verzichtete. Doch hoffte dieser, seine weitgreifenden Pläne mit Unterstützung des Zaren noch verfolgen und durchsetzen zu können, aber Peter ging nicht darauf ein, weil er die geringen Möglichkeiten erkannte, die August noch blieben. Als der Frieden von Warschau 1716 zustande kam, mußte der König seine militärische Präsenz einschränken. Sein Geheimes Kabinett und andere sächsische Beamte durften sich in polnische Angelegenheiten nicht mehr einmischen. Peter I. trat jetzt als Garant und Verteidiger der Freiheit Polens auf.

Die Heirat des Sohnes Friedrich August mit der Kaisertochter Maria Josepha – mit großem Pomp in Dresden und Umgebung auch mit polnischen Gästen 1719 gefeiert – sollte Augusts II. Stellung in Sachsen, Polen, ja in ganz Europa mächtig aufwerten. Aber mit dem Ende des Nordischen Krieges durch den Frieden von Nystadt 1721 erhielt Rußland Livland und damit einen weiteren Zugang zur Ostsee, Brandenburg-Preußen gewann Pommern, aber der Kurfürst-König ging leer aus.

Seit 1720 behielt sich August II. die Entscheidungen in der Außenpolitik und in Militärangelegenheiten weitgehend selbst vor. Nun bezog er auch seinen Sohn in die Regierungsgeschäfte ein. Kompetenzstreitigkeiten zwischen dem Thronfolger und den Ministern, ins-

DIE SÄCHSISCH-POLNISCHE UNION (1697–1763)

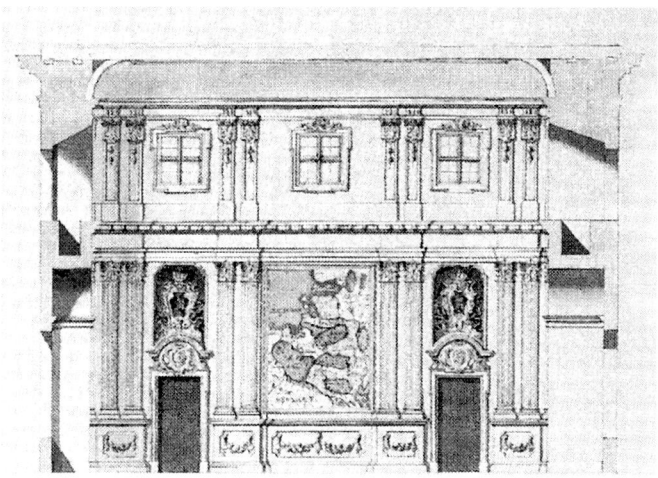

👑 *Entwurf von Johann Daniel von Jauch für die Ausgestaltung des Senatorensaales im königlichen Schloß zu Warschau. August der Starke versuchte bei diesen Umbauten zwischen 1713 und 1716 seine absolutistischen Bestrebungen in Polen zu verdeutlichen: Kartuschen über den Eingangstüren mit dem Monogramm AR sowie eine auf Marmor geätzte Landkarte des Königreiches Polen. Aquarellierte Federzeichnung, nach 1733. Staatsarchiv Dresden*

besondere mit dem einflußreichen Grafen von Flemming, entschied der Vater oftmals zugunsten des Sohnes. 1726 erhob er den jungen Friedrich August sogar zum leitenden Minister im Geheimen Kabinett, und während seines Aufenthaltes in Polen übte der Kurprinz für einige Zeit die Herrschaft in Sachsen aus, wenn auch nicht ohne Schwierigkeiten, die ihm die Kabinettsminister bereiteten. Auf alle Fälle haben diese Maßnahmen des Königs dazu beigetragen, den Stellenwert des Regenten im Territorialstaat zu erhöhen und zu festigen.

Doch je mehr Augusts politischer Einfluß in Polen zurückgedrängt wurde, desto intensiver entfalteten sich sein Baueifer und seine kulturellen Ambitionen. Er ließ das Warschauer Bauamt nach dem Dresdner Muster einrichten, ordnete Umbauten für das Königsschloß in der polnischen Hauptstadt an, wobei die Weichsel-Fassade ihre einmalig-repräsentative Ausprägung erfuhr. Das »Sächsische Dörfchen« und das »Sächsische Palais« wurden erbaut und ein Theater errichtet, wobei Architekten und Künstler aus Sachsen – beispielsweise die Landbaumeister Karcher und Pöppelmann – neben polnischen Bauschaffenden tätig waren.

Das Leben am Hofe zu Warschau war nicht weniger abwechslungsreich und prächtig als in Dresden, doch erhielt es seinen Glanz weit mehr durch den Reichtum polnischer Magnaten, hoher Würdenträger und vieler Adliger als durch Gäste aus Sachsen. Umgekehrt lud er aber auch zahlreiche Polen nach Dresden ein, so daß seine Höfe eine internationale Atmosphäre ausstrahlten. August förderte Heiraten sächsisch-polnischer Paare, beispielsweise die Eheschließung seiner illegitimen Töchter, der Katharina von Rutowski mit dem Grafen Michael Bielinski 1728 oder der Cosel-Tochter Friederike Alexandra mit dem Kronschatzmeister Anton Mosczynski 1730. Auch mit der Heirat des Sohnes des früheren Großhetmans, Alexander Jakob von Lubomirski, und der Tochter des Königsvertrauten von Vitzthum, Friederike Wilhelmine, sollten Familienbande politische Verbindungen vertiefen. Ähnliche Funktion beabsichtigte die Gründung der »Rundtischgesellschaft« vor dem Sejm in Grodno 1726 durch August, die auch mit der späteren Runde in Dresden verbunden war, ähnlich der Entstehung der ersten Freimaurerloge »Zu den drei Brüdern« zwei Jahre darauf in Warschau. Denn die »Rundtischgesellschaften« hatten Diskussionen über alle möglichen Themen zum Ziel, ohne Mißtrauen und höfisches Zeremoniell. Genauso verpflichtete der König Sachsen und Polen im Militärdienst, z. B. im Gardegrenadierregiment oder im Dresdner und Warschauer Kadettenkorps.

Gesundheitlich ging es mit August eher bergab: In den zwanziger Jahren des 18. Jahrhunderts wurde ein Gewichtsverlust des Kurfürst-Königs registriert. Da er sich regelmäßig messen und wiegen ließ, ist überliefert, daß er 1,76 Meter groß war und 1712 sein höchstes Gewicht aufwies: 260 sächsische Pfund, also 121,4 Kilogramm. 1725 wog er nur noch 95,5 Kilogramm, ohne daß sich seine Eß- und Trinkgewohnheiten veränderten. Offenbar litt der König an Diabetes, obwohl diese Krankheit damals noch nicht diagnostiziert werden konnte. 1726 verursachten Entzündungen und eiternde Wunden an den Füßen erhebliche Schmerzen. Im Dezember dieses Jahres glaubte er seinem Ende nahe zu sein und ließ seinen Letzten Willen niederschreiben. Nach der Amputation einer kranken Zehe des linken Fußes am Neujahrstag 1727 im Schloß des Fürsten Czatorysky trat wieder eine Besserung ein.

Seine letzten Regierungsjahre waren erfüllt vom Bestreben, dem Kurprinzen Friedrich August die Thronfolge in Polen zu sichern. Denn gelänge es dem Sohn nicht, die polnische Krone zu behaupten, so wäre ihm nur der Titel des Kurfürsten geblieben und er damit in die Masse deutscher Fürsten hinabgesunken. Deshalb unternahm August II. nicht nur verschiedene außenpolitische Aktivitäten, sondern forcierte auch den Abschluß der Militärreform, die in den weithin beachteten »Lustlagern« (Manövern) von Zeithain 1730 und Czerniachow 1732 gipfelten, was aber auch einer Herausforderung des brandenburg-preußischen Nachbarn gleichkam. Zukunftsgedanken schienen ihn oft zu quälen. So schrieb er ein knappes Jahr vor seinem Tod: »Ich habe nur wenige Jahre Zeit zu leben, und ich wollte sie benutzen, um Euch auf die Staatsgeschäfte vorzubereiten, deren Irrtümer und Intrigen ich seit 38 Jahren erkannt habe. In welchem Zustand bin ich gewesen und wie werde ich sie Euch hinterlassen«?[15] Kurfürst Friedrich August I. von Sachsen und August II. in Polen vermochte sein Ziel, den Absolutismus und damit eine Realunion in beiden Ländern, nicht zu erreichen. In seinem Heimatland gelangte er zu beachtlichen Reformen, die Regierung, Hof und Residenz zu europäischer Bedeutung erhoben. Aber die weitere Entwicklung unter seinem Nachfolger mußte die Entscheidung darüber bringen, ob seine Politik auch in Polen dauerhaften Erfolg haben würde.

***

Die künftige Entwicklung der sächsisch-polnischen Union war infolge des Todes August des Starken erneut gefährdet. Schon seit dem letzten Lebensjahrzehnt des alten und kranken Königs zeigte sich, daß Preußen überhaupt nicht an einer Thronfolge des Sachsen interessiert war. Gemeinsam mit Habsburg und Rußland einigte man sich auf den katholischen Herzog Emanuel von Portugal. Die Polen selbst wählten teilweise den bereits von Karl XII. eingesetzten Stanislaw Leszczyński, Parteigänger und Schwiegervater des französischen Königs. Doch Rußland erkannte die Nachfolge Friedrich Augusts II. von Sachsen bereits im Juli 1733 an, weil es einen französischen Kandidaten letzten Endes ablehnte und mit Gewalt drohte, die sich schließlich im Polnischen Erbfolgekrieg entfesselte. So wählte der Sejm den Sachsen als August III., und nach dem Frieden von Wien 1735 bekam Leszczyński das Herzogtum Lothringen, das nach seinem Tod Frankreich zufallen sollte.

In Kursachsen selbst brachte der Thronwechsel keine nennenswerten Veränderungen, wenn auch der neue Kurfürst seine Anerkennung bei verschiedenen Ministern und hohen Beamten erst durchsetzen mußte. Daß es ihm damit ernst war, bestätigt ein »General-Rescript« vom Juni 1733 an alle Collegien, die Besetzung der Dienste mit »fähigen Subjects, deren Wahl und Konfirmation betr.« vorzunehmen, wozu Wissenschaft, Erfahrung, Verwaltung des Geldes und Gutes erforderlich und möglichst aus mehreren Kandidaten auszuwählen wäre. Bald darauf folgte ein Mandat »wegen der Qualifizierung von Adel«: Wenn Ämter oder Chargen in wichtigen Kommissionen zu besetzen sind, müssen adlige Hofdiener oder bürgerliche Personen nach dem Studium eine Zeitlang in Regensburg, Wetzlar oder Wien (Sitz des seit 1663 als Gesandtenkongreß institutionalisierten Immerwährenden Reichstags, des Reichskammergerichts bzw. des Reichshofrats) das Recht praktiziert haben, einen »honneten Lebenswandel« durch beglaubigte Zeugnisse nachweisen, ebenso in Sprachen, »Studiis elegantioribus« sowie in Geschichte, Politik und Mathematik. Für diese Ausbildung sollten auch Stipendien und Gnadengelder gewährt werden[16]. Das für Kursachsen so wichtige Religionsversicherungsdekret des neuen Landesherrn folgte am 12. Mai 1734.

Offensichtlich hatte die Mehrheit der sächsischen Bevölkerung nichts gegen die Thronfolge Friedrich Augusts einzuwenden – ganz anders als 1697 unter August II. Überhaupt unterschied sich die Lebensart des Sohnes grundlegend von der des Vaters. Friedrich August war ein umsorgender Familienvater, umgeben von vielen Kindern, die nach einer Fehlgeburt des ersten Sohnes beinahe im jährli-

🜲 *König August III. in polnischer Tracht. Kupferstich von Jean Daullé nach Louis de Silvestre, um 1750. Staatliche Kunstsammlungen Dresden, Kupferstich-Kabinett*

chen Abstand von Maria Josepha zur Welt gebracht wurden. In der Ablehnung von Trinkgelagen und Mätressenwirtschaft waren sich die Eheleute einig, für gute Speisen, Theater- und Konzertbesuche allerdings waren sie zu haben, Jagdfreuden und Aufenthalt in freier Natur standen obenan.

Die Doppelhochzeit der Geschwister 1747 – Sohn Friedrich Christian heiratete Maria Antonia von Bayern und der bayerische Kurfürstensproß Joseph die Tochter Maria Anna –, hatte natürlich auch politische Hintergründe. Dies war besonders deutlich bei der Vermählung der Tochter Maria Josepha mit dem Dauphin von Frankreich. Erwähnenswert ist, daß alle 14 Kinder des königlichen Paares die gleiche Erziehung erfuhren, auf die Beherrschung von Fremdsprachen (französisch, italienisch, polnisch) wurde höchster Wert gelegt, und ihre Kinderfrauen besaßen Namen, die entweder auf polnische oder böhmische Abstammung hindeuteten. Wenn die Kinder ein gewisses Alter erreicht hatten, bekamen sie eigene kleine »Höfe« und wurden nach Geschlechtern getrennt. Nun erhielten die Knaben eine andere Erziehung als die Mädchen. Nachdem die ersten beiden Söhne bereits in frühen Jahren gestorben waren, galt der 1722 geborene Friedrich Christian als Thronfolger, Lieblingsenkel Augusts des Starken, aber von Geburt an durch ein Wirbelsäulenleiden körperbehindert. Er lebte von Jugend an nach einem genau festgelegten Tagesplan mit Stunden intensiven Lernens, Besuchen von Sehenswürdigkeiten und religiösen Meditationen. Auf seiner etwa zweijährigen Kavalierstour beeindruckte ihn vor allem Italien tief. Anschließend besuchte er die Leipziger Universität, wobei er sich von Johann Christoph Gottsched und der Aufklärung angezogen fühlte.

Bereits seit 1725 war die Mehrheit des Geheimen Kabinetts, das auf Verlangen des Vaters über die Sicherung der künftigen Thronfolge des Sohnes diskutierte, dafür, daß man sie allein von der Zustimmung der Polen abhängig machen sollte. Sekundäre Bedeutung wiesen die Minister der Verständigung und Mitwirkung der Nachbarstaaten zu. Offensichtlich hatte sich Friedrich August bereits als Kurprinz diese Maxime zueigen gemacht. Als polnische Mitarbeiter seines Vertrauens galten die früheren Reisebegleiter Mosczynski, der Ehemann der

Cosel-Tochter, und als solcher Schwager Friedrich Augusts, und Sulkowski, zugleich hervorragender Finanzverwalter des Prinzen und Jagd-Organisator im Schloßgebiet von Hubertusburg. Antoni Sebastian Dembowski führte jahrelang des Thronfolgers Korrespondenz und wurde bereits 1725 dessen Sekretär für polnische Angelegenheiten im Geheimen Kabinett. Längere Erfahrungen mit polnischen Zuständen hatte Friedrich August als Berufungsperson bei der Verleihung königlicher Gnaden gesammelt, wo man ihn mit Bitten um Ämter, kirchliche Benefizien u. ä. überhäufte. Anonyme Schriften polnischer Autoren priesen die Vorzüge des Thronfolgers, der nicht nur – ebenfalls im Unterschied zum Vater – gut polnisch, sondern auch französisch und italienisch sprach.

Die Erbhuldigung als neuer Kurfürst in Sachsen und die Krönung als König in Polen fielen zeitlich um Monate auseinander, müssen aber außergewöhnliche Höhepunkte im Leben des Herrscherpaares gewesen sein. Die Erbhuldigung für Friedrich August II. in Leipzig geschah am 20./21. April 1733, und die Zeremonien ähnelten denen zur Zeit Augusts des Starken 1694. Entschieden größeren Umfang besaß die Reise zur Krönung nach Krakau, die im November 1733 von Dresden aus mit 200 voll beladenen Wagen, sechs prächtigen Karossen und 1300 berittenen Hofleuten begann. Sächsische Truppen mitzuführen, lehnte er mit Rücksicht auf die ungeklärten Verhältnisse in Polen ab. Am 5. Januar 1734 wurde der bereits am 5. Oktober des Vorjahres zum König Gewählte in Tarnowitz von 25 Delegierten der Warschauer Konföderation, darunter acht Senatoren, und 800 polnischen Edelleuten empfangen, daraufhin leistete er den Eid auf die pacta conventa. Das Krönungszeremoniell fand am 17. Januar in Krakau statt, aber wesentlich bescheidener als das des Vaters, aus Rücksicht auf die noch weitgehend ungeklärte Situation: »August III. war zwar im Besitz der Krone, doch den Thron hatte er nicht errungen.«[17]

Er mußte bald nach der Krönung wieder nach Sachsen zurückkehren, weil er sich von drei Seiten bedroht sah: einerseits von Frankreich, von dem man erwarten konnte, daß es direkt militärisch eingreifen würde, andererseits durch die Haltung Preußens, das für

Leszczyński und damit für die französische Politik eintrat und selbst auf die Gewinnung polnischer Gebiete spekulierte. Außerdem beunruhigte die in »Parteien« gespaltene Umgebung in Polen, und die Fortsetzung der Unionspolitik verlangte unbedingt mehr Geld. Sollte der König wirklich für diese Zwecke bis 1736 acht Millionen Taler ausgegeben haben? Dabei sorgten Zollsanktionen von seiten Preußens und Österreichs sowie Verbote des Besuchs der Leipziger Messe für hohe finanzielle Verluste und wirtschaftliche Schädigungen. Die Beratungen in Dresden ließen sich unter diesen Umständen kaum noch in sächsische und polnische Angelegenheiten trennen.

Deshalb wurden zu den Verhandlungen unter Leitung des Königs zunehmend Sachsen und Polen herangezogen, so daß eine »Ministerkonferenz« entstand, in der Alexander Josef Sulkowski faktisch zum Minister im Geheimen Kabinett aufstieg. Allmählich bildete sich gewiß eine Art Arbeitsteilung heraus, in deren Folge Sulkowski vornehmlich die polnischen, Brühl jedoch die sächsischen Angelegenheiten zu betreuen hatte. Allerdings durften beide Minister nur Vorschläge unterbreiten, die Entscheidungen traf der Kurfürst-König. Die allmähliche Entstehung einer gemeinsamen sächsisch-polnischen Regierung vermochte ein in der Politik erfahrener Betrachter nicht mehr zu übersehen.

Die vorübergehende Konfrontation der beiden Konföderationen, einmal der Warschauer um August III., zum andern die seiner Gegner um die Konföderation von Dzikow, fanden ihr Ende durch den Wiener Frieden, der dem Konflikt den Boden entzog. Dies trug in Sachsen wie in Polen zu einer gewissen Umgruppierung der Kräfte bei: Die sächsische Opposition gegen die wachsende Einbeziehung der Polen in die Politik veranlaßte August zu Veränderungen, die den »Sturz« Sulkowskis zur Folge hatten. Den sächsischen Gesandten im Ausland ging am 7. Februar 1738 die kurze, nichtssagende Mitteilung zu: Sulkowski sei entlassen und Wackerbarth-Salmour ab sofort für die Außenpolitik zuständig. Haarsträubende Gerüchte waren die Folge, denn die Begründung, daß er wegen »Verletzung des Familiensinns« habe gehen müssen, glaubte sowieso niemand. Er blieb zwar Mitglied des Geheimen Kabinetts, durfte jedoch an dessen Beratungen nicht

DIE SÄCHSISCH-POLNISCHE UNION (1697–1763)

🕮 *Königin Maria Josepha in polnischer Tracht. Kupferstich von Jean Daullé nach Louis de Silvestre, 1750. Staatliche Kunstsammlungen Dresden, Kupferstich-Kabinett*

Carl Heinrich von Heinecken. Kupferstich von Augustin de Saint-Aubin, 1770. Staatliche Kunstsammlungen Dresden, Kupferstich-Kabinett

mehr teilnehmen. Deshalb ging er nach Polen zurück, wo er sich mit einem reichen Güterbesitz versorgt wußte.

Derjenige, der von diesen Veränderungen profitierte, ja vielleicht sogar daran Anteil hatte, war der 1737 in den Reichsgrafenstand erhobene Heinrich von Brühl. In reichlich zehn Jahren hatte er eine außergewöhnliche Karriere gemacht, war vom Kammerjunker unter August dem Starken und »Königsboten«, der nach dem Tod seines Herrn wichtigste Staatsdokumente, kostbarste Juwelen und die polnischen Kroninsignien von Warschau nach Dresden gebracht hatte, aufgestiegen und mit dem Posten des Kabinettsministers und Leiters der Außenpolitik betraut worden. Er heiratete karrierefördernd Maria Anna von Kolowrat-Krakowsky, die über großen Einfluß in Böhmen und Österreich verfügte. »Wer immer diese Frau gekannt hat, muß zugeben, ein erster Minister, ein Günstling, hätte keine andere finden können, die befähigter gewesen wäre, ihm Freunde zu schaffen oder mindestens den Neid und die Eifersucht zu verscheuchen, die ein Mann in ähnlicher Stellung und vor allem ein Graf Brühl fürchten mußte.«[18] Übrigens nahm die Trauung in Dresden der Krakauer Bischof Lipski vor.

Vor allem verstand es Brühl, sich mit fähigen Mitarbeitern meist bürgerlicher Herkunft zu umgeben: Johann Christian Hennecke wurde durch ihn Wirklicher Geheimer Rat und Konferenzminister. Der Sturz Sulkowskis veranlaßte Carl Heinrich von Heinecken zum Wechsel in das Amt des Intendanten, der für Brühl vielseitige Dienste erledigte, wie aus dem Briefwechsel beider zu ersehen ist. Ferner gehörten zu seinem Kreis Karl August Rex als Kabinetts- und Konferenzminister, Ferdinand Ludwig Saul als Legationsrat und Georg Wilhelm Walther als Hofrat, die ihm meist die Erhebung in den Adelsstand und die Erwerbung von Güterbesitz verdankten. Später trat noch Graf von Bolza hinzu, Akzisepächter und Finanzjongleur, zugleich Brühls Teilhaber an einer Textil- und Tabakmanufaktur.

Der 1746 faktisch zum Premierminister aufgestiegene Brühl brachte der sächsisch-polnischen Union aus politischen und persönlichen Gründen höchstes Interesse entgegen. Um diesen Ambitionen Nachdruck zu verleihen, beauftragte er seinen Intendanten Heinecken, für einen Brühlschen Familienstammbaum polnischer Herkunft zu sorgen, damit die Übernahme von Ämtern und Gütern in Polen möglich wurde. In Wirklichkeit aus Gangloffsömmern bei Weißenfels stammend und bereits als Kind mit den Eltern nach Weißenfels übergesiedelt, geht aus einem Brief Brühls an Heinecken hervor, daß ein Geheimer Kriegsrat Schmied den polnischen Stammbaum erarbeitete und der Kupferstecher Lorenzo Zucchi den Stich herstellte, dessen hohe Auflage offensichtlich eine weite Verbreitung fand.

In Politik und Geschichtsschreibung wird die Regierungszeit des Kurfürst-Königs in Sachsen und Polen unterschiedlich periodisiert: Für die sächsische Geschichte gelten die Perioden 1733 bis 1740, dann die der ersten beiden Schlesischen Kriege 1740 bis 1745, die darauffolgenden zehn Jahre der Zwischenkriegszeit und schließlich der Siebenjährige Krieg 1756 bis zum Tod Augusts III. im Oktober 1763. In Polen dagegen folgt die Periodisierung einer anderen Gliederung. Da gelten die Jahre von 1733 bis 1736 als Zeit des Interregnums oder des Doppelkönigtums. Die folgenden Jahre werden als Zeitraum der Magnaten-Machtkämpfe gesehen: die der Potockis und der Czatoryskis. Jacek Staszewski verweist in seiner neuesten Biographie über

August III. auf für Polen und Sachsen gemeinsame Daten: Das Jahr 1738 mit Sulkowskis Sturz nebst der Einführung der Ministerialregierung und 1749, das Jahr, in dem Bedingungen für eine absolutistische Regierungsform in Sachsen geschaffen wurden.[19] Unter der Herrschaft Augusts III. in Polen bestand von Anfang an keine Chance auf eine Realunion mehr, denn die innerpolnischen Bedingungen hatten sich gegenüber der Zeit Augusts des Starken entscheidend verändert und die Nachbarstaaten Polens duldeten eine solche Entwicklung nicht mehr. Vorstellungen von der Schaffung einer direkten Landverbindung zwischen Sachsen und Polen waren keinesfalls realistisch. Schon zur Zeit Augusts des Starken sollte der schmalste, etwa 50 Kilometer breite Landstreifen bei Grünberg-Krossen, der beide Staaten voneinander trennte, möglichst durch Gebietsaustausch geschlossen werden. Erst verweigerte sich Österreich, später Preußen, das mit der Eroberung Schlesiens 1740 letzten Endes gar nicht mehr daran dachte, Sachsen in dieser Angelegenheit entgegenzukommen. Denn in Politik, Wirtschaft und Verkehr konnte man dem südlichen Nachbarn mit diesem Hindernis stets und nach Belieben erhebliche Schwierigkeiten bereiten.

Nicht allein die Verkehrsverbindungen zu Polen waren lebenswichtig, weil beide Länder diese vor allem für den Handels- und Personenverkehr brauchten: Polen hatte die für Sachsen notwendigen Rohstoffe und Landwirtschaftsgüter (Wolle, Felle, Getreide, Vieh, Salz) zu liefern, während der östliche Partner die sächsischen Textilien, Metallwaren, Gewehre, Tafelzeug, Meißner Porzellan u. a. begehrte. Von alters her existierte der gegenseitige Handel, wie die Messen von Leipzig und Brody bewiesen, die ja gleichzeitig für die Ex- und Importe Rußlands seit dem 16. Jahrhundert eine große Bedeutung besaßen. Noch 1750, während der Zwischenkriegszeit, kamen zur Leipziger Messe 6296 Meßfremde, 68 davon aus Polen, deren Besuch in den folgenden Jahren freilich abnahm. Infolge der preußischen Straßen- und Zollpolititik waren erhebliche Umwege nötig, um die stark erhöhten Zölle zu vermeiden. Doch dadurch wurden wiederum höhere Transportkosten fällig. Hinzu kam die Privilegierung der Breslauer Messe durch Friedrich II. 1742, der mit der Zollschraube den Besuch der eigenen statt der Leipziger Messen erzwingen wollte: 1748 ließ er von den Kaufleuten auf dem Weg nach Sachsen 30 Prozent vom Warenwert fordern.

Allerdings haben auch die Verhältnisse in Sachsen zur Behinderung des Polenhandels beigetragen, wenn man etwa an die restriktive Judenpolitik denkt. Seit 1543 durfte kein Jude in diesem protestantischen Land seinen Wohnsitz haben. Aber in Polen lebten an die 900 000 von ihnen, viele davon als Kaufleute. Sie aber unterlagen in Sachsen und Leipzig der Paßkontrolle, mußten ein »Schutzgeld« oder einen »Leibzoll« zahlen, durften keine ständige Wohnung nehmen, kein »Gewölbe« (Standplatz) zur Straße hin unterhalten und zu bestimmten Zeiten und Tagen überhaupt keinen Handel treiben. Dazu kam die antijüdische Einstellung vieler Leipziger oder auch sächsischer Kaufleute und Bürger. August der Starke, selbst mit reichen jüdischen Finanz- und Handelsherren in engen Beziehungen befindlich, hatte bereits für Lockerungen der Juden-Behinderungen gesorgt, und sein Nachfolger setzte diese Politik fort, denn er ließ durch die Maßnahmen des Grafen von Brühl ab 1747 großzügig »Freipässe« für sie ausstellen, die sie von Sonderzöllen befreiten, wogegen allerdings der Leipziger Rat protestierte, weil ihm Extraeinnahmen verlorengingen.

Der von alters her für Sachsen so wichtige Elbe-Handelsverkehr litt wiederum unter preußischen Restriktionen. So ließ Friedrich II. beispielsweise 1741 als Bündnispartner Sachsens mitten im ersten Schlesischen Krieg in Magdeburg alle Schiffe beschlagnahmen, um Fourage und Salz zu seiner Armee nach Schlesien zu bringen, so daß die Spediteure in der Elbestadt sächsische und Leipziger Waren nicht mehr nach Hamburg zu transportieren vermochten. Dadurch wurde der Wirtschaftskrieg verschärft, der Handelsverkehr zunehmend behindert und die wirtschaftliche Entwicklung in den Unionsländern systematisch erschwert.

Die Rivalität zwischen Brandenburg-Preußen und Sachsen ging bereits auf jene Zeit zurück, da sie Kurfürstentümer und Nachbarstaaten wurden. Mit der Wahl Augusts II. zum König in Polen und der Krönung Friedrichs I. zum Herrscher von Preußen waren weitere

Auseinandersetzungen bereits vorprogrammiert. Die allgemeinen Ziele preußischer Polenpolitik formulierte der Nachfolger Friedrich Wilhelm I. in seinem Testament dahingehend, daß er künftigen Preußenkönigen empfahl, mit Polen zwar in guter Nachbarschaft zu leben, aber im polnischen Sejm stets eine preußisch orientierte »Partei« zu haben, um Beratungen abbrechen zu können, wenn es die preußischen Interessen erforderten. Vor allem sollte die Stärkung der Herrschaft Augusts II. verhindert werden. Diese Politik und die Erwerbung Stettins und Vorpommerns 1720 provozierten einen Wirtschaftskrieg, der mit den gegenseitigen Besuchen der Könige an den Höfen in Dresden und Berlin sowie dem Handelsvertrag von 1728 eine nur vorübergehende Milderung brachte.

Die Wahl Augusts III. hatte den Gegensatz wieder verschärft. Der Tod dreier Monarchen im Jahr 1740 veranlaßte einen der neu angetretenen Herrscher, Friedrich II. von Preußen, sein Problem, die Eroberung Schlesiens, mit Krieg zu lösen. Damit trat er auch gegen die gleichzeitig inthronisierte Maria Theresia an. So gab der Preuße den Startschuß zum Ausbruch des Österreichischen Erbfolgekrieges, in den Bayern und Sachsen zugleich ursächlich verwickelt waren, weil beide Kurfürsten Habsburgerinnen zur Frau hatten, die Pragmatische Sanktion nicht anerkannten und nach dem Kaiserthron strebten. Französischer Druck sorgte dafür, daß nicht der Wettiner, sondern der Wittelsbacher 1742 zum Kaiser gewählt wurde. Noch verärgert über die Verweigerung habsburgischer Garantien für den künftigen Erwerb von Krossen und Züllichau zum Zwecke der Herstellung einer Landverbindung zwischen Sachsen und Polen, entschlossen sich August III. und Graf Brühl dem Nymphenburger Vertrag mit Bayern, Frankreich und Preußen beizutreten, was auf diplomatischem Terrain als Sensation empfunden wurde. Doch am Ende des ersten schlesischen Krieges gewann Preußen 1742 Schlesien und die Grafschaft Glatz, während Sachsen leer ausging. Friedrich II. brach mit der gegen Österreich gerichteten Koalition und ließ seine Bundesgenossen wieder im Stich.

Spätestens jetzt hätte Graf Brühl feststellen müssen, daß Preußen allein mit Diplomatie nicht beizukommen war. Anstatt das vernach-

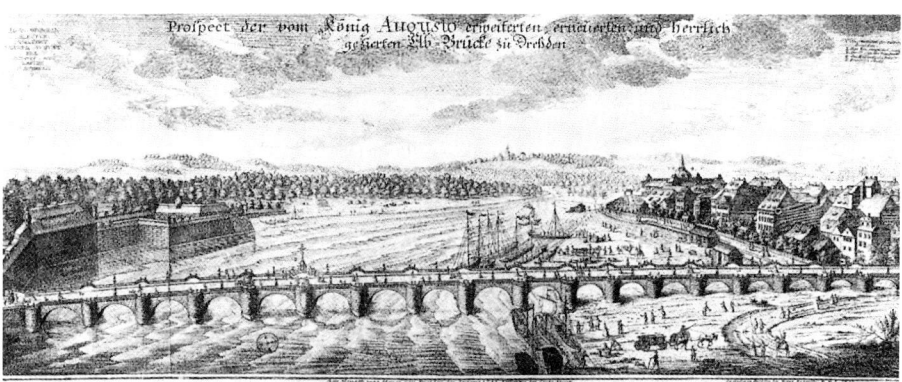

👑 »*Prospect der vom König Augusto erweiterten, erneuerten und herrlich gezierten Elbe-Brücke zu Dresden*«. *Da die alte steinerne Brücke den gewachsenen Anforderungen nicht mehr genügte, erhielt Pöppelmann den Auftrag, diese wichtigste Verbindung vom Residenzschloß nach den östlichen Landesteilen und nach dem Königreich Polen neu zu gestalten: eine gepflasterte Straße mit massiven Gehwegen, ein schmiedeeisernes Geländer und Beleuchtung. Anonymer Kupferstich, 1733. Staatliche Kunstsammlungen Dresden, Kupferstich-Kabinett*

lässigte Militär zu stärken und die Verteidigungskraft zu erhöhen – das preußische Heer war dem sächsischen um das Sechs- bis Siebenfache überlegen –, nahm Brühl einen erneuten Frontwechsel vor, indem er dem österreichischen, kurkölnischen und kurmainzischen Bündnis beitrat, das gegen die Frankfurter Union mit Brandenburg-Preußen, Hessen, der Pfalz und vor allem England gerichtet war. Die politisch falscheste Entscheidung traf schließlich August III., als er seinem ärgsten Feind, dem Preußenkönig, 1744 zur Eröffnung des Zweiten Schlesischen Krieges den Marsch der Truppen durch sächsisches Gebiet gewährte. Im Gefolge dieses Krieges mußte das Heer des Preußenkönigs schwere Verluste hinnehmen. Als sich 1745 Österreich und Sachsen entschlossen, die Kriegshandlungen ihrerseits fortzusetzen, rückten die Preußen in Sachsen ein, um sich auf Kosten des Landes zu regenerieren. Von Görlitz forderten sie Kontributionen von über 100 000 Gulden, von Leipzig gar über zwei Millionen. In der Schlacht von Kesselsdorf am 15. Dezember 1745 wurde die sächsische Armee unter Friedrich August von Rutowski (dem Sohn Augusts des Starken) geschlagen. Zwei Tage später mußte die Residenzstadt Dresden dem Sieger übergeben werden. Am 25. Dezember wurde hier der Frieden geschlossen, der Schlesien nicht nur Friedrich garantierte, sondern Sachsen zudem eine Million Taler Kriegsentschädigung abverlangte.

Doch ein dauerhafter Friede ging von dieser Übereinkunft nicht aus. Das Habsburgerreich war geschwächt, Bayern schied aus dem Kreis bedeutender Territorialstaaten aus. Sachsen hatte es schwer getroffen, aber die Endrunde im Kampf mit dem friderizianischen Preußen stand noch bevor. Auch diese Niederlage veranlaßte die Regierung unter August III. und Graf Brühl zu keiner grundsätzlichen Änderung ihrer Außenpolitik, zumal sich nach 1745 das internationale Kräfteverhältnis auch in Osteuropa veränderte. Denn Rußland unter Zarin Elisabeth übernahm jetzt hier die politische Vorherrschaft und machte Polen zum Gegenstand seiner Interessen. Sachsen spielte dabei eine völlig untergeordnete Rolle.

Dazu kam, daß sich August III. in den vierziger Jahren seltener in Polen aufhielt, meist nur die Sejmsitzungen besuchte und die anstehenden Geschäfte den polnischen Senatoren überließ. Manche Beratungen mußten seinetwegen dicht an der Grenze in Fraustadt (Wschowa) abgehalten werden. Bei Abwesenheit des Königs von Warschau wurde er im Sächsischen Palais meist nur von einem Kammerherrn vertreten, der gewissermaßen als Verbindungsmann zwischen dem in Dresden residierenden König und den polnischen Untertanen fungierte und seinen Herrscher mit häufigen Berichten zu versorgen hatte. Daß sich daraus Komplikationen in den Beziehungen zur Rzeczpospolita herausbildeten, vermochte nicht auszubleiben. August III. beabsichtigte, die sich daraus ergebenden Probleme mit der Weiterentwicklung des Ministerialsystems sowohl in Sachsen als auch in Polen zu lösen.

Obwohl Graf Brühl faktisch die Stellung als Premierminister seit 1747 bekleidete, besaß er – entgegen den bisherigen Auffassungen – bei seinem Herrn keine Monopolstellung, aber uneingeschränkten Zutritt zum König. Aber den genoß auch der königliche Vertraute Graf Wackerbarth-Salmour, nur mit dem Unterschied, daß Brühl den

Titel »Erster Minister« führte. Die Arbeitsweise des Königs blieb unverändert: Brühl hatte zwar das Vortragsrecht, aber August traf die Entscheidungen, die Brühl dann zu formulieren hatte und mit Instruktionen versah. Die Minister wiederum waren gegenüber Brühl rechenschaftspflichtig, der seinerseits dann den König zu unterrichten hatte. Diese Regierungsmethode erlaubte es, die sächsischen Stände vielfach zu umgehen, denn die Tatsache, daß in diesen Jahren die Stände nur zu zwei Landtagen, 1746 und 1749, einberufen wurden – und das auch hauptsächlich zur Steuerbewilligung – bewies in Sachsen das Funktionieren der weiterentwickelten Ministerialregierung, wenn damit der Modernisierungsprozeß der Staatsregierung auch noch nicht abgeschlossen war. Daß es aber auch Kritik und Opposition gab, bewies die Veröffentlichung eines Patents am 7. Februar 1750 gegen »Pasquill-, Schmäh- und Drohschriften«, welches das Verbreiten und Anschlagen rebellischer sowie frevelhafter Aufrufe unter schwere Strafen stellte und den Personen, die ihre Verfasser anzeigten, hohe Prämien versprach.

Doch in Polen ging es darum, diese Ministerialregierung überhaupt erst zu installieren. Die von der inneren Opposition mit Hilfe des Auslands gesprengten Sejm-Versammlungen von 1744 und 1746 gaben Anlaß, das Ministerialsystem zu begründen. Dazu sollte Brühls Wirksamkeit in Polen dienen. Der »Nachweis« seiner polnischen Herkunft, wonach die Familie in Brylow in der Posener Wojewodschaft seit dem 15. Jahrhundert Besitzungen gehabt haben sollte, später jedoch nach Sachsen auswanderte, war eine Voraussetzung für sein Wirken. Die Czatoryskis unterstützten ihn beispielsweise beim Erwerb der Warschauer Starosterei, um wiederum auf Brühl vermehrten Einfluß ausüben zu können. Diese Position nutzte jedoch der Graf dazu aus, sich stärker in polnische Angelegenheiten einzumischen, z. B. um 1750 den ältesten Sohn Augusts III., Prinz Christian, als Thronfolger zu benennen, was allerdings vom Sejm nicht akzeptiert wurde. Ein Ausdruck der Politik Brühls war auch die Eheschließung seiner Tochter Amalie mit Jerzy August Mniszech im gleichen Jahr. Positiv wirkte sich in Polen der wirtschaftliche Aufschwung in diesem Jahrzehnt aus, aber ein wirklicher Erfolg für die

Durchsetzung der Ministerialregierung und weiterer Reformen verhinderte der Konflikt zwischen Schlachta und Magnaten sowie die Magnatenkämpfe untereinander.

In den vierziger und fünfziger Jahren, auf der Grundlage eines bescheidenen wirtschaftlichen Aufschwungs, begannen sich Architektur und Kultur zu entfalten, was von August III. und seinem Hof unterstützt wurde. Als 1740 die Arbeiten am Wiederaufbau des Warschauer Schlosses weitergingen, überließ er die Leitung dem Großkronmarschall Bielinski und damit die Verantwortung den zentralen Behörden der Adelsrepublik. Da der Umbau des ehemaligen Morstyn-Schlosses zum Sächsischen Palais inzwischen abgeschlossen war, nahm dies der König als Privatresidenz in Anspruch, stellte es aber auch den in der polnischen Hauptstadt weilenden Beamten aus Sachsen zur Verfügung. Dann wurden in der Stadt Ruinen und alte Hütten abgerissen und die Straßen in Ordnung gebracht, ferner begann die Vermessung Warschaus, das um die Jahrhundertmitte etwa 25 000 Einwohner besaß, wobei die Zahl der zugezogenen Ausländer merklich zugenommen hatte. In der Residenzstadt spielte der königliche Hof wieder eine deutliche Rolle, zumal nach 1756, als durch die Ereignisse des Siebenjährigen Krieges der König und seine Minister von Friedrich II. gezwungen wurden, nach Polen zu »emigrieren«. Später folgten viele Künstler, die in Dresden keine entsprechende Existenz mehr besaßen. Nur von wenigen Vertrauten umgeben, blieb die Königin in der Elbestadt allein zurück.

In seinem »Politischen Testament« von 1752 schrieb Friedrich II. von Preußen: »Von allen Provinzen in Europa gibt es keine, die besser in unseren Staat passen würden als Sachsen, Polnisch-Preußen und Schwedisch-Pommern, denn alle drei runden ihn ab... Sachsen wäre die nützlichste.«[20] Wenige Jahre später schien für den Preußen-Herrscher der Augenblick günstig, mit dem Krieg zur Verwirklichung seiner annexionistischen Ziele zu beginnen, denn seit 1755 befanden sich die Großmächte England und Frankreich in ihrem Krieg. Am 29. August 1756 überfiel er Sachsen mit einem Heer von 61 000 Soldaten. Das nur 19 000 Mann starke Heer der Sachsen zog sich zurück, was dem Gegner die beinahe kampflose Besetzung des Landes in einem knappen Monat ermöglichte. Damit begann die systematische finanzielle und militärische Aussaugung durch die Besatzung, denn während der siebenjährigen Kriegszeit ließ der Preußenkönig zwischen 50 und 60 Millionen Taler Kontributionen aus Sachsen herauspressen (zum Vergleich: die Gesamteinnahmen des sächsischen Staates betrugen in Friedenszeiten nur sieben Millionen Taler jährlich).

Sein spezieller Haß konzentrierte sich auf Graf Brühl, den er wegen seiner diplomatischen Fähigkeiten und Aktivitäten mit Hohn, Zorn und Rache besonders verfolgte. Schon 1745 hatte Friedrich die Entlassung Brühls gefordert, nachdem seine Abwerbung in preußische Dienste gescheitert war. Nun, nach Kriegsbeginn, residierte der König demonstrativ in Dresden im Brühlschen Palais, nicht im Schloß. Nach der Ausweisung der Gräfin Brühl wurden die gräflichen Schlösser in Sachsen und der Lausitz systematisch geplündert und mehr oder weniger zerstört. Fridericus Rex wollte, daß nichts von Brühl überdauerte, nicht einmal sein Name. Aber auch der »Alte Fritz« geriet im Kampf gegen die »Große Koalition« Frankreich, Österreich und Rußland durch die verlorene Schlacht bei Kunersdorf am 12. August 1759 – der größten Niederlage, die der Preußenkönig je erlebte – an den Rand der eigenen Vernichtung, aber schließlich rettete ihn der Tod der Zarin Elisabeth, die 1762 starb – das »Mirakel« des Hauses Brandenburg. Ihr Neffe und Nachfolger bestieg als Zar Peter III. den Zarenthron und entpuppte sich als glühender Friedrich-Verehrer. Der Friede zu Hubertusburg im Februar 1763 beendete für Sachsen das mörderische Schlachten der Menschen und die Vernichtung des Landes. Während der Preußenkönig im nahen Dahlen seine Anweisungen zu den Verhandlungen in Hubertusburg gab, die eigentlich alles beim alten beließen, denn Schlesien und die Grafschaft Glatz verblieben im preußischen Besitz, hatte der »Fähigste und Erfahrenste« der sächsischen Delegation, Minister Freiherr von Fritsch, neben den hohen Kriegslasten hinzunehmen, daß sein Land aus der Reihe der europäischen Mächte ausschied und in die außenpolitische Bedeutungslosigkeit entlassen wurde.

In Warschau hatten nicht nur diese Ereignisse für große Unruhe gesorgt, sondern auch der Thronwechsel in Rußland, da Peter III.

schon nach kurzer Herrschaft durch seine Gemahlin Katharina II. gestürzt wurde und sich dadurch die Beziehungen zur sächsisch-polnischen Union erheblich verschlechterten, weil diese in Polen einen »russophilen« Nachfolger wünschte. Die Nachrichten aus Hubertusburg beunruhigten auch August III. in Warschau, zumal Graf Brühl scharfe Angriffe von polnischer Seite über sich ergehen lassen mußte. Seine adlige Abstammung aus Polen wurde in Frage gestellt, er selbst als Verursacher allen Unglücks im Land bezeichnet. Der König begann seine Rückkehr nach Dresden vorzubereiten: Vor seiner Abreise legte er alle Befugnisse in die Hände einer Dreierregierung, des Primas, des Großhetmans und des Großkronmarschalls. Gleichzeitig wurden alle sächsischen Diplomaten angewiesen, die Gespräche und Verhandlungen in polnischen Fragen zu beenden. Am 21. April 1763 verließen der König, Graf Brühl und einige Beamte Warschau, nur ein sächsischer Kämmerer blieb.

Auch die polnischen Herren, die mit dem Hof in Verbindung standen, zogen sich aus der Hauptstadt zurück. Die Sachsen erreichten am 30. April Dresden. Dem König zu Ehren hatte man eine Gemäldeausstellung organisiert. Da die Kunstwerke den Krieg auf der Festung Königstein überstanden hatten, vermochte der Mäzen die Ausstellung in einem repräsentativen, für ihn allerdings sehr bescheidenen Rahmen zu eröffnen. Doch nach einem Probenbesuch in der Oper am 7. Oktober 1763 versagten dem König die Kräfte, und er starb in Anwesenheit einiger Familienmitglieder. Daraufhin wurde er in der Krypta der katholischen Hofkirche aufgebahrt, von wo sein Leichnam eigentlich nach Krakau überführt werden sollte, doch er blieb für immer in Dresden. Gleich nach dem Tod des Königs stellte Brühl sein Amt zur Verfügung, und schon am 28. Oktober folgte der Erste Minister dem Herrscher im Tode nach. Seine Beisetzung erfolgte in der Stadtkirche im niederlausitzischen Forst. Das Augusteische Zeitalter und mit ihm die sächsisch-polnische Union hatten ihren Endpunkt erreicht.

In der Folge wurden die Schuldigen für dieses Ende, seine Ursachen und Folgen gesucht. Mehr noch als August III. traf es den Grafen Brühl. Er wurde zum »Sündenbock« erklärt, ganz im Sinne des

Preußenkönigs Friedrich II. Deshalb machte man ihm posthum den Prozeß und beschuldigte ihn, den Staat um viele Millionen betrogen und damit ein verschwenderisches Leben ohnegleichen geführt zu haben. Doch der Administrator und Vertreter des noch unmündigen Nachfolgers in Sachsen, Prinz Xaver, ließ diesen Prozeß ohne Urteil beenden. Aber die Diffamierung der herrschenden Repräsentanten und ihrer Politik vermochte man damit nicht zu verhindern.

August III. trug nicht allein die Verantwortung für diesen Niedergang in beiden Ländern. Freilich waren seine Reformen und die von ihm installierte Ministerkonferenz kein Absolutismus, wie ihn die Preußenkönige praktizierten, auch nicht so militaristisch und kriegsdürstig. Während der beiden Entwicklungsphasen der sächsisch-polnischen Union wuchs im allgemeinen der außenpolitische Druck, im besonderen aber durch Brandenburg-Preußen. Die innerpolnischen Zustände zu reformieren, waren weder der Vater noch der Sohn imstande, wenn es auch Unterschiede im Erreichen von Teilerfolgen gab. Fruchtbare Auswirkungen der »Sachsenzeit« zeigten sich eigentlich erst nach ihrem Ende, als sich besonders die Handelsbeziehungen intensivierten. Polen, das beispielsweise die meisten ausländischen Messegäste nach Leipzig schickte und seine Studenten in zunehmender Zahl die Alma mater Lipsiensis absolvieren ließ, hat dem ehemaligen Unionspartner stets besondere Aufmerksamkeit entgegengebracht. Als der Rumpfreichstag am 3. Mai 1791 in Warschau eine Verfassung für das Land annahm, bestimmte ein Artikel, daß man dem Kurfürst Friedrich August III. von Sachsen das Erbkönigtum anbieten sollte. Wenn dies auch angesichts der damaligen außenpolitischen und internationalen Situation mehr einem Wunschdenken oder verklärenden Idealvorstellungen auf beiden Seiten entsprach, war es doch ein Niederschlag nie erlahmter Wechselwirkungen. Selbst Napoleon errichtete das Großherzogtum Warschau 1807 für den zum König ernannten Friedrich August I. von Sachsen. Die auf seiten Frankreichs kämpfenden Polen hofften in diesem Zusammenhang auf die Wiederherstellung ihres Staates. Auch während der polnischen Freiheitsbewegungen im 19. Jahrhundert zeigten sich Fernwirkungen der sächsisch-polnischen Union, die selbst bis in unsere Zeit ausstrahlen.

Die Familie ohne Familienleben

Von einem Familienleben konnte am Hofe Friedrich Augusts keine Rede sein, denn in den ersten Regierungsjahren eilte, ja hetzte der vielbeschäftigte junge Kurfürst von einem Ereignis zum anderen. Jedes Familienmitglied lebte für sich, besaß ein eigenes Schloß und einen eigenen Hofstaat.

Familienbilder zu zeichnen oder zu malen hatten die sonst am Hofe so stark beschäftigten Künstler kaum Gelegenheit. Von all den Frauen am sächsischen Hof brachte August II. seiner Mutter sicher die höchste Achtung und das meiste Vertrauen entgegen. Die Kurfürstinwitwe Anna Sophie lebte seit dem Tod ihres Mannes (1691) fast ohne Unterbrechung auf ihrem Witwensitz Schloß Lichtenburg nördlich von Torgau. Sie verfügte über einen eigenen Hofstaat, zu dessen etwa 90 Mitgliedern auch Personen aus ihrer dänischen Heimat und Holstein gehörten.

Anna Sophie kannte die Stärken und Schwächen ihres Zweitgeborenen sehr genau. Als überzeugte Anhängerin des evangelischen Glaubens stand sie seinem Übertritt zum Katholizismus reserviert gegenüber, doch akzeptierte sie ihn offensichtlich, schon wegen der Standeserhöhung von der Kur- zur Königswürde, was der ehemaligen dänischen Königstochter nur recht sein konnte. Denn hätte sie sonst gleich zwei Abgesandte, sowohl den Oberhofmeister als auch den Oberstallmeister, im Juli 1697 nach Polen geschickt, um dem Sohn die herzlichste Gratulation zur Krönung zu übermitteln?

Auf die respektvolle Achtung des Sohnes vor der Mutter vermag man nicht nur aus den Grußformeln seiner Briefe zu schließen – »Durchleichtigste churfürstin, genedige vrau mutter« oder »Ew. gnaden ergebenster treier sohn und knecht Friedrich Augustus könig und chfs«[21] –, sondern vor allem aus den vertraulichsten und sogar geheimsten Mitteilungen, die er ihr zukommen ließ. Beispielsweise eröffnete er der Mutter den Plan, den antischwedischen Politiker Reinhold von Patkul mit einer verwitweten Frau von Einsiedel zu verheiraten, um diesen livländischen Edelmann und Gesandten des Zaren eng an sich zu binden. Der Brief mit dieser Mitteilung vom 31. Mai 1704 enthielt den Nachsatz: »Ew. gnaden sein soh gittig und gedenken von dieser saches gegen nichmanden zu sprechen, den ich besorge, das unseres herren Saxen, soh sie es erfahren, es suchen mechten zu hientertreiben.«[22] Knapp zwei Jahre später schrieb er der Mutter, daß sich Patkul als »boshaft und treulos«, ja als meineidig erwiesen hätte.[23] Offensichtlich wollte sich August rechtfertigen, daß er den einstigen Bundesgenossen an Karl XII. ausgeliefert hatte, der ihn grausam hinrichten ließ. Der damals entthronte Sohn bat auch die Mutter – eine Tante des schwedischen Karl –, die Hilfe Dänemarks zu erwirken, um Sachsen zu retten.

Die Ehefrau Augusts des Starken, Christiane Eberhardine, lebte nicht weit von der Schwiegermutter entfernt auf Schloß Pretzsch oder Schloß Hartenfels in Torgau. Der Hofstaat der Kurfürstin entsprach dem der Königinmutter; es befanden sich darunter sieben Hofdamen und sieben Pagen sowie sechs Oboisten als Hofmusik. Christiane Eberhardine war eine stets ernste und zurückgezogen lebende Frau, deren Hoffnung, eine gute Ehe mit vielen Kindern zu führen, nicht in Erfüllung ging. Obwohl sie ihren Ehemann äußerst selten sah, liebte sie ihn – es »verlanget mich gar ser, ihm wider hir zu wißen«[24]. Aber sie weigerte sich, ihm als Königin nach Polen zu folgen. Am 10. Juli 1705 schrieb sie ihrem Vater, Christian Ernst von Brandenburg-Bayreuth, daß sie »die unglückseeligste auf erden« sei, »welche mit so vielen leuden umgeben, daß ich wohl tegl. und stüntl. nach meiner erlößung seufze und ein seeliges ende mir alles guht machen könte«[25].

Der überzeugten Protestantin bereitete der Übertritt des Kurprinzen zum Katholizismus und seine Heirat mit der gleichfalls katholischen Maria Josepha von Österreich sicher die größte Enttäuschung. Beides konnte nicht im Sinn Christianes sein, zumal sie unter dem

Einfluß von Männern stand – beispielsweise ihres Oberhofmeisters Johann Balthasar von Bose oder des Oberhofpredigers Dr. Samuel Benedikt Carpzow –, die sowohl zu den politischen Gegnern des Kurfürst-Königs als auch zu den religiösen Feinden des Katholizismus zählten.

Genau wie die Königinmutter kam auch die Gemahlin nur zu ganz besonderen Anlässen nach Dresden, wenn es die höfische Etikette erforderte. August selbst behandelte seine Frau mit betonter Höflichkeit, wenn er sie auch nur selten sah. Als er sie 1725 besuchte, stellte er ihr Matthäus Daniel Pöppelmann zur Verfügung, um den Pretzscher Schloßgarten umgestalten zu lassen. In seinem Letzten Willen von 1726 bat er den Sohn, für seine Mutter zu sorgen. Doch der Kurprinz kümmerte sich kaum um sie. Als Christiane Eberhardine im September 1727 starb, kamen weder Ehemann noch Sohn zu ihrer Beisetzung. Im Lande selbst betrauerten sie die Evangelischen tief als »weinende Rahel« und »Betsäule Sachsens«.

Der Kurprinz Friedrich August, am 17. Oktober 1696 in Dresden geboren, blieb nur die ersten Jahre in der Obhut seiner Mutter und kam danach auf Geheiß des königlichen Vaters an den Hof der Großmutter. Ob Anna Sophie wohl daran glaubte, den Enkel einmal als dänischen König zu sehen? Jedenfalls verwandte sie große Sorgfalt auf dessen Erziehung. Doch am Hofe der Königinmutter unterlag er auch der Beeinflussung solcher Adliger, wie derer von Gersdorf, von Haugwitz oder von Knoch, die als Gegner des Königs und als Vertreter der Stände der absolutistischen Politik entgegenzuwirken trachteten. Vielleicht war das der Grund, weshalb August II. 1702 an seine Mutter schrieb, sie möge die Formierung eines Hofstaates für den sechsjährigen Prinzen noch unterlassen. Daß der Kurfürst-König schon in diesem Alter mit dem Jungen bestimmte Pläne verfolgte, gehörte zu seinen politischen Bemühungen um Errichtung des Absolutismus, die er von seinem Thronfolger fortgesetzt wissen wollte. Deshalb teilte er Anna Sophie ein knappes Jahr später mit, nicht Graf von Flemming, sondern der königliche Prinz sollte die Landvogtei der Oberlausitz übernehmen, wie sie seinerzeit der Vater von August, Johann Georg, geführt hatte. Damit konnte auch die Bildung des eigenen Hofstaates erfolgen,

👑 *Kurfürstin Christiane Eberhardine von Sachsen. In Fortsetzung der außenpolitischen Bestrebungen von Kurfürst Johann Georg IV., der 1692 mit Kurfürst Friedrich III. von Brandenburg einen Vertrag gegen Frankreich geschlossen hatte, wurden die dynastischen Verbindungen zwischen Wettinern und Hohenzollern gefestigt. Johann Georg heiratete 1692 die verwitwete Markgräfin Eleonore Erdmuthe Louise von Ansbach-Bayreuth. Ein Jahr später wurde die Ehe zwischen Friedrich August und Christiane Eberhardine von Brandenburg-Bayreuth geschlossen. Kupferstich von Martin Bernigeroth, um 1700. Staatliche Kunstsammlungen Dresden, Kupferstich-Kabinett*

der aus zwei Kammerherren, zwei Pagen, zwei Kammerdienern und vier Lakaien bestand. Als Hofmeister fungierte Alexander von Miltitz, sicher auf ausdrücklichen Wunsch der Großmutter.

Obwohl der König persönlich wenig an der Erziehung seines Sohnes teilhatte – nur gelegentliche Besuche waren fast ausschließlich mit Jagdvergnügen ausgefüllt, für die sich der Prinz begeisterte –, ließ er sie durch Vertraute offenbar genau beobachten. Deshalb bat er die Großmutter im März 1705, den jungen Friedrich August zu ihm nach Dresden zu schicken. Doch Mutter und Großmutter stimmten offensichtlich darin überein, den Jüngling dem Einfluß des sehr frei und katholisch lebenden Vaters so lange wie möglich zu entziehen und vollendete Tatsachen zu schaffen. So wurde der Vierzehnjährige vom Lichtenburger Hofprediger 1710 konfirmiert. Daraufhin entschloß sich August II. zu energischem Handeln. Er nahm den Sohn am 24. Mai des folgenden Jahres unverhofft mit auf die Reise, ja er entführte ihn förmlich dem Einfluß der Frauen. Diese erste Reise ging nach Polen, wo dem Prinzen ein neuer, nun von Jesuiten ausgewählter Hofstaat zur Verfügung stand. Die folgende Reise des Thronfolgers ins Ausland ließ sich mit jener des Vaters von 1687 bis 1689 nicht vergleichen, denn sie galt dem Ziel, den Königssohn für den Katholizismus zu gewinnen, wie es August der Starke seiner Kirche und dem Papst versprochen hatte.

Der Übertritt Friedrich Augusts erfolgte am 27. November 1712 im italienischen Bologna und mußte vorerst streng geheim bleiben. Welche psychische Wirkung dies auf den ursprünglich streng lutherisch erzogenen Jüngling hatte, ist unbekannt. Ohne Folgen dürfte der Wechsel kaum geblieben sein. Nachweislich großen Eindruck machte auf den jungen Friedrich August die Kunst Italiens, die er mehrere Jahre auf sich wirken lassen konnte. Als er im Herbst 1714 nach Frankreich kam, galt er in Paris und Versailles als anmutiger junger Mann mit gewandten Umgangsformen, den galante Damen gleichgültig ließen, der sich jedoch für die Kunst, das Theater und die Jagd begeisterte. Da der Vater eine Rückkehr nach Sachsen noch nicht erlaubt hatte, ging der Sohn nochmals nach Italien, diesmal in Begleitung des polnischen Adligen Alexander Joseph Sulkowski, der wäh-

👑 *Empfang des sächsischen Kurprinzen Friedrich August (August III.) durch Ludwig XIV. am 27. September 1714 im Schloß Fontainebleau. Wie den Vater vor beinahe 30 Jahren stellte Liselotte von der Pfalz nun den Sohn dem großen »Sonnenkönig« vor. Von 1711 bis 1719 befand sich der Kurprinz auf seiner Kavalierstour durch Europa und machte im Herbst 1714 in Paris Station. Gemälde von Louis de Silvestre d. J. Staatliche Kunstsammlungen Dresden, Historisches Museum*

rend der folgenden zwei Jahrzehnte zum Vertrauten des Prinzen und späteren Königs werden sollte.

Von einem engen Verhältnis zu des Königs wettinischen Verwandten konnte keine Rede sein. Die Herzöge in den seit 1656 bestehenden albertinischen Sekundogeniturfürstentümern Sachsen-Merseburg, Sachsen-Weißenfels und Sachsen-Zeitz versuchten, mehr oder weniger eigene Wege zu gehen, sich trotz vertraglicher Bindung vom Kurhaus immer weiter zu entfernen. Ihre Verfassungs- und Verwaltungszustände glichen einander weitgehend, waren in Regierung, Kammer und Konsistorium gegliedert. Sie besaßen Gesandte am Dresdner und auch meist am Wiener Hof. Gemeinsam strebten sie zum Absolutismus, wenngleich die Herzöge dabei unterschiedliche Erfolge verzeichneten.

In Sachsen-Zeitz trug bereits der Kanzler, Geheime Rat und Konsistorialpräsident Veit Ludwig von Seckendorf mit seiner staatstheoretischen Schrift »Der Christenstaat«, 1685 in Leipzig gedruckt und erschienen, dazu bei. Er beriet Herzog Moritz Wilhelm, dessen Lehrer er gewesen war. Konflikte mit Kursachsen gab es schon vor Friedrich Augusts Regierung. Dazu hatte auch die Heirat des Herzogs mit der Tochter des brandenburgischen Kurfürsten Friedrich Wilhelm, Amalie, beigetragen. Denn dieses Liebäugeln zwischen Hohenzollern und Sachsen-Zeitz traf in Dresden auf Ablehnung. August der Starke zog die Zügel wieder fester an: 1711 ließ er im Ländchen seines wettinischen Vetters die Generalkonsumtionsakzise sowie die Dresdner Maße für Getreide und Getränke einführen. Der zweimaligen Konversion des Herzogs Moritz Wilhelm – 1715 zum Katholizismus und 1718 wieder zum lutherischen Glauben – lagen nicht jene politischen Ursachen zugrunde wie bei August II. Doch auch in diesem Fall arrangierte der jüngere Bruder des Herzogs, Christian August, Bischof von Raab, den Übertritt zum Katholizismus.

Die Herzöge der Sekundogenituren wetteiferten in ihren Bauvorhaben und in der Entfaltung von Pracht und Luxus; ein meist üppiger Hofstaat zeigte, daß man diesen als ein Instrument absolutistischer Politik einzusetzen wußte. Das galt besonders für Johann Georg von Sachsen-Weißenfels, der von 1697 bis 1712 ein glänzendes Hofleben führte und deshalb einen solchen Schuldenberg aufhäufte, daß eine kaiserliche Kommission ins Land kommen mußte, um den Staatsbankrott zu verhindern. Einige der herzoglich-albertinischen Vettern standen im Dienst des Kurfürst-Königs, wie beispielsweise Johann Adolf II. von Sachsen-Weißenfels als General und Kommandant der Garde du Corps. Nur Sachsen-Zeitz kam noch zu Augusts Lebzeiten, 1718, zum Kurfürstentum zurück. Der Anschluß der beiden anderen Sekundogeniturfürstentümer vollzog sich erst infolge des Aussterbens der Seitenlinien 1738 (Merseburg) und 1746 (Weißenfels).

 Privatsiegel Augusts des Starken. Der aus dem 18. Jahrhundert stammende Siegelabdruck, dessen Echtheit kaum nachzuweisen ist, zeigt nebeneinanderstehend die männlichen und weiblichen Genitalien auf einem Wappenschild und die Umschrift: GUT PIZEL GUT GELT GYLT DYR IN DI GANCE WELT. August der Starke soll einen Ring mit diesem Siegelbild besessen haben, mit dem er Briefe an seine Mätressen siegelte. Die Überlieferung sagt dazu: »Dieses Siegel ist einem Briefe an Frau von Denhoff [Dönhoff] entnommen und der Inhalt desselben ganz dem Siegel entsprechend.« Roter Siegellackabdruck, ovales Siegel. Staatsarchiv Dresden

Die Mätressen des Kurfürst-Königs gehörten eigentlich nicht zur Familie, obwohl einige von ihnen durchaus quasi-familiäre Beziehungen sogar zu Mutter und Ehefrau des Fürsten pflegten oder sich die Familienzugehörigkeit durch ein besonderes Privileg erwarben. Mätressen gab es im 17. und 18. Jahrhundert an vielen Höfen Europas, in Frankreich und Sachsen erlangten sie internationale Berühmtheit. Ihre Stellung verstand sich als Hofamt – ohne freilich in den Akten des Hofmarschallamtes mit Namen und Titel zu erscheinen –, denn sie nahmen an zahlreichen höfischen Veranstaltungen teil wie die Mutter oder Gemahlin des Herrschers, wie der Oberhofmarschall oder der Hofadel, auch wenn die Mätresse nicht adeliger Herkunft war. Soziale Abstammung bildete kein Kriterium, da eine Mätresse als offiziell erklärte Geliebte des Kurfürst-Königs unabhängig von Herkunft und Vermögen zum höchsten Rang nach ihm – auf Zeit – emporstieg. Die Gesellschaft hatte dies zu tolerieren. Rechtsgelehrte mußten es rechtfertigen, und sonst übliche Moralanschauungen besaßen dafür keine Gültigkeit.

Die Ehe des kursächsisch-polnischen Herrschers gehörte dagegen – wie auch die anderer Fürsten und Könige – zu den vertraglichen und politischen Bindungen, über die man sich nicht so schnell hinwegzusetzen vermochte. Diese »Staatsehen« sollten keine »Liebesehen« sein, wie August II. in seinem »Politischen Testament« schrieb. Das Verhältnis mit einer Mätresse war schnell zu lösen: Man konnte sie verkuppeln, verheiraten oder verstoßen. August hat sich all dieser Mittel bedient, wenn auch meist nicht auf plumpe Art, sondern mit Delikatesse. Aurora von Königsmarck, eine bereits erfahrene Frau, schenkte ihm nicht nur stürmische Liebeserlebnisse, denen der Sohn Moritz entsproß, sondern auch die Genugtuung, eine außerordentlich schöne und geistreiche Frau – eine »Göttin der Morgenröte« – bei den ersten Festlichkeiten seiner kurfürstlichen Regierungszeit an seiner Seite zu wissen.

Die Liaison war nur von kurzer Dauer, denn der liebeshungrige und die Abwechslung vorziehende Mittzwanziger brachte sich aus Wien schon eine Nachfolgerin mit, erfüllte aber der Vorgängerin den Wunsch, schließlich Pröpstin des Damenstiftskapitels von Quedlinburg zu werden. »Ihm hat es immer Spaß gemacht, mehrere Liebschaften gleichzeitig zu haben, von einem warmen Bett ins andere zu eilen, ohne daß die Frauen voneinander wußten«, glaubt die Autorin eines jüngst erschienenen Buches »Constantia von Cosel und August der Starke« (1984) zu wissen und führt zum Beweis an: »Auch als Constantia ihr erstes Kind erwartete, waren zwei andere von ihm schwanger: Fatima, zum zweitenmal, und Henriette, die Weinhändlerstochter aus Warschau.«[26]

Bis zum Jahr 1707 war August II. Vater von fünf illegitimen Kindern, denn außer der Gräfin Königsmarck, die ihm 1696 den Sohn Moritz schenkte, hatte ihm die Türkin Fatima bereits 1702 einen weiteren Sohn geboren, der den Namen des Vaters, Friedrich August, bekam, und vier Jahre später eine Tochter Katharina, die 1728 mit dem Grafen von Bielinski verheiratet wurde. Die türkische Mutter brachte der König mit seinem Kammerdiener Spiegel zusammen, von dem es im »Portrait de la cour Pologne« hieß, daß »außer dem jungen Spiegel« kein Kammerdiener existierte, »der ein Geheimnis hüten« konn-

Ursula Katharina von Boccum. Sie war mit dem polnischen Kron-Ober-Kammerherrn Georg Dominic Fürst von Lubomirski verheiratet, als sie 1697 die Mätresse des neuen polnischen Königs wurde. 1704 von der Gräfin Cosel verdrängt, ging sie zunächst nach Breslau. 1705 nach Dresden zurückgekehrt, erhielt sie von August dem Starken ein Palais in der Pirnaischen Gasse in Dresden geschenkt, das spätere Hotel de Saxe. Pastellgemälde von Rosalba Carriera. Staatliche Kunstsammlungen Dresden, Gemäldegalerie Alte Meister

te. August unterhielt demnach jahrelang intime Beziehungen zu dieser schönen Frau mit der unbekannten Herkunft, während er gleichzeitig noch mit Ursula Katharina von Boccum, verheiratete Fürstin Lubomirska, einer rassigen und exzentrischen Schönheit, liiert war, die ihm 1704 den Sohn Johann Georg gebar. Die Lubomirska erhob der Kaiser auf Wunsch des Kurfürst-Königs zur Fürstin von Teschen. Hinzu kam 1707 noch eine Tochter, Anna Cathérina, von der Tänzerin Henriette Rénard.

August der Starke, nun in den dreißiger Jahren seines Lebens, also im besten Mannesalter, machte in dieser Zeit zugleich die bittersten Erfahrungen durch: In Polen entthront, von Karl XII. gedemütigt, sein Heimatland von den Schweden besetzt und in Sachsen selbst Auseinandersetzungen mit den Ständen und der Adelsopposition, die bis zur Staatskrise führten. Dadurch wird vielleicht verständlich, daß ihn eine Frau von ganz besonderem Format zu fesseln vermochte: Anna Constantia von Brockdorff, zehn Jahre jünger als er, Tochter adliger

Anna Constantia Gräfin von Hoym, geborene Brockdorf. Als »maitresse en titre« hat die spätere Gräfin Cosel in den Jahren 1704 bis 1712 bedeutenden Einfluß auf August den Starken ausgeübt, doch ihr Ehrgeiz brachte ihr zum Schluß Verbannung und Gefangenschaft auf der Burg Stolpen. Gemälde von Adám Mányoki, um 1711. Staatliche Kunstsammlungen Dresden, Gemäldegalerie Alte Meister

Eltern aus Holstein, seit 1703 mit einem königlichen Vertrauten, dem Generalakzisedirektor Adolph Magnus von Hoym, unglücklich verheiratet. Schon die Umstände des Kennenlernens von August und Anna Constantia gestalteten sich dramatisch. Als am 7. Dezember 1704 das Hoymsche Haus, verursacht durch eine brennende Kerze, lichterloh in Flammen stand, hatte der Alarm Augusts Aufmerksamkeit erregt. Er sah in der Dresdner Kreuzgasse eine junge Frau, die energische Befehle sowohl zur Brandbekämpfung als auch zur Rettung kostbarer Gegenstände gab. Das fand seine Bewunderung. Er nahm sie in seiner Kutsche mit und gab dem Ehepaar vorübergehend Wohnung in dem ihm gehörenden »Fraumutterhaus« in derselben Straße. Die so oft von Historikern, Romanschriftstellern und in Filmen kolportierte Geschichte von der Wette um die Schönheit dieser Frau ist eine Legende.

Anna Constantia Freifrau von Hoym sollte die profilierteste Mätresse des Königs werden. Doch von einer solchen Stellung wollte sie eigentlich nichts wissen. Noch bevor Anna von ihrem Mann 1706 geschieden wurde, verlangte sie von ihrem königlichen Liebhaber ein schriftliches Eheversprechen des Inhalts, daß sie August als Ehefrau zur Linken erhob, ihr eine jährliche Pension von 100 000 Talern gewährte – fast so viel, wie der Königin zur Verfügung stand – und ihr weiterhin versprach, sie nach dem Tod der Christiane Eberhardine als Kurfürstin und Königin anzuerkennen sowie die gemeinsamen Kinder als Prinzen und Prinzessinnen zu legitimieren. August verlangte jedoch, dieses schriftliche Versprechen aus politischen Gründen streng geheimzuhalten. Nachdem der erste Sohn beider 1706 tot geboren worden war, empfing sie von August noch drei weitere Kinder, die am Leben blieben: zwei Töchter – 1708 Augusta Constantia und 1709 Friederike Alexandra – sowie 1712 einen Sohn Friedrich August. Die Geburt des Jungen fiel bereits in jene Zeit, in der der König die Lösung des Verhältnisses anstrebte.

Lustschloß Pillnitz an der Elbe. Die Grundherrschaft mit dem Rittergut hatte Kurfürst Johann Georg IV. seiner Mätresse Sibylla Magdalena von Neitschütz geschenkt. August der Starke übereignete es 1706 ebenfalls seiner Mätresse, der Gräfin Anna Constantia von Cosel, und nahm es dann nach deren Verhaftung in eigenen Besitz. Radierung von Johann Alexander Thiele. Staatliche Kunstsammlungen Dresden, Kupferstich-Kabinett

👑 *Friedrich August von Rutowski im Alter von 22 Jahren. 1702 als Sohn Augusts des Starken und der Türkin Fatima geboren, wuchs er in Frankreich auf, erlernte das Kriegshandwerk von Kindheit an und diente unter anderem in der preußischen Armee unter König Friedrich Wilhelm I. 1738 stiftete er die erste Freimaurerloge in Dresden. Er starb als Generalfeldmarschall, Chef der Artillerie in der sächsischen Armee und Gouverneur von Dresden im Jahre 1764. Gemälde von Louis de Silvestre, 1724. Staatliche Kunstsammlungen Dresden, Gemäldegalerie Alte Meister.*

👑 *Katharina, Gräfin von Bielinska als Jägerin. Sie entstammte ebenfalls der Verbindung Augusts des Starken mit der Türkin Fatima und wurde 1706 geboren. 1729 heiratete sie den Grafen Bielinski. Gemälde von Louis de Silvestre, 1726. Staatliche Kunstsammlungen Dresden, Gemäldegalerie Alte Meister*

👑 *Moritz von Sachsen. Im gleichen Jahr wie der Kurprinz Friedrich August kam der Sohn Augusts des Starken mit Maria Aurora Gräfin von Königsmarck zur Welt. Er schlug die militärische Laufbahn ein, diente mit 13 Jahren als General-Aide-Major unter dem sächsischen General von der Schulenburg und wurde 1711 in den Reichsgrafenstand erhoben. 1720 trat er in französische Dienste, 1744 wurde er zum Marschall von Frankreich ernannt. Gemälde von Jean Marc Nattier, 1720. Staatliche Kunstsammlungen Dresden, Gemäldegalerie Alte Meister*

👑 *Johann Georg, Chevalier de Saxe. Als Sohn Augusts des Starken und der Gräfin Lubomirska 1700 geboren, wurde er ab 1718 in Rom für den geistlichen Stand erzogen. 1726 ging er nach Malta, wo er in den Malteser-Orden aufgenommen wurde. 1728 kehrte er an den Hof seines Vaters zurück und trat in die Armee ein, an deren Reorganisation er sich maßgeblich beteiligte. Gemälde von Louis de Silvestre, 1731. Staatliche Kunstsammlungen Dresden, Gemäldegalerie Alte Meister*

Bei der Rückkehr nach Polen spielte man August II. eine neue Mätresse zu, die Tochter des Großmarschalls von Bielinski, Maria Magdalena Bielinska. Trotzdem vermochte es die seit 1706 zur Gräfin erhobene Anna Constantia von Cosel noch zu erreichen, daß ihr der König am 8. Juli 1712 ein offenes Dekret zur Sicherung ihres gesamten immobilen und mobilen Besitzes erteilte, das im Geheimen Kabinett hinterlegt wurde. Ein Jahr zuvor, während der Monate des Reichsvikariats Augusts II., das er wegen des Todes von Kaiser Joseph I. 1711 wahrzunehmen hatte, nutzte er diese Gelegenheit, seine Günstlinge Flemming, Vitzthum und Hoym in den Reichsgrafenstand zu erheben. Das gleiche versuchte August auch für Anna Constantia zu erreichen, und die mit ihr gezeugten Töchter wurden zu ehelich geborenen Gräfinnen erklärt.

Alle diese Tatsachen deuten auf eine Frau von besonderem Format: Sie pflegte und kleidete sich mit größter Sorgfalt, trug kostbarsten Schmuck, führte ein großes Haus sowohl im Taschenbergpalais als auch im Schloß Pillnitz, ausgestattet mit wertvollsten Möbeln, so daß sie dem König stets eine ebenbürtige Gastgeberin sein konnte. Sie vermochte gleichfalls Gespräche mit Geist und Verstand zu führen – vor allem auch über Politik –, wie sie leichte Unterhaltung mit Gesellschaftsspielen zu bieten in der Lage war. Hervorragende Fähigkeiten entwickelte sie in Geld- und Kreditgeschäften. Sächsische, ausländische und jüdische Bankiers gehörten zu ihren Partnern.

Letztendlich gefährlich wurden ihr jedoch die speziellen politischen Ambitionen und Intrigen. So war sie gegen die Fortführung des Krieges mit Schweden, mischte sich in polnische Angelegenheiten ein und opponierte gegen die Konversion des Kurprinzen. Aber eine »Mätressenwirtschaft«, wie unter Ludwig XV. von Frankreich, duldete August II. nicht! Die Versuche der Cosel, den König mit Drohungen an sich zu binden und ihn mit dem geheimen Ehevertrag zu erpressen, führten schließlich zum endgültigen Bruch und am Weihnachtsabend 1716 auf die Burg Stolpen, wo sich die Tore für den Rest ihres Lebens hinter ihr schlossen.

Von den acht legitimierten Kindern erhielten die vier Söhne alle eine militärische Ausbildung. Der älteste – Moritz – leistete bereits als reichlich Zwanzigjähriger Kriegsdienst unter dem Prinzen Eugen und ging für einige Jahre nach Frankreich. Hinter seiner Bewerbung um das Herzogtum Kurland 1726 stand der Vater, doch scheiterte das Vorhaben am Widerstand der Polen und Russen. Bei einem Feldzug in Flandern 1741 bewies er solide militärische Fähigkeiten, ähnlich auch in seinem Buch »Mes rêveries« (Meine Träumereien), in dem er sich gegen Söldnerheere und für die Dienstpflicht der Landesbewohner aussprach sowie für die Verbesserung der Lage der Soldaten. Im Österreichischen Erbfolgekrieg erntete er auf französischer Seite größten militärischen Ruhm, der ihm den Titel »Marschall von Frankreich« und eine Jahrespension von 120 000 Livres einbrachte.

Der 1702 geborene Friedrich August wurde vom Vater 1724 zum Grafen von Rutowski erhoben und mit 26 Jahren in die brandenburg-preußische Armee gegeben, um dort militärische Erfahrungen zu sammeln. Aber schon nach einem Jahr erbat August die Rückkehr in den sächsischen Dienst, damit er für dessen Heeresreform wirken könne. Daß manche Erfahrungen aus dem brandenburgischen Heer in Sachsen übernommen wurden, soll den Preußenkönig Friedrich Wilhelm sehr erbost haben: »Die Canaille hat uns alles abgestohlen.«

Auch der als »Chevalier de Saxe« anerkannte Sohn der Gräfin Lubomirska übernahm nach der militärischen Ausbildung 1724 ein in der Niederlausitz stationiertes Dragonerregiment und brachte es bis zum Generalfeldmarschall.

Der Sohn der Gräfin Cosel, Friedrich August, wurde gleichfalls General der Kavallerie. Er ließ sich später ein herrliches Palais in Dresden an der Frauenkirche erbauen.

Von den Töchtern erfuhr die der Fatima die Erhebung zur Gräfin Rutowski; 1728 verheiratete August sie mit dem polnischen Grafen Michael von Bielinski, dem Bruder der Gräfin Bielinska. Die Cosel-Töchter bekamen den Bruch Augusts mit der Mutter kaum zu spüren. Sie wurden gleichfalls vorteilhaft verheiratet: Augusta Constantia 1725 mit dem Grafen von Friesen und Friederike Alexandra 1730 mit dem polnischen Kronschatzmeister Anton von Mosczynski. Beide Hochzeiten stattete August standesgemäß und damit prachtvoll aus. Sie erinnerten an frühere Festlichkeiten: Die erstere fand im Schloß

🜲 *Anna Cathérina von Orczelska, Herzogin von Holstein. Sie wurde 1707 als Tochter Augusts des Starken und der französischen Tänzerin Henriette Rénard in Dresden geboren. Pastellgemälde von Rosalba Carriera. Staatliche Kunstsammlungen Dresden, Gemäldegalerie Alte Meister*

Pillnitz, die zweite in Dresden statt. Die Bräute bekamen aus dem Vermögen der Mutter jeweils 100 000 Taler. Zu den Gästen dieser Hochzeitsfeiern zählte auch das Kurprinzenpaar. Da Friedrich August und seine Frau Maria Josepha ansonsten kaum familiäre Beziehungen zu den »Stiefgeschwistern« pflegten, ist anzunehmen, daß diese Teilnahme auf Wunsch des königlichen Vaters erfolgte.

Zur Lieblingstochter erkor sich August in den letzten Lebensjahren Anna Cathérina, die er zur Gräfin Orczelska erhob. Der höfische Klatsch und Wilhelmine von Brandenburg-Bayreuth, die Tochter Friedrich Wilhelm I. von Preußen und Lieblingsschwester des Kronprinzen Friedrich, dichteten den beiden Wettinern ein Liebesverhältnis an. August II. hatte Anna Cathérina 1728 gleich den anderen Töchtern mit an den Hof des Preußenkönigs nach Berlin genommen. Sie war sicherlich die einzige von den Kindern des Kurfürst-Königs, die ihm in seinen letzten Jahren wenigstens das Gefühl eines Familienlebens gab.

Hofstaat und Hofadel

Absolutismuspolitik und Persönlichkeitsprägung gaben dem kursächsischen Hof in Dresden an der Wende vom 17. zum 18. Jahrhundert seinen eigenen Charakter, höfischer Aufwand diente in einem Ausmaß wie selten zuvor einer öffentlichen Repräsentation der kurfürstlichen Macht.

Bewußt verknüpfte der Kurfürst-König bereits existierende Traditionen mit den Funktionen, die jeder Fürstenhof in der Spätphase der Adelsgesellschaft wahrzunehmen hatte. Der absolutistische Herrscher mußte die Macht gegenüber allen Klassen und Schichten in erster Linie gegenüber seinen Untertanen – Bauern und Bürgern, Land- und Stadtbewohnern – ausüben und sichtbar machen, daß sie nur aus seiner alles überragenden Persönlichkeit resultierte. Deshalb gab sich August II. diesen Landsleuten nicht nur leutselig, sondern interessierte sich für ihre Arbeit und ihre Freizeit, bezog sie in seine Hoffeste ein, sprach mit ihnen unterwegs auf seinen Reisen oder anläßlich der Aufenthalte in Städten, beispielsweise in Leipzig, Freiberg und natürlich auch in Dresden selbst. Dieser Wettiner legte großen Wert auf Volksnähe und Volksverbundenheit. Sicher vermochten seine Untertanen nicht immer zu unterscheiden, was dabei echte Zuneigung oder politische Berechnung gewesen ist; denn Friedrich August war ein aufmerksamer Beobachter und guter Menschenkenner, selbst wenn er größere Mengen Wein genossen hatte. Doch beides – Zuneigung und Berechnung – spielte bei ihm eine große Rolle.

Fürst und Hof waren aber nicht nur die Inkarnation von Herrschaft gegenüber dem Volk, sondern vor allem auch gegenüber dem

Adel. Verwirklichung des Absolutismus bedeutete notgedrungen, ihn in seinem eigenen Interesse zur Räson zu bringen, ihm zu beweisen, daß mit der gottähnlichen Stellung des Herrschers auch Macht und Würde des Adels gleichermaßen stiegen. Zunahme der Hofämter und Vermehrung der adligen Hofgesellschaft, Einbeziehung der Edelleute in die Armee und Verwaltung sowie Reduzierung der Adelsmacht in den Landständen bedeuteten Erhöhung und Festigung absolutistischer Fürsten- und Königsherrschaft.

Sich über den Dresdner Hof in der Zeit Augusts des Starken zu informieren ist auf verschiedene Weise möglich. Wählt man das »Neue Hoff Reglement vom 1. Juli 1701«, dann bietet dies eine »Specification der jährlichen Besoldungen und Gnadengelder, welche Kgl. Maj. von Pohlen und Churf. zu Sachßen« ... »mit eigner hoher Hand gezeichnet ... «.[27] Unter den Personen der engsten Umgebung des Kurfürst-Königs und in seiner ständigen Begleitung befanden sich vor allem Angehörige des Adels: der Oberhofmarschall (mit jährlich 4000 Talern), der Hofmarschall (mit 2000 Talern), zwölf Kammerherren (mit je 2000 Talern), vier Kammerjunker (mit je 1500 Talern) und ebensoviele Kammerpagen (mit je 150 Talern) – fast alle aus einheimischen sächsischen Adelsfamilien stammend –, dazu kamen noch der königliche Beichtvater (mit 600 Talern) und der Hofkaplan (mit 300 Talern). Außerdem wurden vier adlige Jagdpagen genannt (mit je 200 Talern). Insgesamt gehörten nach diesem Reglement über 460 Personen zur königlichen »Hoffstadt«. Die meisten Mitglieder trugen bürgerliche Namen. Sie zählten zu den unteren Diensten, wie Kammerdiener, Küchenpersonal, Gehilfen aller Art, aber auch Hoftrompeter, Jäger und die Janitscharengarde. Sie alle bekamen ein Jahresgehalt, das unter 100 Talern lag.

Als Gesamtsumme der jährlichen Besoldungen wurden 168 571 Taler genannt. Dazu kamen noch »extraordinaire Ausgaben« für die königliche Garde, für Präsente, Kutschen, Geschirr und Gebäude von insgesamt 131 428 Talern. Dieser »Haushalt« des Hofes, der jedoch keinesfalls mit den Gesamtausgaben von Herrscher, Hof und Regierung identisch war – sie exakt zu ermitteln dürfte fast unmöglich sein –, wurde von »Augustus Rex« eigenhändig unterschrieben und durch den damaligen Großkanzler Wolf Dietrich von Beichlingen gegengezeichnet. Ausgefertigt hatte dieses Reglement Wolfgang Heinrich Vesnich, der Geheimsekretär des Königs. Wenige Jahre später waren beide, sowohl der Großkanzler als auch der Geheimsekretär, wegen Unterschlagung ihrer Ämter enthoben, ja Beichlingen mußte die Zeit von 1703 bis 1709 auf der Festung Königstein verbringen – ein Beispiel dafür, daß die Tätigkeit bei Hofe von einem wechselvollen Schicksal für Höflinge und Beamte begleitet sein konnte.

Bei einem Vergleich des »Hoff Reglements« von 1701 mit der »Hoff-Ordnung Anno 1712« ist festzustellen, daß die Zahl der Ämter und infolgedessen auch die der Personen – unter ihnen vor allem der Adligen – bedeutend zugenommen hatte.[28] Außerdem verrät die Reihenfolge in der Aufzählung der Ämter eine noch strengere Rangordnung. Zwei wichtige Posten waren zwar noch erwähnt, jedoch unbesetzt: das Amt des »Groß-Canzlers«, welches seit der Entmachtung Beichlingens vakant blieb, ferner das des Geheimen Ratsdirektors, weil dieses Amt durch die Bildung des Geheimen Kabinetts vorerst nicht mehr bestallt wurde. Die »Geheimen Räthe, So in würklicher Bestallung stehen,« folgten in dieser Hofordnung nach Oberhofmarschall Baron von Löwendal und Generalfeldmarschall von Flemming, wobei unter diesen »Würklichen Geheimen Räthen« – es gab außerdem noch »Titular-Geheime Räthe« – nun Heinrich Friedrich Freiherr von Friesen als »Canzler« an erster Stelle stand. In diesem Gremium besaß nur ein Mann bürgerlicher Herkunft Sitz und Stimme: der Tuchmachersohn aus Weimar, Bernhard Zech, ein überzeugter und treuer Anhänger des Königs seit dessen Regierungsantritt.

Unter den 65 Kammerherren und ebensovielen Kammerjunkern befanden sich ausnahmslos Herren von Adel, die beim König, der Königin und der Mutter des Königs Dienst taten. Der allergrößte Teil kam aus einheimischen Adelsfamilien. Manche von ihnen hatten gleich mehrere Familienmitglieder in diesen einflußreichen Hofämtern untergebracht, beispielsweise die von Bose, von Bünau, von Carlowitz, von Eckstätt, von Haugwitz, von Miltitz, von Ponickau, von Schleinitz und von Schönberg.

👑 *Johann Melchior Dinglinger. Der Hofjuwelier Augusts des Starken fertigte für die Kunstsammlungen seines Königs Kostbarkeiten und Kleinodien an, wie das Bad der Diana, das er auf dem Bild in der Hand hält. Gold, Silber, Edelsteine, Perlen, Glas u. a. waren die Materialien seiner bis heute bewunderten Goldschmiedearbeiten. Kupferstich (Ausschnitt) von Johann Georg Wolffgang nach einem Gemälde von Antoine Pesne, 1722. Staatliche Kunstsammlungen Dresden, Kupferstich-Kabinett*

Ein weiterer Unterschied zwischen dem »Hoff Reglement« und der »Hoff-Ordnung« bestand darin, daß in der Ordnung von 1712 nur die Amtsinhaber, jedoch nicht mehr die Bediensteten am Hofe verzeichnet wurden. Darüber gibt eine Aufstellung Auskunft, die in einer ganz anderen Akte enthalten ist und jene in der »Hoffstadt« Beschäftigten aufführt.[29] Hierher gehörten unter anderem der Medicus, die zwölf Silberpagen, Schreiber und Sekretäre, aber auch die zwölf Hoftrompeter und Pauker, die zwölf Lakaien sowie das gesamte Küchenpersonal samt der Kellerei, die mit 10 bis 50 Talern entlohnt wurden.

Geht man dieser »Acta Hofsachen« weiter nach, finden sich noch informative Angaben über die 1712 gültigen monatlichen Gehälter der »Minister und Hofkavaliere«. Danach erhielten der Oberhofmarschall, Geheime Rat und Kammerpräsident von Löwendal ein Monatssalär von 333 Talern und acht Groschen, der Oberkämmerer und Hofmarschall von Reibold von 434 Talern sowie der Reisemarschall von Seyffertitz, der zugleich als Kammerjunker im Dienst stand, ein solches von 66 Talern und acht Groschen. Den gleichen Betrag bekamen auch vier weitere genannte Kammerjunker, während die über ihnen im Rang stehenden 13 hier namentlich erwähnten Kammerherren je 100 Taler bezogen.

Eine exakte Vorstellung von der Kaufkraft dieser Gehälter zu vermitteln ist sehr schwer, weil notwendige Angaben für diese Gruppe des Hofadels bisher nicht zur Verfügung stehen. Dazu müßte man wissen, was sie für Essen, Trinken, Kleidung, Wohnung und andere Gegenstände des täglichen Bedarfs brauchten und bezahlen mußten. Da solche Angaben kaum existieren, bleiben nur relative Vergleiche, die eigentlich unzulängliche Maßstäbe vermitteln.

Der Taler zählte in Kursachsen 24 Groschen, ein Groschen hatte zwölf Pfennige. Ein Zimmerer oder ein Maurer erhielt beim Opernbau 1719 in Dresden täglich drei bis vier Groschen Lohn, Tagelöhner bekamen weniger. Johann Melchior Dinglinger berechnete dem König für seinen »Hofstaat zu Delhi am Geburtstag des Großmoguls Aureng-Zeb«, an dem er sieben Jahre – von 1701 bis 1708 – gearbeitet hatte, 19 173 Taler für Silber, Gold und Edelsteine, 28 000 Taler für sieben Jahre Arbeit und entstandene Kosten, 11 312 Taler für Zinsen des dafür aufgenommenen Kapitals, was eine Gesamtsumme von 58 485 Talern ausmachte. Ob er sie wirklich restlos erhielt, ist nicht zweifelsfrei zu ermitteln.

Der Verbraucher konnte für einen Taler ungefähr acht Pfund Rindfleisch kaufen. Während ein schlichtes Bürgerhaus für 2000 Taler erwerbbar war, mußte für ein repräsentatives Haus beispielsweise in der Neuen Königsstadt, das auch Adlige bewohnten, ungefähr 10 000 Taler und mehr gezahlt werden. Augusts Leibbarbier Weiß, der dem König am Neujahrstag 1727 durch die Amputation der Zehe das Leben rettete, bekam dafür ein Gnadengeschenk von 12 000 Talern. Ein Jahr später kaufte sich Weiß das Haus Hauptstraße 22 in der Neustadt für 10 000 Taler von der Gräfin von Erbach. Im Kaufvertrag wurde vereinbart, daß der dort wohnende Oberkammerherr Graf von Friesen noch bis Ostern des folgenden Jahres im Haus bleiben durfte. Die zunehmende Gewohnheit auch adliger Familien, in Mietwohnungen zu leben, beweist, daß es sich Vertreter dieser Klasse in wachsendem Maße nicht mehr leisten konnten, Häuser für sich allein in Anspruch zu nehmen.

Ein Hofedelmann – ob nun Kammerherr, Kammerjunker oder Offizier der Garde – vermochte von seinem Gehalt kaum ein aufwendiges Leben am Hofe zu führen, denn für eine außergewöhnliche Hofkarriere mußte auch eine ausreichende materielle und finanzielle Grundlage vorhanden sein, die in den meisten Fällen nur der Besitz von einem oder mehreren Rittergütern garantierte. Das Rittergut brachte seinem Besitzer Geld- und Naturalabgaben, Zinsen und Dienste von Bauern und Handwerkern, Gerichtsrechte und andere Nutzungen. Ende des 17. Jahrhunderts erwarb beispielsweise der Oberstallmeister Augusts II. und Amthauptmann von Colditz, Hanß Gottlieb von Thielau, die Grundherrschaft Lampertswalde und Zauckritz. Er vergrößerte sie im Jahr 1702 durch drei Bauerngüter mit fünf Hufen und vermehrte damit den Anteil seiner Eigenwirtschaft merklich. Alle Arbeiten dieses gutsherrlichen Betriebes mußten Zwangsgesinde und Bauernuntertanen verrichten. In der Erntezeit arbeiteten auch vorübergehend Drescher mit. Bis 1741 leiteten Verwalter diesen Gutsbetrieb, danach Pächter. Der Herr Oberstallmeister konnte sich also, mit einer ausreichenden wirtschaftlichen und finanziellen Grundlage versehen, dem Hofdienst widmen. Es ist aus diesen Gründen nicht verwunderlich, daß es in der Regierungszeit Augusts II. einen schwunghaften Handel mit Rittergütern gab.

Die einflußreichsten Vertrauten Augusts des Starken, wie die Grafen Flemming, Beichlingen, Hoym oder auch Bose und der Erbmarschall der Landstände, Hans von Löser, nahmen neben den Adelsfamilien von Arnim, Carlowitz, Einsiedel, Friesen, Lüttichau, Nostitz, Trützschler und Zehmen die Stellung des höheren Adels in Kursachsen ein. Doch war für die Zugehörigkeit zu dieser Oberschicht nicht allein die Größe des Grundbesitzes maßgebend, sondern auch der politische Einfluß, den manche Adlige – oftmals nur für eine kürzere Zeit – im engen Umkreis des Landesherrn ausübten.

Die Masse der kursächsischen Rittergutsbesitzer gehörte zum niederen Adel. Die Durchschnittsgröße ihrer Güter lag zwischen 50 und

300 Hektar. Sie konzentrierten sich im Meißner, Leipziger und Kurkreis sowie in den Lausitzen. Unter diesen Adligen gab es auch zahlreiche, die mehrere Güter besaßen, so die von Ponickau, die von Bünau oder die von Planitz je sieben. Sechs nannten die von Bose ihr Eigentum, vier die von Schönberg, drei die von Lindenau, so daß eine scharfe Grenze zwischen der Adelsoberschicht und der Masse des Rittergutsadels zu ziehen kaum möglich ist. Die Mehrheit verfügte allerdings nur über ein Rittergut, zu dem durchschnittlich ein bis drei Dörfer gehörten. Ähnlich wie Teile des Hochadels lehnte die Mehrheit des niederen Adels die absolutistische Politik Augusts ab, was sie jedoch nicht davon abhielt, sich selbst oder ihre Söhne in den Dienst des Hofes zu stellen.

Wachstum, höheren internationalen Stellenwert und Zunahme der politischen Macht des Dresdner Hofes verzeichnet einer der ersten gedruckten und veröffentlichten »Königl. Pohlnischen Churfürstl. Sächsischen Hoff- und StaatsCalender« für das Jahr 1728, »Worinnen der Königliche und Printzliche Hoff-Staat, Collegia und Militarwesen aufs accurateste beschrieben werden. Darbay zugleich alle Galla-Tage, Kirchen-Feste und alles was in letzten Jahren notables in Chur-Fürstl. Landen und bey Hoffe vorgegangen zu finden«[30]. An der Spitze des »Hoff-Staats« werden die Ritter des »Königl. weißen Adler-Ordens« genannt, deren »Cheff« Ihre Königliche Majestät war. Im Herbst 1705 im polnischen Grodno in schwieriger politischer und militärischer Situation gestiftet – Anregung und Vorbild gab sicher die Gründung des Ordens vom Schwarzen Adler durch den Preußenkönig Friedrich I. 1701 –, nennt der Hof- und Staatskalender nach nunmehr über 20 Jahren fast 80 Ordensritter aus Sachsen, Polen, Rußland und dem Reich, die zugleich durch ihre Zugehörigkeit den Glanz des wettinischen Hofes weithin erstrahlen ließen.

Darüber hinaus füllen die Namen vornehmer Familien, die in den verschiedenen Hofchargen in Amt und Würden standen, viele Seiten dieses Staatshandbuches. Noch größer ist die Zahl sächsischer Adelsgeschlechter, die sich darin wiederfinden. Für die Vielgestaltigkeit und Buntheit des Hofpersonals zeugen aber auch die Namen der Mohren und Sklaven, der Künstler und Handwerker, der Wäscherinnen und

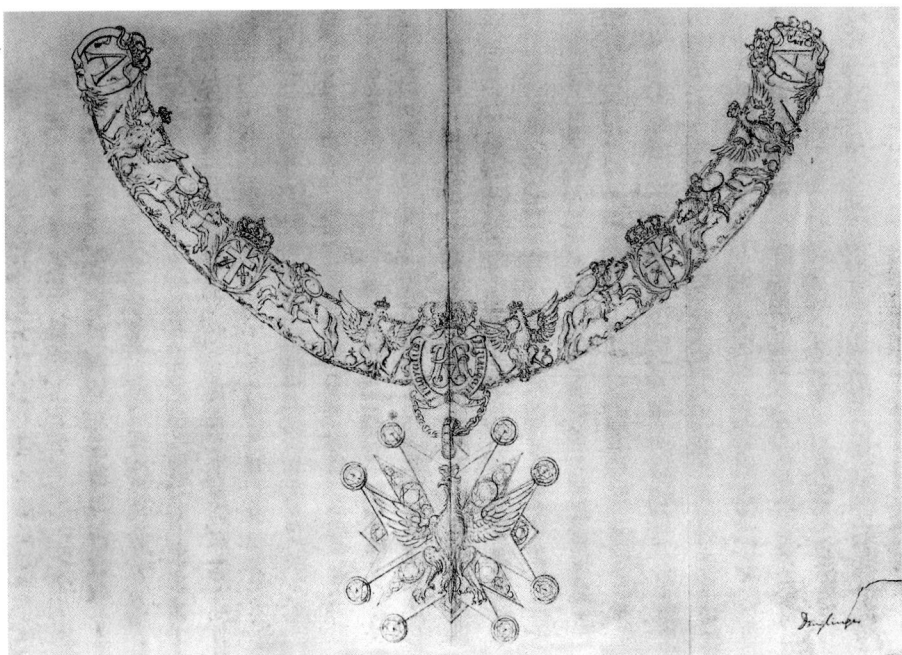

👑 *Erster Entwurf für die Kette und das Kleinod des polnischen Weißen Adler-Ordens. Zur Wiedergewinnung der 1704 faktisch verlorenen Königskrone bedurfte August der Starke der Unterstützung des polnischen Adels. Deshalb erneuerte er am 1. November 1705 den 1325 gestifteten Ritterorden vom Weißen Adler. Augusts Goldschmied Dinglinger hat diesen Orden in großer Zahl immer wieder angefertigt. Auf ausdrücklichen Wunsch seines Landesherrn entwarf er 1718 auch eine Ordenskette in drei Fassungen, deren Zeichnungen noch überliefert sind. Zu einer Herstellung der Ordenskette scheint es nicht gekommen zu sein. Bleistiftzeichnung von Johann Melchior Dinglinger. Staatsarchiv Dresden*

Silber-Diener, der Kammerzwerge und Leibbarbiere, des Stall- und Forstpersonals sowie schließlich der vielen militärischen Ränge. Die ungeheure Ausweitung des Beamten-, Angestellten- und Dienstpersonals verdeutlichen Hunderte von Namen, die gleichzeitig beweisen, daß mit der Vergrößerung des Hofes auf die Mitarbeit – wenn auch in den untersten »Rängen« – vieler bürgerlicher und bäuerlicher Kräfte nicht verzichtet werden konnte, selbst nicht auf ein »Fräulein-Thürhüter«, die ein Mann war (Johann Wollick), und einen »Cammer-Mensch«, hinter dem sich die Jungfer Elisabeth Lakoffskin verbarg.

Der Hofdienst zu Dresden hatte in den über 30 Regierungsjahren Augusts II. eine bedeutsame Wandlung erfahren. Diese zeigte sich nicht nur in der erhöhten Zahl der Hofadligen und Bediensteten, sondern auch in der fortgeschrittenen »Spezialisierung« der Ämter und Berufe sowie in den dafür erforderlichen Voraussetzungen. So war beispielsweise die Ausbildung der Pagen erweitert und »fachspezifischer« gestaltet worden. Sprachmeister bildeten sie im Italienischen und Französischen aus, Fecht- und Tanzmeister schulten ihr Benehmen und ihre Bewegungen ebenso wie der »Maître des Morals«. Sogar ein »Mathematikus« gehörte zu ihren Lehrern. Auf der königlichen Reitbahn lernten sie, zu Pferde zu sitzen und die edlen Tiere in jeder Situation zu beherrschen. Ein besonderer Pagen-Hofmeister trug für diese Ausbildung die Verantwortung. Am Hofe gemeinsam untergebracht, speisten sie auch an einer Tafel zusammen. Eine ähnliche, nur militärisch orientierte Ausbildung, die jedoch gleichfalls Unterricht in Sprachen, im Tanzen und Fechten umfaßte, genoß das Kadettenkorps. Da das Pagenamt und die Zugehörigkeit zum Korps der Kadetten adlige Herkunft erforderten – bürgerliche Kadetten waren noch eine seltene Ausnahme – und die Ausbildung in Adelskreisen in einem guten Ruf stand, brachten diese ihre Sprößlinge gern in der »Schule« unter, in der Hoffnung, ihnen damit eine vorteilhafte und aussichtsreiche Karriere zu ermöglichen. Die 22 Lakaien waren hingegen offensichtlich bürgerlicher Herkunft, wie aus ihren Familiennamen zu schließen ist. Ob ihre Ausbildung der der Pagen ähnelte, ist nicht überliefert.

Den einzelnen Amtsbereichen am Hofe unterstanden mehr oder weniger viele »Angestellte«. So gehörten zum Beispiel dem Oberhofmarschallamt nicht nur der Hof-Poet Johann Ulrich König oder der Hof-Medicus Dr. Christian Troppaneger und der Hof-Apotheker Johann Christoph Rexrath sowie der Reise-Hof-Apotheker Johann Abraham Kastner an, sondern auch die Bettmeister und Gärtner in den verschiedenen Schlössern und Palais, ferner Künstler wie der Hof-Emailleur Georg Friedrich Dinglinger – der Bruder von Johann Melchior Dinglinger – oder der Kupferstecher Martin Bernigeroth, aber auch Handwerker, wie Buchbinder, Drechsler, Instrumentenmacher, Kupfer- und Messerschmiede, Schuhmacher und Täschner. Ebenso sind etliche Barbiere, Aufwärter, Heizer, Stubendiener und Schreiber verzeichnet.

Dem Küchenmeister unterstand nicht allein die Hofküche, sondern zu seinem Bereich gehörten auch Einkäufer, Gärtner, Metzger, Schreiber, schließlich auch die Silberkammer, das Proviant- und Fischhaus sowie die Hof-Konditorei. Die sogenannten hofbefreiten Handwerker – Tischler, Maler, Schmiede, Gürtler und viele andere – waren zwar für den Hof tätig, wohnten jedoch in der Residenzstadt, deren Vorstädten oder in anderen Gemeinden des Landes. Da sie im Dienst des Hofes arbeiteten, unterstanden sie nicht der Zunftgerechtigkeit. Wie viele Knechte, Mägde, Arbeiter und Tagelöhner außerdem noch Hofdienste zu leisten hatten, ist ungewiß. Über ihr Tun und ihre Lebensverhältnisse geben die schriftlichen Quellen keine Auskunft.

Unter den Begriffen »Hofstaat« und »Hoffstadt« verstanden die Zeitgenossen offensichtlich verschiedenartige Erscheinungen. Einmal bezeichnete man mit »Hoffstadt«, was der Herrscher an Personen und Gegenständen mit sich führte, wenn er auf Reisen ging, zum Beispiel nach Polen, oder zu Besuchen fuhr, wie im Fall von 1728 nach Berlin. Andererseits wurde unter »Hofstaat« – wie eben in der Hofordnung von 1712 oder im Staatskalender 1728 – die Gesamtheit des kurfürstlich-königlichen Hofes in Dresden verstanden.

Wer nun meint, die Hofgesellschaft als eine dem König dienende und in seinem Sinn handelnde Gemeinschaft ansehen zu müssen, hat sich schwer getäuscht, denn das war sie weder politisch noch sozial, weder ideologisch noch religiös. Es gab keine politische Gemeinschaft am Dresdner Hof, die etwa einheitlich auf die Politik des Kurfürst-Königs eingeschworen gewesen wäre. Das bewiesen bereits die schon erwähnten spektakulären Entlassungen aus hohen Staatsämtern, wie sie Wolf Dietrich von Beichlingen oder auch dem Statthalter Fürst Egon von Fürstenberg widerfuhren. Beichlingen hatte seit 1697 als »Geldbeschaffer« des Königs einen kometenhaften Aufstieg genommen und den höchsten Rang nach dem Herrscher als Großkanzler erklommen. Für diesen Posten schien ihm jedes Mittel recht. Er veräußerte Landesteile, ließ minderwertiges Geld ausmünzen, die sogenannten roten Sechser oder Seufzer, und entwickelte eigenwillige außenpolitische Pläne. Dadurch kam er mit anderen engen Vertrauten Augusts, zum Beispiel mit dem Grafen Flemming, und schließlich mit dem König selbst in Konflikt, so daß Beichlingen und sein Anhang über Nacht verhaftet und auf den Königstein gebracht wurden. Untersuchungen durch eine Kommission hatten eigentlich einen Prozeß gegen ihn zum Ziel, doch dieser fand nicht statt, denn er hätte des Königs eigene Regierungsmethoden verurteilen müssen.

Das »Portrait de la cour de Pologne« und andere Streitschriften aus der augusteischen Zeit, namentlich aus dem Regierungsjahrzehnt von 1700 bis 1710 – in der zeitgenössischen Sprache »Pasquille« genannt –, bewiesen mit eindrucksvollen Fakten, wie einzelne Personen, Adelsfraktionen und religiöse Gruppierungen für oder gegen die Politik des Königs agierten und dabei skrupellos alle Mittel anwandten. Diese Auseinandersetzungen kannten oft keine sozialen Grenzen. Adlige und Bürgerliche gingen gegen den Landesherrn vor, wie Angehörige aus beiden Klassen auch energisch für den König stritten. Als dieser sich auf die Rückkehr nach Polen vorzubereiten begann, beschloß er, die inneren Streitigkeiten zu unterdrücken. Der Herrscher brauchte jetzt Ruhe im Innern, um sich auf die neuen außenpolitischen Unternehmungen konzentrieren zu können. Deshalb verfügte ein königliches Mandat von 1707 an den Stadtrat von Leipzig – es erging auch an andere Stadträte im Land –, daß die »Ausstreu- und Publicirung allerhand famoser Schrifften und Pasquillen wider Hohe und Niedrige fast gemein, und selbe so gar an denen Ecken derer Gassen affigiret und in die Häuser geworfen« sowie öfters »fremde Zeitungen« in denen oft »unwahre Relationes« geschrieben wurden, zu verbieten sind. Diese Schriften wären »aufs schärfste [zu] inquiriren, und die Autores, da solche zu erlangen, nach Befinden zur gefänglichen Hafft [zu] bringen, und die Personen ohne Ansehen der Person hart zu strafen«[31]. Das »Portrait de la cour de Pologne« wurde ein knappes Jahr später auf dem Altmarkt zu Dresden öffentlich verbrannt.

Aus religiösen Gründen hatte sich der zum Katholizismus übergetretene und um Toleranz bemühte August II. viele protestantische Adlige und Geistliche zu Feinden gemacht. Die Konversion des Kurprinzen und seine Heirat 1719 sorgten dafür, daß immer häufiger Höflinge zum katholischen Glauben übertraten. Als 1726 ein protestantischer Geistlicher in Dresden von einem zum Katholizismus übergetretenen Mann ermordet wurde, mußten in der Residenz sogar militärische Sicherungsmaßnahmen ergriffen werden, um offene Tumulte zu vermeiden. Dies trug dazu bei, die Spaltung der Hofgesellschaft in verschiedene religiöse Lager zu vertiefen. Der König versuchte eine Beschwichtigung mit Hilfe von Religionsversicherungsdekreten und konnte dadurch zwar beruhigend wirken, aber diese Spaltung nicht mehr rückgängig machen. Als seine Frau 1727 starb, mußte er feststellen, daß die Protestanten am Hofe und im Lande ihr demonstrativ nachtrauerten.

Wo es solche vielseitigen und folgenschweren Auseinandersetzungen gab, gehörten Hofintrigen zu den täglichen Begleiterscheinungen. Deshalb wäre es ein aussichtsloses Unterfangen, etwa all diesen »unterirdischen Machenschaften« auf den Grund gehen zu wollen. Allein jene Kabalen um die Anna Constantia von Cosel zu entwirren würde ein Buch füllen. Da sie während ihrer Liaison mit dem König zumindest in Sachsen und am Hofe zu Dresden sowohl im politischen Geschehen als auch im gesellschaftlichen Leben über große Macht verfügte, konnten Intrigen nicht ausbleiben. Schon als sich beide 1704 kennenlernten, hatte die Gräfin von Reuß, eine geborene von Friesen und Freundin derer von Vitzthum, großes Interesse, die Freundschaft der Anna Constantia zu gewinnen. Außerdem war die Reuß auch mit dem Statthalter liiert, der ein ziemlich »subtil angelegtes und verschlagenes Naturel« besaß und »seine Meinung häufig wechselte«[32].

Mit der »Freundschaft« der Cosel konnte man zu dieser Zeit mehr Einfluß gewinnen und den Ehrgeiz, am Hof eine bevorzugte, einflußreiche und stets gut informierte Stellung einzunehmen, befriedigen. Wer wen in diesem Intrigenspiel benutzte, ist oft nicht klar auszumachen. Eine Zeitlang waren auch die Cosel und der Graf von Flemming miteinander befreundet, bis sich durch die politischen Eigenwilligkeiten der Mätresse und die veränderten Ambitionen des Königs das Verhältnis trübte. Danach trug der Graf entscheidend zu ihrem Sturz bei, vor allem seitdem er 1712 leitender Kabinettsminister

Hofnarr und Taschenspieler Fröhlich und »Postmeister« Schmiedel. Fröhlich, als Kurfürstlich-Königlicher Hoftaschenspieler und »kurzweiliger Rat« angestellt, karikierte treffend die Hofgesellschaft, manchmal zusammen mit Schmiedel, und brachte es am sächsischen Hofe zu großer Berühmtheit. Johann Joachim Kändler modellierte beide in Meißner Porzellan. Er betitelte die Gruppe: »Nr. 3 Joseph Fröhlich mit einer Mäuse-Falle und Mr Schmiedel mit einer Eule, in Händen haltend und gegen einander stehend.« Porzellan mit Schmelzfarbenmalerei, 1741. Staatliche Kunstsammlungen Dresden, Porzellansammlung

geworden war und die übrigen Posten mit Personen seines Vertrauens besetzt hatte: von Manteuffel (Auswärtiges), von Wackerbarth (Militär), von Watzdorf (Inneres, Finanzen). Die damit verbundenen Hintergründe gedachte die Cosel dem König zu offenbaren. So sorgte sie letzten Endes selbst dafür, daß die Kabinettsminister jeder für sich und alle gemeinsam auf ihre Beseitigung hinarbeiteten, die dann der König nur noch zu befehlen brauchte. Ähnliche Intrigen haben auch den bisher nicht zweifelsfrei zu identifizierenden Autor des »Portrait de la cour de Pologne« samt seinem »Pasquill« vernichtet. Er gehörte wohl zu den Gefangenen auf dem Königstein, und seine Schrift wurde verbrannt.

August II. wußte offensichtlich von vielen Intrigen an seinem Hofe. Manchmal erfuhr er auch erst eine Zeit danach von solchen hinterhältigen Machenschaften, wie zum Beispiel im Fall des Hans Adam von Schöning, den die Intrigen des sächsischen Hofadels in das kaiserlich-österreichische Staatsgefängnis gebracht hatten, woraus ihn der zum Kurfürst gewordene Friedrich August wieder nach Dresden zurückholen ließ. Die intime Kenntnis von den Hofintrigen veranlaßte ihn als König zu jener Feststellung in seinem »Politischen Testament«, daß man sich vor Schmeichlern und Lügnern hüten und viele Spione einsetzen sollte, um prüfen zu können, ob einem die Männer der eigenen Umgebung auch die Wahrheit sagten.

Georg Spiegel, der Kammerdiener Augusts, galt als unbedingt zuverlässig. Deshalb wurde er auch in verschiedenen Missionen ins Ausland – beispielsweise nach Frankreich – geschickt. Der König dankte ihm seine Dienste, wie die »Scheinehe« mit seiner Mätresse Fatima, beförderte ihn zum Obristleutnant und erhob ihn in den Adelsstand. Die beiden königlichen Diener Fischer und Lange vermochten dagegen den Bestechungen des Geheimen Kabinettsministers Graf von Pflugk nicht zu widerstehen, denn dieser suchte sich »mit größter Sorgfalt« darüber zu unterrichten, »was mit dem König gesprochen worden ist, aus Furcht, daß man seine Schwächen aufdecken könnte«[33].

Hofintrige und Hofklatsch waren Geschwister, die an europäischen Fürstenhöfen ständig gemeinsam auftraten. Während sich die Intrigen wie feingesponnene Netze um die jeweiligen Opfer wanden, war der Hofklatsch eine gleichsam der Unterhaltung dienende Börse von Neuigkeiten, an der sich jeder – ob im Rang hoch oder niedrig – mit eigenen Aktien beteiligen konnte. Dabei vollzog sich ihr Umlauf in einem dermaßen schnellen Tempo, daß weder die Zimmerwände im Schloß noch die Grenzen des Landes ernsthafte Hindernisse für ihre Verbreitung bildeten. Von der Geburt des illegitimen Sohnes Moritz in Goslar im Oktober 1696, gleich nach der des ehelichen Sohnes Friedrich August, erfuhr man schon kurze Zeit danach nicht nur in Dresden, sondern auch in Paris und Versailles, denn Liselotte von der Pfalz schrieb bald darauf, daß Kurfürst Friedrich August »also auff einmahl zwey söhne daher gesetzt« bekam, was um so verwunderlicher wäre, als man lange Zeit geglaubt hätte, daß er keine Kinder zeugen könne.

Auch das Verhältnis Augusts zur Gräfin Cosel sorgte für viele Hofklatschgeschichten. Es wurde bereits erwähnt, daß sich beide während des Brandes im Palais Hoym kennenlernten. Als Produkt des Hof-

Der Wagen der Gräfin Cosel mit König Friedrich IV. von Dänemark als Wagenlenker sowie August dem Starken und Kammerjunker von Holtzenbrink als Vorreiter. Anna Constantia Gräfin Cosel glänzte besonders bei den Festen des Jahres 1709. Kupferstich von Johann Georg Wolffgang nach einem Gemälde von Johann Samuel Mock, 1718. Staatsarchiv Dresden

klatsches muß deshalb die angebliche Wette um die Schönheit der Gräfin bezeichnet werden, die ihr »Chronist«, Karl Freiherr von Pöllnitz, der erst 1729 die Residenz Dresden besuchte, so »überzeugend« festhielt, daß selbst quellenkritisch arbeitende Historiker – ganz abgesehen von Romanschriftstellern – sie als tatsächliches Geschehen einem interessierten Leserpublikum vermittelten. Kein Wunder, von Pöllnitz beschrieb sie so, wie auch viele andere Geschichtchen in seinem Buch »La Saxe galante« (1735 in Amsterdam erschienen), als sei er dabeigewesen: »In einer von diesen Gesellschafften, da lauter Manns-Personen beysammen waren. fiele einmal ein Gespräche von Maitressen vor. Ein jeder erhub die seinige, und erzehlte Wunder von ihr. Der Herr von Hoymb, ein Cabinetts-Minister und Geheimder Rath, der sich mit in dieser Gesellschafft befand, sagte, er hätte gar keine Maitresse; wohl aber eine Gemahlin, die er so zärtlich als eine Maitresse liebete, und welche hundertmal schöner wäre, als alle diejenige, von denen man hier so viel Aufhebens gemacht hätte. Weil ihm der Wein den Kopff hitzig gemacht hatte, machte er von seiner Gemahlin eine so umständliche Abschilderung, als der beste Mahler nicht vermacht haben würde. Der

König, der wohl wüste, daß er blos aus Eifersucht seine Gemahlin das Land hüten ließ, sagte zum, er könte gar nicht glauben, daß alles wahr wäre, was er hier erzehlt habe; er rede hier als ein Mann, der, weil er erst drey Jahr im Ehestand lebete, noch in seine Gemahlin verliebt wäre, und wenn die Madame von Hoym so schön und so vollkommen wäre, als wie er sage, würde sie unfehlbar mehr Aufsehen in der Welt gemacht haben. Der Fürst von Fürstenberg behauptete eben dieses, und fügte noch hinzu, er wolle tausend Dukaten darauf verwetten, daß die Madame von Hoym, wenn sie am Hof erschiene, nicht also befunden werden würde, wie sie ihr Gemahl beschrieben hätte. Der Herr von Hoymb gieng die Wette ein. und der König erbot sich den Ausschlag zu geben. Man nöthigte demnach den von Hoym an seine Gemahlin zu schreiben, daß sie sich ohne Verzug nach Dresden verfügen sollte.«[34]

Der Autor der Geschichte, Freiherr von Pöllnitz, hatte sich als Höfling, Abenteurer und Schriftsteller an vielen europäischen Residenzen aufgehalten. Er wechselte mehrfach die Religionszugehörigkeit; 1735 soll er sogar sächsischer Spion in Berlin gewesen sein; fünf Jahre später ließ er sich von Friedrich II. als »Vorleser« und Oberzeremonienmeister anstellen. Doch der Preußenkönig konnte ihn auch nicht so recht ernst nehmen, weshalb Pöllnitz öfters zum Gegenstand königlichen Spottes wurde.

Für den Hofklatsch waren weder Personen noch Themen tabu. Von der Mutter des Königs sagte man unverblümt, daß sie sich häufig besoff. Den beiden Geschwistern Rutowski dichtete der Klatsch sexuelle Beziehungen an, ja sogar von August selbst hieß es, daß er mit seiner Tochter, der Gräfin Orczelska, mehrfach geschlafen hätte. Wilhelmine Friederike Sophie von Preußen, die Tochter Friedrich Wilhelms und Schwester Friedrichs II., schrieb sogar über ihren Patenonkel August II.: »Der Hof zu Dresden war damals der glänzendste Deutschlands. Die Pracht war hier bis aufs äußerste getrieben, und man frönte allen Genüssen, mit Recht dürfte er mit der Insel Cythere verglichen werden: die Damen waren sehr liebenswert und die Herren sehr galant. Der König hielt eine Art von Serail, das aus den schönsten Frauen seines Landes bestand. Als er starb, schätzte man die Zahl der Kinder, welche er von seinen Mätressen hatte, auf 354.«[35]

Repräsentation und Festkultur

Politische Auseinandersetzungen und Intrigen am Hofe Augusts II. lassen verständlich erscheinen, daß der König ein alles verbindendes Phänomen benötigte, um seine überragende Macht und Prachtentfaltung zu demonstrieren. Deshalb führte er die Festtraditionen seiner Vorfahren zu höchster Vollendung.

Während Augusts Herrschaft fanden die ersten Karnevalsfestlichkeiten im Februar 1695 statt. Der »Götteraufzug« – in elf Gruppen eingeteilt – reichte vom Wagen des obersten Gottes Jupiter bis zu jenem der Laverna, der Göttin der Diebe, den mit Einbrecherwerkzeugen ausgerüstete Spitzbuben zogen. Friedrich August erschien als Merkur – also nicht als Haupt der Götter, sondern als Götterbote. Seine damalige Mätresse, Aurora von Königsmarck, war in Anspielung auf ihren Vornamen als Göttin der Morgenröte mit von der Partie. Weitere Fastnachtsvergnügen boten Damenringrennen, bei denen die in kostbar geschmückten Wagen sitzenden Hofdamen von Höflingen kutschiert und adligen Läufern begleitet wurden. Einem Pferdeballett gleich, entstanden dabei verschiedene Figuren, dann mußte einer von ihnen mit Lanzen nach Ringen stechen. Hier schien für den Fürsten das pure Vergnügen noch ausschlaggebend gewesen zu sein.

Ob in dem karnevalistischen Festaufzug vom 3. Februar 1697 die Verkleidung Friedrich Augusts als Alexander der Große bereits eine Anspielung auf künftige politische Ziele offenbarte, könnte mindestens für Eingeweihte zu Vermutungen Anlaß gegeben haben. Denn Alexander, der als junger Mann von 22 Jahren den Hellespont überschritt, um mit seiner Armee eine Welt zu erobern, mochte für den nur wenig älteren Wettiner schon ein Vorbild sein, wenn man bedenkt, daß sich Friedrich August zu diesem Zeitpunkt entschlossen hatte, als Kandidat für den polnischen Königsthron anzutreten. Davon berichtete das Hof-Journal für Februar natürlich noch nichts, sondern von zahlreichen Festen: von einer »Quadrille« im Amphitheater – dem Vorgängerbau des Zwingers –, von einer »Wirttschafft«, einem »Ballet von Dames« sowie von mehreren »Redouten«. Erst am 24. Juni 1697 verzeichnete dieser Hofkalender die Erhebung Friedrich Augusts zum König in Polen, die mit kirchlichen Feierlichkeiten und Kanonenschüssen am Hofe zu Dresden ihren Widerhall fand.[36]

In den folgenden Jahren kümmerte sich der Kurfürst-König immer intensiver um die Gestaltung seiner Hoffeste. Selbst aus der Zeit, da er und sein Land sich infolge des Krieges mit Karl XII. in großen Nöten befanden, sind eigenhändige Aufzeichnungen für Festprogramme überliefert, die jedoch aus naheliegenden Gründen kaum aufgeführt wurden.[37]

Das Wechselspiel zwischen Politik und Festlichkeit zeigte sich deutlich im Mai/Juni 1709 beim Besuch des Dänenkönigs Friedrich IV. in Dresden. Bereits auf dem Sprung, wieder als König nach Polen zurückzukehren und seinen dänischen Vetter als Bundesgenossen zu gewinnen, konzipierte August ein Festprogramm, das sowohl die Traditionen bemühte als auch Optimismus für günstige Unternehmungen stimulieren sollte. Nachdem der königliche Vetter in den »dähnischen Räumen« des Schlosses Gastquartier bezogen hatte, wurde ihm zuerst eine Darbietung gezeigt, die jener ähnelte, die 1663 zur Verlobung der Eltern Friedrich Augusts in Kopenhagen aufgeführt worden war. Damit erfolgte die Anspielung auf die enge Verwandtschaft beider Könige. Mit der Einbeziehung der Residenzstadt, der Elbe und der Umgebung, mit Jagden, Schießen, Bauernwirtschaften und mit Höhepunkten, wie dem Damenringrennen von 24 Triumphwagen und einem Prachtfeuerwerk, forderte der Wettiner die Bewunderung des Dänen heraus. Dabei konnte es wohl kein Zufall sein, daß die Gräfin Cosel ausgerechnet die Farbe der Rose erloste, als ihr Wagenlenker der dänische König und als einer ihrer Kavaliere jedoch August selbst antraten.

👑 Ein umfangreiches Festprogramm bildete während des mehrwöchigen Aufenthaltes des dänischen Königs in Dresden den äußeren Rahmen für ernsthafte politische Verhandlungen. Dabei wurde am 6. Juni 1709 auch das bis dahin größte Feuerwerk in der Stadt abgebrannt. Den Pavillon auf der Elbe, der die Initialen des Dänenkönigs trug, hatte Pöppelmann entworfen und gebaut. An der rechten Seite ist die Jungfernbastei zu sehen, in der Böttger die Porzellanherstellung gelang. Kupferstich von Moritz Bodenehr, 1709. Staatsarchiv Dresden

Der gemeinsame Besuch beider Könige beim brandenburgischen Nachbarn und Namensvetter – alle drei riefen sich Friedrich – vermochte zwar das politische Ziel nicht zu erreichen, auch den Preußenkönig als Bundesgenossen im Krieg zu gewinnen, weil dieser sich noch vorsichtig zurückhielt. Dafür nahmen sie aber an der mit großem Pomp aufgezogenen Tauffeierlichkeit für Wilhelmine Friederike Sophie von Preußen teil.

Die verschiedenen und häufigen Feste Augusts II. gaben oft Anlaß zu Vorwürfen über Verschwendung von Geld und Gut, wie sie nicht nur manche Zeitgenossen, sondern auch nachfolgende Historikergenerationen erhoben haben. Doch Pracht und Luxus – nicht nur in den Festen verkörpert – waren Bestandteil absolutistischer Politik und gehörten in den historischen Zusammenhang der Übergangsepoche vom feudalen zum bürgerlichen Zeitalter und den damit verbundenen gesellschaftlichen Gegensätzen. Denn der Absolutismus stellte den Versuch dar, die Feudalherrschaft den veränderten Bedingungen anzupassen, die sich durch wachsende Macht der Stände, insbesondere des Adels und des Bürgertums, sowie die Entwicklung der Rittergutswirtschaft und des Handels- und Manufakturkapitals ergeben hatten. Die Förderung von Kunst und Kultur durch die Herrschenden, ihre Demonstration von Pracht und Luxus wurden zu Machtfaktoren absolutistischer Politik vor allem dann, wenn der Landesherr diese bewußt und geschickt gegenüber Klassen und Schichten einzusetzen verstand.

Von der Persönlichkeit des Herrschers hing aber auch wesentlich ab, wie weit sich Pracht und Luxus zu entfalten vermochten. Während der Preußenkönig Friedrich Wilhelm I. alles verfügbare Geld und große materielle Werte in das Militär steckte, verwandte August von Sachsen seine Mittel für den Hof, die Feste, die Bauten und die Sammlungen. Deshalb sagte August zu seinem königlichen Gast 1730: »Wenn Ew. Majestät einen Dukaten einnehmen, so legen sie ihn zu seinem Schatz, ich aber gebe ihn aus, so kehrt er dreimal zu mir zurück.«[38] Der Kurfürst entwickelte die kursächsische Festtradition weiter und schuf hier persönlich neue Akzente und Elemente, die im engsten Zusammenhang mit seinen jeweiligen Zwecken und Zielen absolutistischer Politik standen. Er wendete dafür große finanzielle und materielle Mittel zielgerichtet auf. Es war seine erklärte Absicht, feudale Kultur und Lebensweise einem Höhepunkt zuzuführen, wobei jeder Vergleich mit anderen Fürstenhöfen im damaligen Deutschland zugunsten Sachsens ausfallen sollte.

Schwierig ist es, aus der Vielzahl des Quellenmaterials jene Belege herauszufiltern, die eine genaue Aufstellung der Kosten für die Hoffestlichkeiten ermöglichen. Für ein »normales Jahr« – 1712 –, das in Dresden keine außergewöhnlichen Feste aufwies, gab eine Akte 25 000 Taler an, »so zur Unterhaltung Unseres Königl. Pohln. und

 Partitur des Violinkonzertes d-moll von Antonio Vivaldi. Zu den Mitgliedern der Dresdner Hofkapelle, die den Kurprinzen Friedrich August auf dessen Reise nach Venedig 1716/1717 begleiteten, gehörte auch der Geigenvirtuose Johann Georg Pisendel. In Venedig trat er in enge Beziehung zu dem bedeutenden Violinisten Antonio Vivaldi, der ihm mehrere Sonaten und Konzerte widmete und ihm zum Teil deren Notenhandschrift übereignete. Autographe Partitur. Sächsische Landesbibliothek, Dresden

Churfürstl. Sächß. Hofes Etats monatlich aus Unser Rent-Cämmerei eingehen und von Unseres Hofes Casses folgendermaßen wieder auszugeben sind«. Außer den finanziellen Zuwendungen für Hofadlige und Bediente wurde eine monatliche Summe von 4587 Talern 17 Groschen und achteinhalb Pfennigen genannt, die für »Maskeraden, Kleider, weiße Wäsche, Spitzen, Bettgewänder ... und anderer vielfältigem Garderobe Bedürfnüßen« Verwendung finden sollten, aber auch »etwas bey angestellten Lustbarkeiten als Commoedien, Redouten, Jagden, Büchsen und Armbrust Schießen, Ring Rennen, Caroussellen und was diesen allen anhängig ferner noch vor erhandelter Medaillen, Schildereyen, Inventionen, auch etwas ins grüner Gewölbe, Cabinet aufm Stall und Kunst Cammer, und weißes Tafel Zeug angeschaffet wird, desgleichen vor benöthigter Praesente vor gesande fremder und eigener Ministros und Cavalliers, auch zu Gevatterschafften ... «[39]

Eine weitere spezifizierte Aufstellung enthielt folgende Angaben:

»No 1 Orchestra	17 050 Taler
No 2 Italienische Oper	37 800 Taler
No 3 Tänzer und Tänzerinnen	10 100 Taler
No 4 Französische Comoedia	12 500 Taler
No 5 Französische Sänger	2 300 Taler«[40]

Im Orchester bezogen der Oberkapellmeister Johann Christoph Schmiegt, der Kapellmeister Johann David Heinichen und der Konzertmeister Baptist Woulmyer sowie der Kompositeur Veracini je 1200 Taler, während die Musiker zwischen 200 und 500 Taler verdienten. Selbst bei Berücksichtigung der Lückenhaftigkeit dieser Angaben und späterer Übertreibungen muß jedoch festgestellt werden, daß die finanziellen Ausgaben für den Hof und seine Feste nicht etwa allein aus landesherrlicher Willkür erfolgten, ganz zu schweigen von den oft genannten »unvorstellbar hohen Geldsummen«, die ohne Überlegung ausgegeben worden sein sollten.

Für ein so herausragendes Fest wie die Hochzeit des Kurprinzen Friedrich August mit der österreichischen Kaisertochter Maria Josepha, die bereits in Wien vollzogen worden war und deren Zeremoniell August in Dresden zu wiederholen gedachte, waren nicht nur außergewöhnliche Ausgaben, sondern auch das besondere Engagement des Königs erforderlich. August II. betrachtete das Ehebündnis als großen Erfolg seiner Politik. Denn dadurch gestalteten sich die Verbindungen zwischen dem Kaiserhaus und dem Kurfürst-König der sächsisch-polnischen Union durch Familienbeziehungen entschieden enger als vorher; damit fand eine Erhöhung des Dresdner Hofes in der Rangordnung der deutschen Fürstenhöfe wie nie zuvor statt.

Liebe Leserin, lieber Leser,

wir möchten Ihre Interessen kennenlernen, um sie noch besser berücksichtigen zu können.
Deshalb bitten wir Sie um folgende Informationen:

Diese Karte entnahm ich dem Buch: _____

Auf dieses Buch wurde ich aufmerksam durch:

- ☐ Anzeige in _____
- ☐ Rezension in _____
- ☐ Verlagsprospekt
- ☐ Versandkatalog
- ☐ Geschenk
- ☐ Empfehlung des Buchhändlers
- ☐ Schaufensterauslage
- ☐ andere Hinweise

Ich hätte gern noch weitere Informationen über Ihre Neuerscheinungen in den Themengebieten:

- ☐ Kulturgeschichte
- ☐ Kunstgeschichte
- ☐ Kunstdenkmäler
- ☐ Museen
- ☐ Reprints/Faksimiles

Unter den Einsendern dieser Karte verlosen wir am Jahresende 30 wertvolle Bücher.

Mit herzlichem Dank für Ihre Unterstützung

**Ihr
Verlag Edition Leipzig**

Bitte freimachen

Postkarte

Edition Leipzig GmbH

Postfach 340

04003 Leipzig

Absender:

Name

Straße

Ort

Meine Meinung zu diesem Buch:

👑 *Seitenansicht des großen Opernhauses mit den Logen und dem Parterre am Zwinger in Dresden. Der am 1. September 1718 unter Leitung von Pöppelmann begonnene Neubau konnte nur unter größten Schwierigkeiten bis zum Beginn der Vermählungsfeierlichkeiten im September 1719 beendet werden. Das von der Bühne aus etwas aufsteigende Parkett, die seitlich am Parkett ansteigenden Sitzreihen und die drei umlaufenden Ränge ergaben 2000 Plätze; es war das zu diesem Zeitpunkt größte Theater in Deutschland. Federzeichnung von Carl Heinrich Fehling, nach 1719. Staatliche Kunstsammlungen Dresden, Kupferstich-Kabinett*

Nicht verwunderlich also, wenn bereits Monate vor diesem Ereignis die vom König persönlich geleiteten umfassenden Vorbereitungen begannen. Bereits 1717 erwarb August vom Grafen von Flemming das Holländische Palais, um es in die künftigen Festlichkeiten einbeziehen zu können, bei denen unter anderem auch die Elbe eine große Rolle spielen sollte. Im Zwinger wurden die Pavillons auf der Stadtseite fertiggestellt und elbseitig hölzerne Tribünen mit einer Mittelloge aufgebaut. In unmittelbarer Nähe des Zwingers entstand nicht ohne Schwierigkeiten und Termindruck das Opernhaus, dessen prachtvolle Innenausstattung die aus Venedig herbeigeholten Brüder Allessandro und Girolamo Mauro vornahmen. Dem Türkischen Palais mußte Matthäus Daniel Pöppelmann eine doppelläufige Freitreppe ansetzen. Im Großen Garten wurde von Johann Friedrich Karcher vor dem Palais ein Teich angelegt, damit verlieh er der ganzen Anlage noch mehr Großzügigkeit. Merkwürdigerweise ist Schloß Pillnitz nicht in die Festlichkeiten einbezogen worden, um so mehr dafür das Schloß Moritzburg.

Die umfangreichen Bestände der schriftlichen Quellen im Oberhofmarschallamt – aber auch in noch anderen Akten – vermitteln den Eindruck eines gewissermaßen »generalstabsmäßigen Herangehens« an die vielen Vorbereitungen und die minuziöse Durchführung der gesamten Feierlichkeiten. Sie sollten immerhin den ganzen Monat September 1719 in Anspruch nehmen. Bereits fünf Monate zuvor gab der König eigenhändig Anweisungen für die »Einrichtung des Königl. Printzens und deroselben Gemahlin Hoheiten Hoffstadt« an den Oberhofmarschall von Löwendal, den Generalfeldmarschall von Flemming und mehrere Kabinettsminister, die mit genauen Angaben für den Verwendungszweck und dafür spezifizierte Haushaltsposten mit einer Gesamtsumme von 125 000 Talern versehen wurden.[41] Ebenso mußten auf königlichen Befehl hin Häuser und Zimmer renoviert und mit Möbeln und Fenstervorhängen ausgestattet werden, um die vielen zu erwartenden Gäste überhaupt unterbringen zu können.

Beeindruckend erscheint die Übersicht zu den verschiedenen Festlichkeiten an den einzelnen Tagen, welche die Art des Festes, den dafür vorgesehenen Raum, den Ort für die Tafel, an der zu speisen beabsichtigt war, eventuelle Hauptproben für die Darbietungen und die verantwortlichen Institutionen oder Personen nannte. Danach gab es an jedem Tag verschiedene Veranstaltungen: im Schloß, in der Oper, im Komödienhaus, im Zwinger, auf der Stallbahn, auf dem Altmarkt, auf den Elbwiesen, im (Holländischen) Palais in Altendresden, im Großen Garten und im Plauenschen Grund. Sogar ein »Ruhetag« war am Sonnabend, dem 16. September, vorgesehen, aber selbst da konnte noch ein »Damen Ballet« besucht werden.

Tedeum in der Schloßkapelle zur Hochzeitsnachfeier des kurprinzlichen Paares in Dresden. Die Vermählung bedeutete einen großen Erfolg für die sächsische Diplomatie. Sie festigte die Beziehung zum Kaiserhaus und brachte eine gewisse Garantie für Kursachsen gegenüber dem nördlichen Nachbarn Brandenburg-Preußen. Kupferstich aus dem Prachtwerk über die Hoffeste zu Dresden im Jahre 1719. Institut für Denkmalpflege, Dresden

Die Hauptverantwortlichkeit für alle Veranstaltungen zu den Festwochen lag beim Oberhofmarschallamt, am häufigsten bei Baron Sigismund von Mordax, der 1709 als Sächsischer »Hof Directeur des Plaisirs« bestallt worden war.

Noch eine Woche vor Beginn der Festlichkeiten stellte eine »Resolution« aus dem Geheimen Kabinett Fragen, die offenbar mit dem König geklärt werden mußten. Sie betrafen die Ankunft der Prinzessin Maria Josepha auf sächsischem Boden: Sollte sie mittags oder abends ankommen? Würde sie mit dem Pferd von der Grenze bis Pirna reiten oder mit der Kutsche fahren? Wie weit mußte ihr der Prinz Friedrich August, der ihr nach Dresden vorausgeeilt war, entgegenkommen? Sollte sie in Pirna allein speisen oder müßten mehrere Tafeln angerichtet werden? Was für ein Bett sollte für sie bereitet werden?

Ferner erwartete man von August die Entscheidung darüber, welchen Rang die Fürstin von Lichtenstein, die Fürstin von Teschen, die Gräfin Königsmarck und die »frembden Ministris Weiber haben und wie sie tractiret werden sollen«[42].

Am Morgen des 2. September 1719 bestieg das junge Paar in Pirna das von Allessandro Mauro entworfene Lustschiff »Bucentauro«, um – von 15 holländischen Jachten begleitet – nach Dresden zu reisen. Hier hatte der König wiederum alles für einen pompösen Empfang vorbereitet: Fürstliche Gäste aus anderen deutschen Ländern, polnische Magnaten, Hofadlige aus Dresden und Warschau, Minister und Hofbeamte, Generale und Militär, die Garde, Jäger, Förster, Postbedienstete, Landadlige aus Sachsen und der Oberlausitz standen in einer streng festgelegten Ordnung Spalier vom Elbufer bis ins Schloß. Dann wurde nach dem Gottesdienst in den Räumen des Schlosses und »untern Zelten« im Freien gespeist. Die Königsfamilie und die höchsten Gäste aßen sogar von goldenen Tellern.

An den folgenden Tagen fand der Festreigen im bunten Wechsel statt: Das »Marsfest« auf dem Altmarkt, das »Fest der vier Elemente« im Zwinger mit dem »Karussell«. Die Elbe war Schauplatz einer Wasserjagd mit Prachtschiffen. Das »Planetenfest« wurde im Holländischen Palais begangen und mit einem Feuerwerk gekrönt. Erzreichtum, Technik und Naturschönheit des Erzgebirges stellten Hunderte von Bergleuten anläßlich des »Saturnfests« dar. Wirtschaften und Jahrmärkte, Fischer- und Winzerfeste boten den verkleideten Herrschaften die Möglichkeit ungezwungener Ausgelassenheit und erlaubten den Bauern, Bürgern und Bergleuten die Teilnahme an diesem launischen Spektakel.

Im Oktober folgte noch eine Festwoche in Moritzburg, die von der »Einlogierung« bis zu den Jagden, Tierkämpfen und »Seeschlachten« auf den Schloßteichen gleichfalls vom König bis in die Einzelheiten vorbereitet worden war.[43] Das Hochzeitsfest geriet damit zum Höhepunkt der von August II. maßgeblich mitgestalteten Festkultur. Die Malerin Anna Maria Werner – erst 1721 nach Dresden gekommen –, der Zeichner Carl Heinrich Jacob Fehling sowie noch andere Künstler haben einige Veranstaltungen dieser Hoffestlichkeiten in Bildern

REPRÄSENTATION UND FESTKULTUR

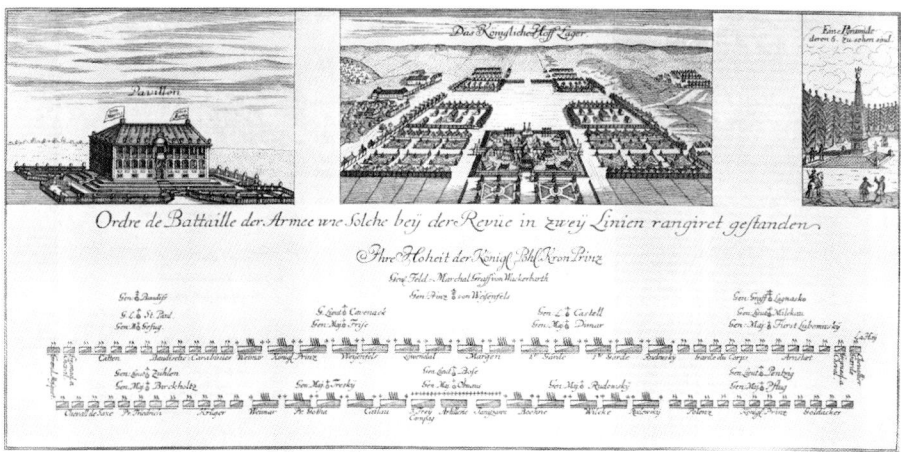

👑 *Zeithainer Lager. Es fand vom 28. Mai bis 24. Juni 1730 als großangelegtes militärisches Übungslager der im Ergebnis einer umfassenden Heeresreform geschaffenen sächsischen Armee mit 30 000 Mann statt. Alle Bauleistungen waren Pöppelmann übertragen worden, die Planierung des Übungsgeländes ebenso wie die das Areal abgrenzenden sechs Pyramiden und der große Pavillon, von dem aus der König und seine Gäste, darunter König Friedrich Wilhelm I. von Preußen und dessen Kronprinz Friedrich, die Exerzierübungen aufmerksam verfolgten. Kupferstich, 1731. Staatsarchiv Dresden*

festgehalten, die nach dem Willen des Königs in einem prachtvollen Kupferstichwerk der Nachwelt überliefert werden sollten. Es blieb jedoch unvollendet.

Eine augusteische Veranstaltung ganz anderer Art war das von Zeitgenossen »Lustlager« von Zeithain genannte, nach den damaligen amtlichen Angaben offiziell bezeichnete »grosse Campement bey Radewitz« von 1730, einem Ort zwischen Großen-Hain und Mühlberg in der Nähe der Elbe gelegen.[44] Dieses militärische Manöver besonderen Charakters bildete den Abschluß der kursächsischen Heeresreform. Es gehörte zu den eigenwilligen Projekten des Kurfürst-Königs, das militärische Manöver mit anspruchsvollen Festlichkeiten zu verbinden, um so die internationale politische Wirkung zu erhöhen.

Nach den bittern Erfahrungen im Nordischen Krieg hatte sich eine Heeresreform als unausweichlich erwiesen. Seit 1720 erfolgten deshalb wichtige Veränderungen in der Armee, von der Ausrüstung und Uniformierung bis zur Heeresorganisation und zu regelmäßigen Exerzierübungen, die der König selbst leitete und überwachte. Der Abschluß der Reform wurde noch dadurch beschleunigt, daß August II. anläßlich seines Besuches bei Friedrich Wilhelm I. 1728 – dem »Soldatenkönig« – in Berlin unter anderem eine Truppenübung von 16 000 Mann auf dem Tempelhofer Feld vorgeführt bekam, die den Sachsen offensichtlich sehr beeindruckte. Er verdoppelte daraufhin alle Anstrengungen mit dem Ziel, sein Manöver nun mit 30 000 Soldaten – 20 000 Infanteristen und 10 000 Berittenen – im Juni 1730 durchzuführen. Die Teilnahme des Preußenkönigs, seines Kronprinzen Friedrich und weiterer 150 preußischer Offiziere sowie vieler anderer in- und ausländischer Gäste veranlaßte August II., hervorragende militärische Leistungen zu bieten. Dazu gehörte der Elbübergang eines ganzen Armeekorps mit Hilfe einer in Teilen vorgefertigten Brücke, die dann über den Fluß gezogen wurde. Friedrich Wilhelm von Preußen hat das Leistungsvermögen der sächsischen Armee ausdrücklich anerkannt. Die politisch-militärische Bedeutung des Manövers unterstrichen die leuchtenden Riesenlettern des Schlußfeuerwerkes: Sic fulta manebit (sc. pax)! (Auf eine solche Armee gestützt, wird er dauern, der Friede!)

Nicht weniger berühmt machten das »Campement« die dazu veranstalteten Festlichkeiten, die vom Herrscher bewußt mit der Heerschau sächsischer Macht und Leistung verbunden wurden. Dazu gehörten außer dem Feuerwerk Illuminationen auf einer Elbflotte sowie Theater- und Ballettdarbietungen, auserlesene Speisen an prunkvollen Tafeln, aber auch der zu legendärer Bedeutung gekommene »Riesenstollen«, zu dem Dresdner Bäcker über 20 Zentner Mehl, 326 Kannen Milch und über 3600 Eier verarbeiteten. Acht Pferde zogen ihn in Ketten aus einem extra dafür gebauten Backofen ins Lager, wo er dann mit einem säbelartigen Riesenmesser geschnitten und anschließend ausgeteilt wurde. Wie von fast allen Hoffesten Augusts, so fertigten Künstler auch hiervon auf Befehl des Herrschers ein Kupferstichwerk an, das unter Mitwirkung von Pöppelmann und Ingenieuroffizieren in der Weidmannschen Buchhandlung zu Leipzig in Imperialfoliogröße gedruckt und veröffentlicht wurde.

Bauten und Kunstsammlungen

Architektur und Baukunst nahmen in der Zeit des Absolutismus und des Barock die erste Stelle unter den Künsten ein. Der auf diesem Gebiet besonders begabte Herrscher und seine Interessen beeinflußten dabei maßgeblich die Bautätigkeit.

Doch war es nicht allein das Vorbild Ludwigs XIV. von Frankreich, das zur Nachahmung veranlaßte. Zweifelsohne holte sich der junge Friedrich August, nachdem der Lehrer, Oberlandbaumeister Wolf Caspar von Klengel, sein Interesse an der Architektur besonders gefördert hatte, auf der Kavalierstour Anregungen in Paris und Versailles, aber für die städtebauliche Gestaltung seiner Residenz gab Italien den Ausschlag.

Als sich die Pläne für den Bau eines neuen Schlosses nicht verwirklichen ließen, beschränkte sich August auf eine Umgestaltung innerhalb des alten Schloßkomplexes. Doch auch damit versuchte er, seinen absolutistischen Machtanspruch unmißverständlich sowohl in der Anordnung der Räume als auch in der Ausgestaltung von Thronsaal und Schlafzimmer zu demonstrieren. Seine persönlichen Kunstleidenschaften paarten sich mit der zeitgemäßen öffentlichen Zurschaustellung der Kostbarkeiten, besonders im Grünen Gewölbe und im Porzellanzimmer. Viele Gedanken, Ideen, Skizzen, Entwürfe und Pläne zeigen nicht allein flüchtige Eingebungen, sondern beweisen auch sorgfältige Überlegungen mit Sachverstand, den er durch das Studium vieler Bücher über Baukunst und Architektur fortbildete und in Gesprächen mit Männern vom Fach vertiefte.

Die im Oberbauamt etablierten Fachkräfte waren verantwortlich für den Bau sowie die Unterhaltung aller staatlichen Gebäude. Projekte wurden in der Regel von mehreren Personen bearbeitet, wobei die Leiter des Amtes oft hervortraten, insbesondere die Oberland- und Landbaumeister. Nach Rangfolge, Arbeitsordnung und Zweckmäßigkeit waren verschiedene Departements geschaffen worden, die der König in einem Reglement von 1718 bestätigt hatte. Danach mußten alle Departement-Leiter jeweils freitags – im Sommer um sechs, im Winter um acht Uhr morgens – zur Besprechung der Aufgaben zusammenkommen. Planungen und Ausführungen bestimmter Objekte wurden mit dem Kurfürst-König persönlich besprochen. Jeder Bauvorgang erforderte vorherige Kostenanschläge, die das Oberbauamt zu prüfen hatte. Matthäus Daniel Pöppelmann mußte dieses oft sehr aufwendige Amt während seiner Tätigkeit als Oberlandbaumeister von 1718 bis 1734 ausführen; erst dann nahm man ihm die Arbeit ab.

Christoph August Reichsgraf von Wackerbarth wurde im Jahr der Königswahl Generalintendant des Militärbauwesens, stand dann an der Spitze des Oberbauamtes und erhielt 1718 die Beförderung zum Gouverneur von Dresden. Damit unterstand ihm praktisch das gesamte Bauwesen der Residenz. Als erfahrener Bauherr mehrfach hervorgetreten – mit Gouvernementshaus, Kurländer Palais, Schloß und Park Großsedlitz, Ritterakademie, Wackerbarths Ruhe, Schloß Zabeltitz –, war er für den Monarchen ein sachkundiger und hochgeachteter Partner, wobei sich August bei umstrittenen Projekten jedoch die Entscheidung vorbehielt. Unter des Königs maßgeblichem Einfluß erfolgten die Umbauten im Schloß zu Dresden, die des Holländischen zum Japanischen Palais, der Bau des Zwingers und des Taschenberg-Palais sowie die Erneuerung des Lieblingsschlosses Moritzburg und der Schloßanlagen Pillnitz, Großsedlitz und Übigau.

Des Monarchen besonderer Sorge um das Bauwesen war es zu danken, daß neben Wackerbarth und Pöppelmann noch weitere außergewöhnlich befähigte Architekten an der Gestaltung der Residenzlandschaft mitwirkten. Johann Friedrich Karcher, seit 1699 ebenfalls Oberlandbaumeister, ragte mit seinen Garten- und Architekturentwürfen hervor. Am Großen Garten und zahlreichen Projekten in Dresden und Warschau arbeitete er mit. Der Franzose Zacharias Lon-

👑 *Christoph August von Wackerbarth. Er gehörte zu den einflußreichsten Ministern Augusts des Starken, besaß die Oberaufsicht über das Zivil- und Militärbauwesen und erwarb sich große Verdienste bei der straffen Organisation des Oberbauamtes. Wackerbarth wirkte zugleich als eigener Bauherr, der das Gouvernementshaus in Dresden und mehrere Schloßanlagen entwerfen und bauen ließ. Kupferstich von Martin Bernigeroth, zwischen 1715 und 1718. Staatliche Kunstsammlungen Dresden, Kupferstich-Kabinett*

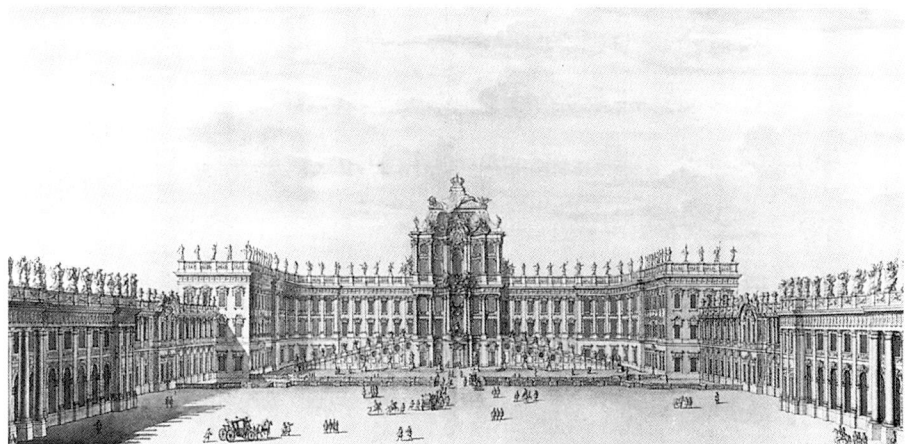

👑 *Ansicht eines von Matthäus Daniel Pöppelmann entworfenen neuen Schlosses im Bereich des traditionellen Festplatzes an der Elbe. Im Ergebnis der Studienreisen nach Wien und Paris im persönlichen Auftrag des Kurfürsten unterbreitete Pöppelmann dieses Projekt. Der Entwurf zeigt die gewaltigen Dimensionen des Haupthofes, für festliche Empfänge und große Festaufzüge wohl geeignet. Zum Obergeschoß des prächtig ausgebildeten Mittelbaues führen weitausgreifende Rampen. Tuschfederzeichnung, um 1715. Staatsarchiv Dresden*

guelune trat wahrscheinlich 1715 in sächsischen Dienst und wurde sieben Jahre später Oberlandbaumeister. Von ihm stammten ebenfalls zahlreiche Architekturentwürfe für Palais-, Museums- und Galeriebauten. Die Gestaltung der Elbfront an der Neustädter Seite erhielt mit dem Japanischen Palais und dem Blockhaus, an denen Longuelune mitwirkte, in diesem Abschnitt ihr charakteristisches Aussehen. Sein Landsmann Jean de Bodt kam aus den Diensten des Prinzen Wilhelm III. von Oranien und des Preußenkönigs Friedrich I. bereits als erfahrener Architekt nach Sachsen. Er stieg 1728 zum Generalleutnant und Chef des Ingenieurkorps und damit zum Nachfolger Wackerbarths auf, beschäftigte sich jedoch vorwiegend mit militärischen Aufgaben.

Im Zivilbauwesen arbeitete sich der – wie Pöppelmann – gelernte Maurer Johann Christoph Knöffel seit 1708 im Oberbauamt regelrecht empor. An der kollektiven Bearbeitung verschiedener königlicher Bauten beteiligt – besonders am Japanischen Palais –, bewies er hervorragende Fähigkeiten, die ihm nach zwanzig Jahren das Amt des dritten Oberlandbaumeisters neben Pöppelmann und Longuelune eintrugen. Seit 1732 nahm ihn Graf Heinrich von Brühl für seine Bauten mehrfach in Anspruch. Nicht nur die Meister des sächsischen Bauwesens, sondern fast alle Angehörigen des Oberbauamtes waren bürgerlicher Herkunft. Durch seine Vorliebe für die Architektur trat August auch in ein vertrauensvolles Verhältnis zu den bürgerlichen Mitarbeitern. Feudalherrliche Borniertheit kannte dieser König nicht.

Der Monarch strebte dahin, die Zweckbestimmung des Bauwerks, seine bauliche Hülle und die Innenarchitektur in harmonische Übereinstimmung zu bringen. In seinen Auffassungen unterlag er offenbar einem Reifeprozeß, denn mit der Zunahme des Alters und der Erfahrungen gelangte er zu immer umsichtigeren und präziseren Vorstellungen. Meist vermochte er diese Harmonie nicht in einem Zuge zu erreichen. Im Laufe der Jahre entwickelte er auch ständig neue Ideen über die Präsentation seiner Kunstsammlungen. Beweis dafür ist jene Funktionsskizze für die Errichtung königlicher Sammlungen, die der Monarch um 1718 entwarf und die zeigt, daß er die Kunstkammer auflösen und die übergroße Fülle verschiedenster Gegen-

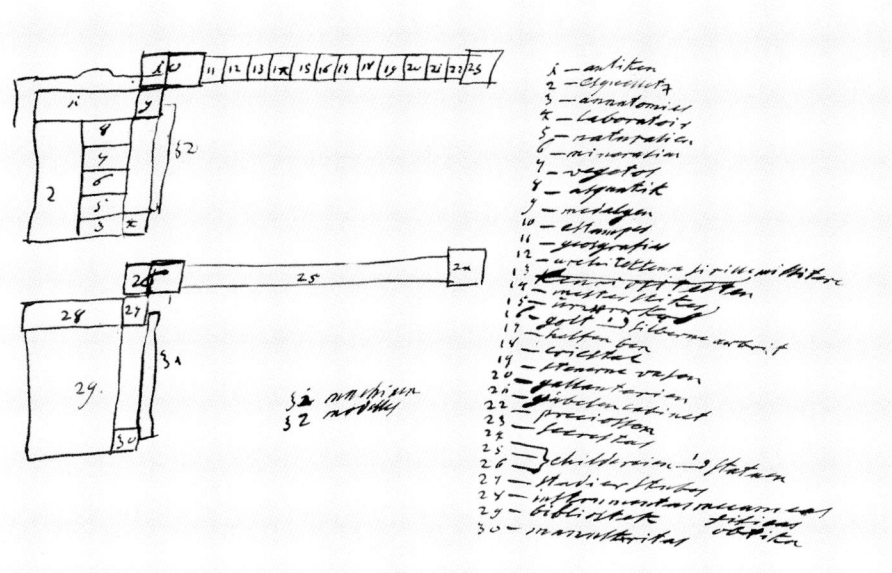

☙ *Eigenhändige Skizze Augusts des Starken zur Einrichtung der kurfürstlichen Sammlungen im Dresdner Schloß. Im Zusammenhang mit den Plänen zu einem Museumsneubau ist 1718 die Funktionsskizze entstanden, die den Kurfürsten als den Schöpfer einer Museumsorganisation ausweist, die weitgehend bis heute Gültigkeit hat. Auf der Skizze erscheint ein massiver Baukörper mit einer Galerie kombiniert, 32 Räume sind, den musealen Sammlungen entsprechend, systematisch einander zugeordnet. Staatsarchiv Dresden*

stände in selbständigen Spezialsammlungen unterbringen wollte.[45] Der dafür geplante Baukomplex hätte einerseits diese Aufgliederung ermöglicht, andererseits ihren Zusammenhang in einem großen Gebäude gewahrt.

Dem König ging es also im Hinblick auf seine Sammlungen um ein ähnliches Konzept wie bei der Festkultur: Er nutzte die reichen Schätze der wettinischen Kunstkammer sowie Ergebnisse seiner eigenen Sammelleidenschaft und ordnete sie bewußt und gekonnt in die politischen, wirtschaftlichen und künstlerischen Ziele seiner absolutistischen Politik ein. Waren auch die entscheidenden Schritte zur Zusammenstellung von Kunstsammlungen bereits in Spanien, Frankreich und am kaiserlichen Hof in Wien erfolgt und diese von Friedrich

August auf seinen Reisen zweifellos zur Kenntnis genommen worden, so reduzierten sich doch seine ausgereifteren Vorstellungen keinesfalls auf einfache Nachahmung. So legte er die Kriterien für die Einteilung der neuen Sammlungen wie folgt fest. Das Material, nicht die historische Klassifizierung, bestimmte die Zusammenstellung. Chinesisches Porzellan kam zu dem Meißner, die antiken zu den modernen Marmorskulpturen, die goldene Trinkschale des Zaren Iwan IV. zu dem silbernen Altar Hans Kellerthalers. Die Gliederung wurde von konservatorischen Erfordernissen, von der künstlerischen Praxis und von der ästhetischen Wirkung bestimmt, und diese Form bewährte sich bis in die Gegenwart in der musealen Praxis.

Des Königs Monumentalbau für ein Museum kam nicht zustande, so daß seine Pläne in verschiedenen Gebäuden realisiert werden mußten. Obwohl seine Sammeltätigkeit universale Interessen verriet, offenbarten die kunsthandwerklichen Spezialmuseen, das Grüne Gewölbe und die Porzellansammlung, seine besondere Vorliebe. In Etappen vollzog sich seit 1723 die Neueinrichtung und Vergrößerung des dann insgesamt acht Räume umfassenden »Gewölbes«, das den Namen von dem ursprünglich grün gestrichenen Raum im Schloß herleitete. Die fähigsten Künstler und Handwerker Dresdens trugen zur Gestaltung dieser neuen Räume bei, in denen nun die Kostbarkeiten aus Edelsteinen, Gold und Silber aufbewahrt wurden. Nach den Anweisungen des Königs von 1727 bot sich zum Abschluß dieses Umgestaltungsprozesses folgende Raumanordnung: Sie begann mit dem Bronzezimmer, in dem die Reiterstatuetten aus Bronze und die Brustbilder aus vergoldetem Kupfer Aufstellung gefunden hatten. Dann folgte das getäfelte Elfenbeinzimmer, daran schloß sich das entschieden größere Emaillenzimmer an. Im folgenden Silberzimmer präsentierte sich das Geschirr aus Gold und vergoldetem Silber. In Gold und Spiegelglas erstrahlte der Pretiosensaal, um die Wirkung der Kunstwerke durch Spiegelungen zu verdoppeln oder gar zu vervielfachen. Über den Türen wiesen mehrfach Monogramme »AR« – Augustus Rex – auf den Gründer und Eigentümer dieser Sammlungen hin. Der siebente Raum war das Wappenzimmer, und schließlich folgte der Höhepunkt, das Juwelenzimmer mit den Schmuckgarnituren Augusts, Einzelschmuckstücken und Orden – 1722 hatte er den Orden vom »Goldenen Vlies« verliehen bekommen – sowie kostbaren Waffen, beispielsweise dem Kurschwert der Wettiner.

Mit Recht wurde dieser Ausbau des Grünen Gewölbes ein »Politikum« genannt, weil keine andere Sammlung – einem Edelstein gleich – vom Kurfürst-König in eine solche Fassung gebracht worden ist und so den Anspruch der sächsisch-polnischen Union als europäische Großmacht prachtvoll zum Ausdruck brachte. Zahlreiche Künstler, vor allem aber der Goldschmied Johann Melchior Dinglinger, den August gut kannte, haben dazu beigetragen, die künstlerischen Intentionen des Herrschers auf hervorragende Art und in diesem Sinne umzusetzen. Entsprechend zeigte sich auch die Wirkung auf die Zeitgenossen. Im Überschwang schrieb der hessische Leibmedicus Daniel Wilhelm Triller folgende Verse:

> »Das Auge sieht sich nimmer satt,
> Sagt Salomon in seinen Sprüchen.
> Ach, daß er Dresden nicht gesehen hat!
> Vermutlich hätt' er diesen Satz
> Geändert, wo nicht ausgestrichen:
> Hier an dem Königlichen Schatz
> Womit das grüne Zimmer pranget,
> Sieht sich das Auge völlig satt,
> Daß es nichts mehr zu sehen verlanget.
> Umsonst verreist man so viel Geld,
> Vergebens wird mit großen Kosten,
> Nach Süd und West, nach Nord und Osten
> Die Reise hitzig fortgestellt,
> Damit man fremde Wunder sehe;
> Allein man findet in der That
> Weit größte Wunder in der Nähe,
> Als man nicht in der Ferne hat.
> Denn das, was man in Dresden schauet,
> Und was AUGUST vollführt und bauet,
> Sieht man sonst nirgends auf der Welt.«[46]

Schon vor der Erfindung des Porzellans durch Johann Friedrich Böttger war August ein begeisterter Sammler von keramischen Kostbarkeiten. Dies erklärt auch seine Förderung der Meißner Manufaktur, die in den ersten Jahren fast ausschließlich für ihn arbeitete. Hervorragende Künstler, wie Johann Gregorius Höroldt als Maler oder Johann Benjamin Thomae, Paul Heermann, Johann Jacob Irminger und Johann Joachim Kändler als Modelleure, schufen unvergängliche Werke, die den Weltruhm des Meißner Porzellans begründeten.

Die Porzellansammlung präsentierte sich zur Hochzeit des Kurprinzen 1719 im Holländischen Palais. Ein zwei Jahre später angefertigtes Inventar führte nach Arten geordnet mehr als 25 000 Stücke auf. Von 1727 an wurde das Gebäude durch Pöppelmann, Longuelune und de Bodt umgestaltet und seit 1732 Japanisches Palais genannt. Als der König Ende Oktober dieses Jahres, wenige Monate vor seinem Tode, »sein Porzellanschloß« besichtigte, war der Bau noch unvollendet. Später stellte man die Porzellane in die Keller dieses Palais, bis sie 1875/76 in das Obergeschoß des Johanneums umzogen. Seit 1962 ist diese Sammlung kostbarster Porzellane in einem Teil des Zwingers aufgestellt.

Als 1711 der Zwingerbau mit der Orangerie begann, deren erster Entwurf auf eine Skizze des Kurfürst-Königs selbst zurückging, sollte damit seiner Vorliebe für seltene südländische Pflanzen und Gewächse entsprochen werden. Daran anschließende Bauten dienten ursprünglich als »Speiß-, Spiel- und Tantz-Saal« sowie als »Französischer Pavillon« zur Ausstellung französischer Gemälde. »Grottensaal« und »Nymphenbad« entsprachen der Freude und dem Vergnügen am Aufenthalt unter Skulpturen und Wasserspielen, die mit Vexierwässern, Wassergittern und sprühend-feuchten Überraschungen allerlei Späße für die Besucher bereithielten. Der Wallpavillon als der architektonisch kostbarste Teil des Zwingers und eines der bedeutendsten Bauwerke des Barock, auf dessen Krone jener Hercules Saxonicus noch heute die Weltkugel trägt, dokumentierte zu seiner Zeit den Machtanspruch Augusts des Starken weithin sichtbar.

⁂ *Entwurf für eine Wanddekoration. August der Starke hatte für den Umbau des Japanischen Palais ein Programm für die Aufstellung des Porzellans festgelegt. Danach schuf Longuelune eine Serie von Ausstattungsentwürfen, der der Wandaufriß für einen Raum des Erdgeschosses angehört. Darin sollte das »blau und weiße indianische« Porzellan untergebracht werden. Die von der Wandgliederung vorgegebenen Felder sind mit Ornamentrahmen versehen. Darin wird das Porzellan in seinen verschiedenen Formen passend zueinander flächenfüllend eingeordnet. Große und kleine Vasen und Deckelvasen wechseln mit anderen kleinen Gefäßen und Tellern. Kolorierte Bleistiftzeichnung von Zacharias Longuelune. Staatsarchiv Dresden*

Nach den prunkvollen Hochzeitsfeierlichkeiten 1719 fanden die Bauarbeiten am Zwinger vorerst ein Ende. Mittel und Kräfte schienen erschöpft zu sein. Seltener sah der Hof des Zwingers nun Feste und Spiele. Da entschloß sich der Monarch, einen bereits längere Zeit gehegten Gedanken in die Wirklichkeit umsetzen zu lassen. Es war für Augusts aufgeklärtes Denken, die Universalität seiner Interessen und die von ihm angestrebte teilweise öffentliche Zugänglichkeit seiner Sammlungen bezeichnend, daß er schließlich die Bauten des Zwingers zum königlichen Palast der Wissenschaften bestimmte. Die Gedanken und Empfehlungen Gottfried Wilhelm Leibniz' an August II. von 1704, eine Akademie der Wissenschaften zu gründen, scheiterten an den Zeitumständen, dem Nordischen Krieg, den damit verbundenen militärischen Niederlagen und den Geldnöten des Herrschers. Ehrenfried Walther von Tschirnhaus, der ähnlich wie Leibniz ausgedehnte Studienreisen durch die Niederlande, England und Frankreich unternommen hatte, in einem Forschungslaboratorium umfangreiche physikalische Versuche durchführte und mit selbstkonstruierten Brennspiegeln durch die Sonnenstrahlung außergewöhnlich hohe Temperaturen bis zu 1500 Grad Celsius erzielte, war ein eifriger Verfechter dieses Akademiegedankens. Auf seinem Rittergut in Kieslingswalde in der Oberlausitz und in Dresden kam Tschirnhaus oft mit Männern der Wissenschaft und Technik zusammen, um mit ihnen Probleme der Theorie und Praxis zu diskutieren.

Tschirnhaus betätigte sich nicht nur als Erfinder, sondern zugleich als ein unermüdlicher Förderer der Manufakturen in Sachsen. Mit der Überwachung der Versuche Johann Friedrich Böttgers zur Goldgewinnung und dann zur Porzellanherstellung betraut, war dieser große Gelehrte ganz im Leibnizschen Sinne an den Vorarbeiten zu Böttgers großer Erfindung beteiligt. Der von ihm konstruierte Brennspiegel kam mit anderen technischen Geräten in den Mathematisch-Physikalischen Salon.

Denn der König ordnete 1728 an, Kabinette für Petrefakten, Vegetabilien, Animalien, Mineralien, für mathematisch-physikalische Instrumente im Zwinger einzurichten und ferner auch die große Kupferstichsammlung sowie die königliche Bibliothek dort unterzubringen. Dabei mußte wohl der Plan, ein besonderes Gebäude für die Sammlungen zu errichten, noch lebendig gewesen sein, denn Zacharias Longuelune arbeitete 1729 an einem solchen Projekt, das den Abschluß des Zwinger-Ensembles bilden sollte.

Allerdings war schon kurze Zeit vorher, am 3. Dezember 1728, der öffentliche Zugang für die bereits fertiggestellten Kabinette mit einer Instruktion des Kabinettsministers Graf von Friesen geregelt worden: Nach der Vereinbarung eines Besuches mit dem diensthabenden

14 Bergmannsgarnitur, bestehend unter anderem aus bergmännischen Arbeitsgeräten wie Barte, Froschlampe mit Dochtkratzer, Bügel und Haken, Tscherpertasche zur Aufbewahrung von Unschlitt und Geleucht sowie das an der Tasche anzuhängende kurze Messer. Darin ritt am 21. Februar 1678 Kurfürst Johann Georg II. bei der Bergwerks-Invention zum Ringrennen im Berghabit. Er demonstrierte damit sowohl seine Stellung als oberster Bergherr des Landes als auch die Bedeutung für die Wirtschaftskraft Sachsens. Goldschmiedearbeit von Samuel Klemm. Silbern, teilweise vergoldet, besetzt mit Edelsteinen, Email, Leder, Eisen. Staatliche Kunstsammlungen Dresden, Grünes Gewölbe

15 Diamanten-Rosen-Garnitur aus dem sächsischen Kronschatz. Sie gilt als die größte Diamantenkollektion mit dem im 17. Jahrhundert üblichen Rosenschliff und besteht unter anderem aus der Achselschleife, dem Goldenen Vlies-Orden mit Granaten und dem Goldenen-Vlies-Orden mit Topasen. Staatliche Kunstsammlungen Dresden, Grünes Gewölbe

16 Der Hofstaat des Großmoguls Aureng Zeb an seinem Geburtstag. Noch 1701 begann der Hofjuwelier Augusts des Starken mit einem Werk, das an Umfang, Kostbarkeit und Beschaffenheit das außergewöhnlichste werden sollte, das je ein Goldschmied geschaffen hat. Den Intentionen seines Herrschers folgend, dessen Reich sich zu der Zeit bis an die Schwelle des Orients erstreckte, zauberte Dinglinger mit Figuren, Tieren, Gefäßen und Prachtgeschenken aller Art die atemberaubende Welt des damals reichsten und mächtigsten Herrschers der Welt: 132 Figuren, 33 Geschenke in emailliertem Gold auf silberner, teilweise vergoldeter Bühne, geschmückt mit 4909 Diamantrosen, 164 Smaragden, 160 Rubinen, 16 Perlen, 2 Kameen, 1 Saphir (dazu kämen 391 Edelsteine und Perlen, die heute bereits fehlen), Grundfläche etwa 1 Quadratmeter, Arbeit von Johann Melchior Dinglinger, Staatliche Kunstsammlungen Dresden, Grünes Gewölbe

17 (rechts) Weidbesteck. Das für August den Starken um 1730 von einem unbekannten Meister aus vergoldetem Messing angefertigte Besteck besteht aus einer Weidplötze, vier Besteckmessern, einer Feile und einer Scheide und trägt das polnisch-sächsische Wappen sowie das Monogramm »AR« (Augustus Rex). Staatliche Kunstsammlungen Dresden, Historisches Museum

18 (unten links) Schwert und Scheide, reich mit Diamanten und Rubinen verziert. Dieses Anfang des 18. Jahrhunderts von einem unbekannten Meister gefertigte Schwert benutzte August der Starke dazu, seinen Sohn 1722 zum Ritter des Ordens vom Goldenen Vlies zu schlagen. Staatliche Kunstsammlungen Dresden, Historisches Museum

19 (unten rechts) Hohe gerippte Flasche. In Fortführung der Arbeiten von Tschirnhaus beschäftigte sich auch Böttger, vor allem nach der Gründung der Porzellanmanufaktur, mit der Glasherstellung. Der bei diesem Glas verwendete Metallschliff ist seine Erfindung. Staatliche Kunstsammlungen Dresden, Grünes Gewölbe

20 Der Weißenfelser Jagdpokal von Johann Melchior und Georg Christoph Dinglinger, entstanden nach 1712, sowie der Pokal mit der Mohrin von Johann Melchior Dinglinger, hergestellt 1709. Beide Pokale wurden für Festlichkeiten am Dresdner Hof angefertigt. Staatliche Kunstsammlungen Dresden, Grünes Gewölbe

21 (oben) Schale aus dem 72teiligen Krönungsservice. Dieses wohl umfangreichste Service aus der Meißner Porzellanmanufaktur mit der Darstellung des polnisch-sächsischen Wappens fand Verwendung bei den Krönungsfeierlichkeiten von August III. am 17. Januar 1734. Staatliche Kunstsammlungen Dresden, Porzellansammlung

22 (rechts) Johann Friedrich Böttger. Der im Rufe eines Goldmachers stehende Böttger hatte sich dem preußischen König Friedrich Wilhelm I. durch Flucht entzogen. Aber auch in Kursachsen wurde er in Gewahrsam genommen, um für August den Starken das so dringend benötigte Gold zu schaffen. Das gelang ihm zwar bis zu seinem Tode 1719 nicht, dafür fand der Alchimist in Dresden Bedingungen vor, die ihn zu einer wissenschaftlich-technischen Leistung von hohem Stellenwert führten, zur Erfindung des europäischen Porzellans. Nach Gründung der ersten staatlichen Manufaktur in Europa, der Porzellanmanufaktur in Meißen, stellten sich dennoch finanzieller Gewinn und erheblicher Repräsentationszuwachs ein. Am 28. März 1709 zeigte Böttger bei August dem Starken seine Erfindung an, darunter das »gute weiße porcellain« und das »rothe porcellain«. Bildnismedaillon aus Böttgersteinzeug von François Coudray, 1723–1725. Schloßmuseum Gotha

23 Wolf Caspar von Klengel im Alter von etwa 50 Jahren. Neben der Erhöhung des Schloßturmes und dem Bau der Kapelle des Moritzburger Jagdschlosses betrieb er vor allem die planmäßige Neuanlage von Altendresden nach dem großen Brand von 1685. Den Oberlandbaumeister Johann Georgs II. ernannte Johann Georg III. 1685 zum Kommandanten der Festungen Alt- und Neudresden sowie vier Jahre später zum Generalwachtmeister. Der junge Kurprinz Friedrich August verdankte seinem Lehrer Kenntnisse über Fortifikationswesen und Architektur. Gemälde von Heinrich Christoph Fehling, 1680. Staatliche Kunstsammlungen Dresden, Gemäldegalerie Alte Meister

24 Die von Johann Daniel von Jauch entworfene Ausgestaltung des Senatorensaales im königlichen Schloß zu Warschau war darauf ausgelegt, bei diesen zwischen 1713 und 1716 erfolgten Umbauten die absolutistischen Bestrebungen Augusts des Starken in Polen programmatisch anschaulich zu machen. Die Kartuschen über den Eingangstüren tragen das Monogramm AR (»Augustus Rex«), den polnischen Adler bzw. den litauischen Reiter. Aquarellierte Federzeichnung, nach 1733. Staatsarchiv Dresden

25 Silbervergoldeter Tisch aus Nußbaumholz aus dem Residenzschloß Dresden, gefertigt von Albrecht Biller, 1708–1710. Staatliche Kunstsammlungen Dresden, Museum für Kunsthandwerk

26 (unten) Wandschränkchen aus verschiedenen Hölzern mit feuervergoldeten Messingbeschlägen, gefertigt von Michael Kimmel, um 1750. Staatliche Kunstsammlungen Dresden, Museum für Kunsthandwerk

Inspektor wurden aus Sicherheitsgründen nur kleine Gruppen geführt. Eintrittsgeld zu zahlen war nicht notwendig, dafür kassierte der Führer jedoch »Tranckgelder ... in eine gemeinschaftliche Büchse«. Die übliche Höhe von vier Gulden (21 Groschen) bedeutete jedoch eine Einschränkung des Besucherkreises, denn nur relativ wenige Menschen konnten sich das leisten. Im Zwingerbereich wurden zur Sicherheit Wachen aufgestellt, so auch am Eingang des Grünen Gewölbes im Schloß. Hier galt eine ähnliche Besucherregelung. Deshalb vermochte Matthäus Daniel Pöppelmann in seinem Zwinger-Kupferstichwerk von 1729 völlig zu Recht die drei Zwecke hervorzuheben, die der König mit seinem Bauwerk angestrebt habe: »Zur Zierde des Hofes, zur Aufnahme beydes der curieusen und nützlichen Wissenschaften und zu allgemeinem Nutzen ... «[47]

Bereits anläßlich seiner Kavalierstour hatte Prinz Friedrich August kostbare Gemälde erworben. Zehn Jahre später kaufte er als Kurfürst-König mit Giorgiones »Venus« ein Hauptwerk der italienischen Malerei. Seine Gemäldekäufe erreichten immer größere Dimensionen. Mit Aufträgen an spezielle Agenten bewies August, daß er auch in dieser Hinsicht zu den großen Kunstsammlern seiner Zeit gehörte. Da in seiner Funktionsskizze für die königlichen Sammlungen von 1718 die Gemälde unberücksichtigt blieben, ein Teil davon im Schloß selbst, andere hingegen im »Cabinet aufm Stall« (im Stallgebäude am Jüdenhof hingen, zeigte dies, daß August II. die Gemäldesammlung, an diesen Stätten präsentiert, gleichfalls als hervorragenden Bestandteil seiner »absolutistischen Kulturpolitik« betrachtete. Im Schloß befanden sich über 500 Gemälde, als der König 1722 die Anweisung zur Inventarisierung seiner Schätze gab. Damit sollten alle in Dresden und in den umliegenden Schlössern befindlichen Gemälde aufgenommen werden. Sechs Jahre später konnte die Erfassung von 3592 »Schildereyen« abgeschlossen und diese nach Gattungen geordnet werden.

Hauptunterkunft blieb das Stallgebäude am Jüdenhof, doch sein repräsentatives Aussehen erhöhte sich mit dem Vorbau einer Englischen Treppe (1729/30), wie sie auf dem Gemälde »Der Neumarkt mit dem Galeriegebäude« mit der heranfahrenden Prachtkarosse Augusts

👑 *Zweites Vorzimmer im Residenzschloß mit den Gemälden »Venus und Merkur« sowie »Diana und Aktäon« von Louis de Silvestre. Zustand um 1920*

III. wirkungsvoll zu sehen ist, das Bernardo Bellotto, genannt Canaletto, 1749 schuf. Der Bewunderung der königlichen Sammlungen durch zahlreiche Zeitgenossen standen aber auch kritische Äußerungen und die Verurteilung der Verschwendung riesiger Geldsummen gegenüber, die freilich ohne den wirtschaftlichen Aufschwung Kursachsens in den zwanziger Jahren nicht hätten ausgegeben werden können. Die Sammlungen kamen nicht durch Kriege und damit verbundene Beutezüge zustande, wie wenig später die zur Zeit Friedrichs II. von Preußen – im Gegenteil: Sie regten die Sammeltätigkeit in kleineren Residenzen an, vor allem aber auch die von Bürgern und Städten. Bürgerliches Selbstbewußtsein entfaltete sich, indem man – wie in Leipzig – mit den fürstlichen Sammlungen in Wettbewerb trat.

Leipzig als Nebenresidenz

Leipzig stellte die wirtschaftliche Hauptstadt des Landes dar. Die dreimal im Jahr stattfindende Messe bildete nicht nur einen immer wiederkehrenden Höhepunkt im internationalen Handelsleben und in der Wirtschaft Kursachsens, sondern auch in der Politik und Kultur.

Die Stadt hatte die Schäden des Dreißigjährigen Krieges relativ rasch überwunden, weil ein sehr selbstbewußtes Handels- und Manufakturbürgertum ihr Geschick weitgehend bestimmte. Es unterhielt wirtschaftliche und gesellschaftliche Beziehungen, die weit über die Landesgrenzen hinausreichten. Die Messestadt entwickelte sich zu Beginn des 18. Jahrhunderts zum »Marktplatz Europas«. Stadt und Bürgertum Leipzigs galten als überragender wirtschaftlicher Faktor, mit dem der Dresdner Hof stets rechnete.

Leipzig-Reisen waren schon von jeher für die Landesherren und den Hof üblich. Bereits Johann Georg IV. hatte offensichtlich die Errichtung eines fürstlichen Stadtpalais in der Messestadt geplant, wofür der Oberlandbaumeister Christoph Beyer 1693 einen Entwurf lieferte. Da der kurfürstliche Nachfolger Friedrich August Leipzig und seine Messen sehr häufig besuchte, konnte die Stadt, wenn er sich hier aufhielt, durchaus als Nebenresidenz und als zweiter Hof gelten. Abgesehen von dem Huldigungsbesuch Anfang August 1694 kam der Kurfürst zur Herbstmesse des gleichen Jahres schon wieder. Nach dem Hof-Journal 1694 reiste er mit der Post und blieb vom 9. September bis zum 21. Oktober. Sicher fuhr der Landesherr nicht mit der »Ordinari«-, sondern mit der »Extra«-Post, die speziell von Staatsbeamten und reichen Leuten in Anspruch genommen wurde.

Sächsischer Oberpostmeister war seit 1691 der Leipziger Handelsherr Johann Jakob Kees, der für das Leipziger Großbürgertum als Prototyp gelten konnte: Ratsherr der Messestadt, Kommerzienrat im Dienst des Landesherrn – der auch für Friedrich August manche Geldgeschäfte durchführte –, Kenner des Wechselrechts und Mathematiker, Liebhaber der Kunst und Musik, Inhaber des Rittergutes und der Erbherrschaft Lößnig. Schon Zeitgenossen priesen seine Verdienste um das sächsische Postwesen, das nicht nur eine schnelle Personen-, Paket- und Briefbeförderung, sondern das Wirtschaftsleben überhaupt außerordentlich begünstigte. Sicher trugen auch die vielen Reisen des Landesherrn zur weiteren Förderung des Post- und Straßenwesens bei. So befahl beispielsweise ein Mandat Augusts II. von 1706 der Ritterschaft, den Kreis- und Amtleuten, den Bürgermeistern und Stadträten sowie den Richtern, dafür zu sorgen, daß die Landstraßen erhalten und verbessert sowie in die richtige Breite gebracht werden müßten. Danach sollten die Straßen jeweils vor den drei Leipziger Messen inspiziert und ausgebessert werden.[48] In dieses Bestreben reihte sich auch der Auftrag an Adam Friedrich Zürner ein, die Straßen Kursachsens zu vermessen und für die Aufstellung der Postmeilensäulen zu sorgen. Zürner schuf schließlich auch eine »Neue Chur Saechsische Post Charte«, die 1719 im Druck erschien und nicht allein die Wege und Straßen, Städte und Dörfer enthielt. Sie vermittelte ebenso die administrative und kirchliche Gliederung des Landes, die Schlösser, Burgen und Klöster, aber auch die Post- und Geleitstationen mit entsprechenden Entfernungsangaben. Damit hatte der ehemalige Pastor aus Sachsen zusammen mit seinem großartigen Werk, dem »Atlas Augustaeus Saxonicus«, außerordentliche wissenschaftliche, technische und künstlerische Leistungen vollbracht, die auf Anregungen seines Landesherrn zurückgingen.

Während die normale Post die Entfernung zwischen Dresden und Leipzig in 22 Stunden zurücklegte, fuhr der Kurfürst mit der »Extra«-Post oder seiner eigenen Kutsche diese Strecke in neun Stunden. Der Bericht eines britischen Gesandten enthielt sogar die Mitteilung von einem »Gewaltritt« Friedrich Augusts ohne jede Begleitung von der Leipziger Frühjahrsmesse 1695 nach Dresden, wobei er diese Entfer-

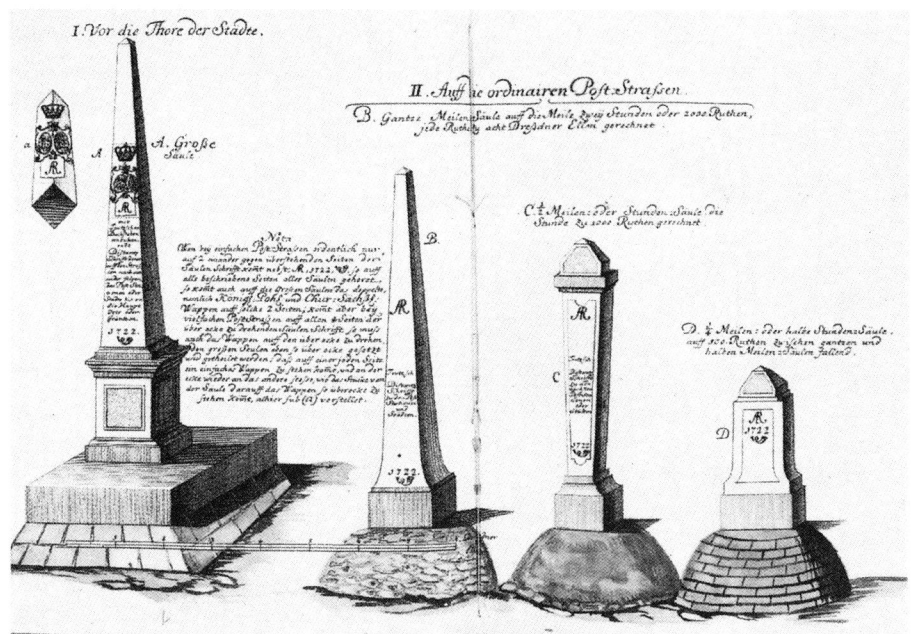

Die von August dem Starken angestrebte wirtschaftliche Entwicklung verlangte ein vorbildliches Verkehrsnetz. Dazu gehörte die Errichtung von Postmeilensäulen in den Städten, auf Straßenkreuzungen und an wichtigen Straßen. Auf den Säulen aus Sandstein befanden sich Angaben über die Entfernungen zu den Städten des Kurfürstentums untereinander und zu den wichtigsten Städten der angrenzenden Staaten in Fahrtstunden. Auf der Grundlage der Zürnerschen Landesvermessungen ergingen genaue Vorschriften, wo und wann in welcher Gestaltung große ganze oder kleine ganze Säulen, Halbmeilensäulen oder Viertelmeilensäulen zu setzen waren. Augusts Oberlandbaumeister Pöppelmann entwarf für die ganzen Säulen das polnisch-sächsische Doppelwappen. Kupferstich von Johann Gottfried Krögner, 1734. Staatsarchiv Leipzig

nung gewiß in noch kürzerer Zeit zurücklegte. Vier Jahre später kam er als König von Polen mit einer Hofgesellschaft von mehr als 300 Personen zur Michaelismesse nach Leipzig; darunter befanden sich 99 Fürsten, Freiherren und Grafen, 40 polnische Magnaten und Adlige, zehn Generäle und Geheime Räte sowie 200 Hofbedienstete. In diesen Tagen fand auch die Hochzeit des Erbprinzen Georg Wilhelm von Brandenburg-Bayreuth mit der Prinzessin Sophia von Sachsen-Weißenfels in Anwesenheit Augusts II. statt. Dies war ein Staatsbesuch, wie ihn die Stadt noch öfters erleben sollte. Er brachte für Leipzig mit seinen reichlich 20 000 Einwohnern und den ohnehin anwesenden Messegästen gewiß außergewöhnliche Probleme. Sicher konnte man dadurch zusätzliche Einnahmen und Geschäfte machen, aber ebenso verursachte er dem Rat höhere Ausgaben für Empfänge und Gastgeschenke. Denn schon ein »normaler« Aufenthalt des Königs und seines Gefolges kostete die Stadt etwa 30 000 Taler.

Die Unterbringung der Hofgesellschaft in Leipzig erwies sich nicht als problematisch. Da nach 1680 das Bauwesen in der Messestadt wieder einen Aufschwung genommen hatte und die zahlreichen Handelsherren, Kramermeister, Manufaktureigentümer und Bankiers meist über geräumige Häuser und Höfe verfügten, weil sie sich ohnehin auf Messevermietungen einstellen mußten, war ein Zusammenrücken bei solch außergewöhnlichen Hofbesuchen zwar nötig, aber durchaus möglich und sicher auch gewinnbringend. Deshalb ist es sicher kein Zufall, daß während der Regierungszeit Augusts mehrere große Häuser in noch größere Stadtpalais um- oder solche gar neu gebaut wurden. Baumeister und Architekten zog es aus diesem Grund aus Dresden in die Messestadt, wie beispielsweise Johann Gregor Fuchs. Von 1700 an errichtete er in 15 Jahren mehrere dieser repräsentativen Bürgerpalais, die den Adelspalästen der Residenzstadt in nichts nachstanden. Dazu gehörte auch das Haus für den Bürgermeister Franz Conrad Romanus – einen Günstling des Königs –, der später wegen Betrügereien im Zusammenhang mit seinem Hausbau auf dem Königstein endete. Fuchs baute auch das »Königshaus«.

Das kurfürstlich-königliche Domizil in Leipzig war eigentlich die Pleißenburg, auch als »das Schloß« bezeichnet. Als wettinisches Eigentum – August nannte es in seinem Schlösserverzeichnis von 1716 an 14. Stelle[49] – stand es von jeher den Kurfürsten zur Verfügung. Aber der klobige Bau hatte im Dreißigjährigen Krieg Zerstörungen hinnehmen müssen, die zwar wieder beseitigt worden waren, doch in diesen alten, vom Festungsbau des 16. und 17. Jahrhunderts beeinflußten Gemäuern fühlte sich August II. nicht mehr wohl, weshalb er sie diversen Amtsstellen oder anderen hohen Hofbeamten vorübergehend überließ. Er logierte, genau wie sein Vater und sein Bruder, in einem Bürgerhaus, zunächst im »Amelungschen« Haus am Markt/Ecke Petersstraße.

Es erscheint schon etwas merkwürdig, daß ein Kurfürst und König in einem Bürgerhaus hofhielt und dafür auch noch Miete bezahlte. Aus dem Jahre 1687 existierte ein Mietvertrag, der auf die Bitten der Witwe Maria Amelung von 600 auf 1000 Taler erhöht wurde, für die »von Ew. Churfürstl. Durchl. und dero Hoffstadt bey Meßzeiten bewohnenden Logiamenter«.[50]

Im Jahr 1703 – auch während des Nordischen Krieges kam der Kurfürst-König, wenn es irgend ging, zu den Messen – wohnte August II. in dem Haus am Markt, das bis dahin den Erben des Professors der Medizin Dr. Gottfried Welsch gehörte, aber kurz darauf von dem Handelsherrn und Manufakturunternehmer Andreas Dietrich Apel erworben und weitgehend umgebaut wurde.

Apel hatte zur Jahrhundertwende einen großen Garten in der nahen Westvorstadt erworben und auf diesem Gelände eine Manufaktur zur Produktion von Seidenstoffen, Samt, Atlas und Damast sowie Tapeten, Leinwand und Kattunen eingerichtet. Daneben existierte noch eine privilegierte Gold- und Silberwarenmanufaktur. Apel als dynamische Unternehmerpersönlichkeit zeigte auch Kultur- und Kunstbeflissenheit. Er ließ von dem kurfürstlich-königlichen Oberlandbaumeister David Schatz einen beträchtlichen Teil des Geländes als »Lustgarten« in Fächerform anlegen, mit Orangerie, Springbrunnen, Laubengängen und Pavillons, der zu bestimmten Zeiten auch für Besucher geöffnet war.

Der Umbau des Hauses am Markt, »Worinnen Ihre Königl. Majestät zu Logiren pflegen«[51], zum königlich-bürgerlichen Stadtpalais konnte sehr wohl in Übereinstimmung mit dem Monarchen vorgenommen worden sein, zumal Gregor Fuchs, den August kannte, dafür die nötigen Baupläne lieferte. Er gestaltete ein Barockpalais unter Erhaltung eines spätgotischen Wendelsteins aus Rochlitzer Porphyr. Die Neugestaltung brachte nicht allein größere Fenster, sondern setzte auch der Straßenfront einen Erker mit einem Altan vor. Das dazugehörige Quergebäude erhielt einen großen Festsaal, so daß der gesamte Palaiskomplex mit drei Stockwerken den höfischen Bedürfnissen durchaus gerecht wurde, zumal auch noch Platz für Küche und Keller sowie für die Unterbringung der notwendigen Dienerschaft blieb. Die königlichen Räume zierten Dresdner Möbel, Einrichtungsgegenstände und sicher auch Kunstwerke. Am 23. Juli 1706 erging folgende Anweisung des Königs und Kurfürsten an die landesherrliche Kammer: »Demnach Wir mit Andreas Dietrich Apeln, Handelsmann in Leipzig wegen seines daselbst habenden und am Marckt gelegenen Wohnhaußes einen ordentlichen Contract, damit Wir Uns gedachten Haußes beständig in denen drey Leipziger Meßen zu gebrauchen haben möchten, Schließen und Uns die in beyliegender Specification benenndte Zimmer und ander Bequemlichkeiten bedingen, und ihne Apeln dafür einen jährlichen Zinß von Zwei Tausend Thalern aus Unserer Renten Cammer reichen zu laßen, aller gedst gemaynet und entschlossen.«[52] Auf diese Weise erhielt August II. ein Stadtpalais, das die Repräsentations- und Wohnbedingungen eines barocken Residenzschlosses erfüllte. Erst 1828 ist dieser Mietvertrag mit den nachfolgenden Hauseigentümern gekündigt worden.

Der König unternahm viel, um den Residenzcharakter Leipzigs weiter auszuprägen. In gewisser Hinsicht stimmten seine Bestrebungen mit denen des Stadtrates überein. Denn der von reichen Handelsherren und gelehrten Juristen beherrschte Rat glaubte, sein Regiment mit ähnlichen Maßnahmen für die Öffentlichkeit attraktiver machen zu können. Kurz vor Augusts Regierungsantritt war 1693 das Opernhaus am Brühl vollendet worden, das zu den ersten Häusern dieser Art in Deutschland überhaupt gehörte. Während der Frühjahrsmesse des gleichen Jahres fand die feierliche Eröffnung der Oper mit »Alceste« von Nicolaus Adam Strungk statt, der seit einiger Zeit am Dresdner Hof wirkte und nun seine Ernennung zum Hofkapellmeister erhielt. Mit der Aufstellung von Nachtlaternen kam der Leipziger Rat sogar der Residenzstadt Dresden zuvor, wenn er 1702 anordnete, daß damit das Mitführen von Pechfackeln zur Nachtzeit entfallen müsse und so Feuergefahr, Diebstähle und Tumulte verhindert würden.

Ein Jahr später setzte die Stadt sogar zwölf Sänften ein – genannt »Portechaisen« – und die dazu notwendigen Träger. Als Sänftenstation bestimmte der Rat den Naschmarkt und als Transportbereich das

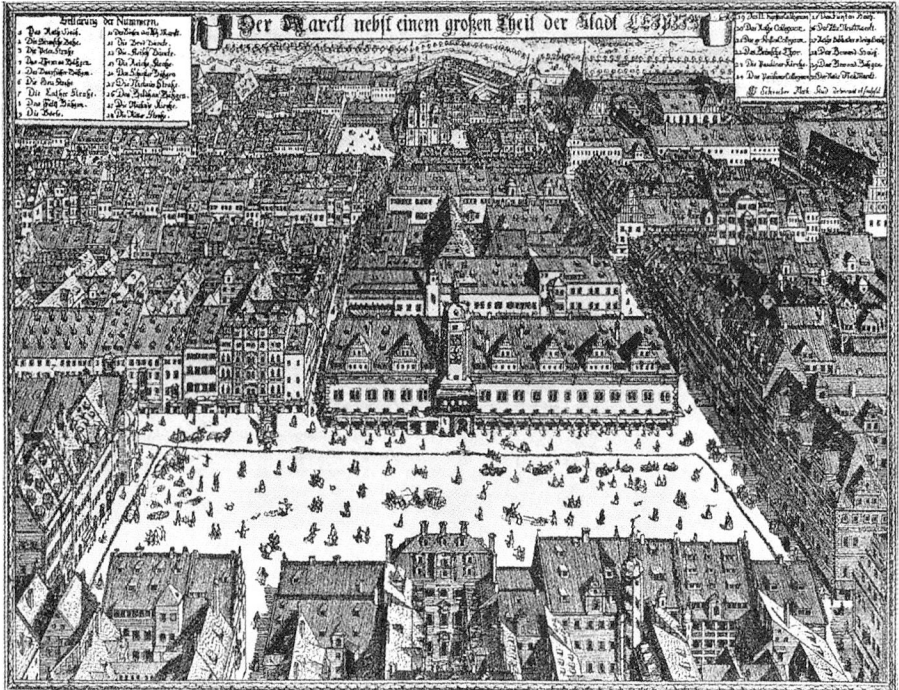

👑 *Markt mit einem großen Teil der Stadt Leipzig. Diese größte kursächsische Stadt in der Mitte des Reiches entwickelte sich nach 1706 zum »Marktplatz Europas« und zum Mittler steigender Handelstätigkeit zwischen Ost und West. Diese Tendenz wurde wesentlich durch die sächsisch-polnische Union begünstigt. Die rege Handelstätigkeit spielte sich auf dem Markt und in den ihn umgebenden Handelshöfen ab. Kupferstich von Johann Georg Schreiber, 1712*

Gebiet der Innenstadt und der Vorstädte. Die Beförderung kostete innerhalb der Ringmauern zwei, in die Vorstädte vier Groschen; Extraträger während der Messezeiten waren entsprechend teurer.

Mehrere Ratsmandate und -befehle sollten zur Ordnung und Sauberkeit der Stadt beitragen. Deshalb mußten beispielsweise Gewerbe mit Qualm- und Schmutzverbreitung aus der Innenstadt in die Vorstädte verlegt werden. Solche, die mit Feuer umgingen, hatten gleichfalls außerhalb der Stadt oder in den Tonnengewölben der Moritzbastei zu arbeiten. Unrat und Mist oder Kohlen auf die Straßen zu schütten wurde wiederholt verboten. Diese zu transportieren mußte frühmorgens geschehen. Wenn auch alle Anordnungen oder Verbote der Stadtrat erließ, standen doch angesehene Bürger dahinter, die sich für Ordnung und Sauberkeit einsetzten.

Der sich immer mehr ausbreitenden Mode, Kaffee und Tee zu trinken, entsprach der Rat, indem er 1716 Johann Lehmann das Privileg gewährte, einen Tee-, Kaffee- und Schokoladenausschank zu eröffnen. Doch bestimmte er, daß keine »Weibspersonen« weder die Getränke zurichten noch servieren durften, ja, daß ihnen der Aufenthalt im Lokal überhaupt untersagt war. Für Karten-, Würfel- und Glücksspiele galt ein striktes Verbot, während man das Billardspiel gestattete, wenn auch keine »hohe und übermäßige Partien«.[53] Geöffnet war das Lehmannsche Kaffeehaus im Sommer von neun, im Winter von zehn Uhr an, zur Zeit des sonntäglichen Gottesdienstes blieb das Lokal geschlossen.

Während seines Besuches der Neujahrsmesse 1704 mit dem Statthalter Fürst von Fürstenberg regte August II. verschiedene Maßnahmen zur Verschönerung seiner Nebenresidenz an. So sollten im stadtnahen Rosental, einem bisher wenig gepflegten Wald, »Alleen zum Fahren und zum Gehen« angelegt werden. Kündigte er damit den Versuch an, einen neuen Schloßbau in diesem Gebiet errichten zu wollen? Der Leipziger Rat hat es zumindest verstanden, allen Plänen des Königs mit Geschick, Energie und anderweitigen Zugeständnissen entgegenzuwirken. Dafür mußte er jedoch den Wunsch des Monarchen nach einem neuen Reithaus erfüllen. Obwohl das als Provisorium dienende Gebäude 1700 abgebrochen werden mußte, bekam der König erst 17 Jahre später die von der Stadt in Auftrag gegebenen Pläne vorgelegt, fand sie als »Vorhaben gar angenehm«, ließ jedoch in Dresden Johann Christoph Naumann eigene Risse anfertigen, »darnach der Bau aufgeführet werden solle«, die »mit eigener hoher Hand« unterzeichnet waren.[54] Die Stadt mußte daraufhin den Neubau vor dem Ranstädter Tor ausführen.

Ähnliches geschah auch mit der Gestaltung des neuen Peterstores, zu dem Matthäus Daniel Pöppelmann die Entwürfe lieferte. Durch den Umbau verwandelte sich 1722/23 das spätmittelalterliche Stadttor in ein barockes Prachtportal, das von der äußeren Stadt her ein

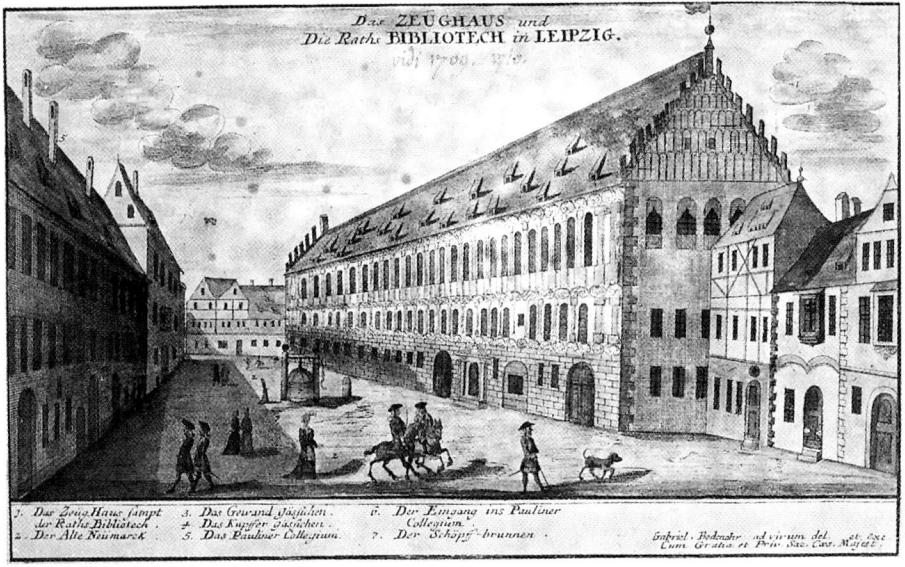

Zeughaus und Ratsbibliothek von Leipzig. Kolorierter Stich von Gabriel Bodenehr, 1709/10. Universitätsbibliothek der Karl-Marx-Universität, Leipzig

anderes Gesicht als vom Stadtinnern bekam. Mit seinem majestätischen Aussehen schloß es die damals beliebteste Straße Leipzigs, die Petersstraße, ab.

Zu des Königs Anregungen für städtebauliche Veränderungen gehörten auch Empfehlungen zur Verschönerung des Rathauses, denn das aus dem 16. Jahrhundert stammende Renaissance-Rathaus entsprach dem barocken Architekturgeschmack nicht mehr. Doch dem Rat fehlte entweder das Geld oder der Wille, dem für die städtische Verwaltung noch ausreichenden Gebäude einen kostspieligen Umbau zuzumuten.

Zum Lobe gereichte ihm dagegen die Eröffnung der Ratsbibliothek 1711. Es verriet den Einfluß der Frühaufklärung, wenn nach dem »Exempel der weltberühmten Vatikanischen Bibliothek zu Rom« – in einer durch und durch lutherischen Stadt! – an der Stelle des alten Zeughauses eine Bibliothek eingerichtet wurde, ringsherum freistehend, damit von allen Seiten »helles und den Musen höchst anständiges Licht« zugeführt werde.[55] Ein kostbarer Bücherbestand von

14 000 Bänden und eine ebenso beachtliche Münz-, Karten-, Kupferstich-, Mineralien- und Instrumentensammlung konnten von jedem Besucher, der sich angemeldet hatte, zweimal wöchentlich aufgesucht werden. Die auf diese Weise der Öffentlichkeit zur Verfügung stehende Ratsbibliothek – sie wurde von den Studenten der Alma mater Lipsiensis eifrig benutzt – besaß in ihren hellen und freundlichen Räumen herrliche Gemälde, unter anderem von Lucas Cranach d. Ä. und in den Gängen zahlreiche Erd- und Himmelsgloben.

Der Monarch selbst sorgte noch für ein sehr wertvolles wissenschaftliches und kulturelles Werk, indem er getreu seiner Anordnungen von 1704 einen »akkuraten Generalgrundriß« der ganzen Stadt, der Vorstädte und des ganzen Umkreises durch seinen Oberlandvermesser Hans August Nienborg anfertigen ließ. Erstmalig entstand dadurch eine kartographische Aufnahme von Leipzig und seiner Umgebung im Maßstab 1:20 000, die als künstlerisch gestalteter Atlas mit Feder- und farbigen Tuschzeichnungen im Jahr 1713 erschien. Schon ein Jahr zuvor waren sieben Blätter »Descriptionen« von Nienborg hergestellt worden, auf denen sämtliche Grundstücke der Innenstadt und der Vorstädte aufgeführt, mit Nummern und den Namen der Besitzer versehen worden waren.[56]

Die Stellung der Nebenresidenz Leipzig während der Besetzung Sachsens durch die Schweden war für eine Zeitlang bedeutsamer als die Dresdens. Denn durch die Nähe des schwedischen Hauptquartiers in Altranstädt, wenige Kilometer von der Messestadt entfernt, trafen sich hier Fürsten, Gesandte, Diplomaten und alle möglichen Reisenden, ja sogar die beiden Könige, und erhoben die Stadt vorübergehend zu einem politischen Zentrum ersten Ranges. Kurz vor der schwedischen Besetzung hatte August seine Untertanen aufgefordert, den Truppen gegenüber loyal zu sein. Ebenso erließ Karl XII. kurz darauf 15 Artikel an seine Armeeangehörigen, Mannszucht zu wahren und für Lebensmittel, Dienste, Viehfutter das geforderte Geld zu bezahlen (das die Sachsen als Kontribution ohnehin erstatten mußten), weder zu stehlen noch gegen die Bevölkerung mit Gewalt vorzugehen. Jedem gestand er das Recht der Beschwerde zu. Dadurch nahm das Leben fast seinen normalen Gang, Übergriffe bildeten die Ausnahme.

Während der Messen zog sich das schwedische Militär fast ausnahmslos aus der Stadt zurück.

Königsbesuche außerhalb dieser Besatzungszeit verbanden sich meist mit vergnüglichen Veranstaltungen. Dann ging August ins Theater oder zur Redoute und wandelte in Apels Garten. Manchmal begleitete den König auch seine Gemahlin, die jedoch mit ihm gemeinsam nur die offiziellen Verpflichtungen wahrnahm. Häufig hielt sie Andacht in Gottesdiensten oder besuchte geistliche Konzerte, zog sich aber so bald wie möglich wieder an ihren Hof nach Torgau oder Pretzsch zurück. Unterredungen, Verhandlungen, Besichtigungen und andere Verpflichtungen gab es für den Kurfürst-König sowie seine engsten Berater in Fülle. Die engen Kontakte mit den Handelsherren gaben August auch Gelegenheiten, neue Objekte für seine Sammlungen zu erwerben. So kaufte er beispielsweise von dem Buchhändler Moritz Georg Weidmann mehrmals über 100 Zeichnungen und von dem Leipziger Stadtbaumeister Gottfried Wagner eine Sammlung Grafiken für 2000 Taler.[57]

Kein Wunder, wenn durch des Königs Förderung einigen Kaufleuten die Ehre zuteil wurde, vom Kaiser in den Adelsstand erhoben zu werden. Dies geschah dem Wollgroßhändler Johann Ernst Kregel, der sich danach von Sternbach nennen durfte und als Erbherr von Abtnaundorf und Güldengossa starb; oder dem Handelsherrn, Bankier und kaiserlichen Armeelieferanten Peter Hohmann, ab 1717 Peter von Hohenthal genannt, der den berühmten Auerbachs Hof und zwei weitere Häuser in Leipzig sowie 13 Rittergüter erwarb. Sicher hatten solche Vertreter des messestädtischen Kaufmannsstandes auch nichts dagegen, daß die Regierung 1728 jährliche Meßrelationen einführte, die von nun an einen genauen Überblick über das jeweilige Messegeschehen ermöglichten.

Eine besondere Freude muß es für den König gewesen sein, mehrfach seinen Geburtstag in Leipzig feiern zu können, zumal der 12. Mai meist in die Frühjahrsmessezeit fiel. Anläßlich seines 44. Geburtstages im Jahr 1714 fand in seiner Anwesenheit und mit viel Volk das Fischerstechen statt: eine Belustigung auf der Pleiße, bei der sich in Kähnen stehende Fischer mit Stangen gegenseitig ins Wasser stoßen mußten. Ein daraufhin ausgestelltes Privilegium bestimmte, daß dieser aus dem Spätmittelalter überkommene Brauch von nun an jährlich am 12. Mai gepflegt werden sollte. Außerdem führten als Hochzeitspaare gekleidete Bauernmägde und -knechte aus den Universitätsdörfern lustige Tänze auf, zu denen eine »Musik von Bergleuten« spielte. Den Beteiligten bot man eine »ergötzliche Bewirtung«, und dem König wurde dafür eine aus »allerhand Blumen gezierte Krone« überreicht.

Die Geburtstagsfeier vier Jahre später ließ deutlicher erkennen, daß es zu solchen Anlässen auch »protokollgerecht« zuging – wie bei den meisten Hoffestlichkeiten –, denn diesmal hatte der engste Vertraute, Graf von Flemming, die Feierlichkeiten vorbereitet. Er schenkte seinem Herrn ein Goldstück, von dem der Universitätsbibliothek ein Silberabdruck übergeben wurde. Nach den offiziellen Gratulationen – die Glückwünsche der Universität überbrachte der Rektor in wohlgesetzter Rede – fand nachmittags wieder das Fischerstechen statt. Am Abend brachte man dem Achtundvierzigjährigen eine festliche Musik dar, worauf sich ein Festzug, von über 400 Fackeln beleuchtet, vom Schloß (Pleißenburg) zu Apels Garten bewegte. Dort fand der Tag mit einem prächtigen Feuerwerk seinen Abschluß.

Kaum war der König nach seiner Fußoperation wieder mühsam auf den Beinen, fuhr er gegen den Rat seiner Ärzte zur Ostermesse 1727 nach Leipzig, besuchte unterwegs den Grafen von Friesen, das Kurprinzenpaar im Schloß Hubertusburg und in Pretzsch seine Gemahlin, um schließlich mit seiner Chaise allein reisend in der Messestadt anzukommen. Doch alle ihm gebotenen Ehrungen mußte er diesmal sitzend entgegennehmen, denn das Stehen bereitete ihm so viel Mühe, daß das Hof-Journal festzuhalten für nötig erachtete: Er ging »das erste Mal mit dem bösen Fuß, Gottlob! [fügte das Journal hinzu] zue und von der Tafel«. Das letzte Mal kam August II. nur für ganz kurze Zeit anläßlich der Neujahrsmesse 1733 in seine Nebenresidenz. Ob er wohl ahnte, daß er sie niemals wiedersehen würde?

Von Hof zu Hof

Reisen an Höfe anderer Herrscher im eigenen Land oder in fremde Länder hatten sich seit der Herausbildung ortsfester Residenzen immer stärker zu politischen Staatsaktionen der Kaiser, Könige und Fürsten entwickelt.

An der Stilisierung der Besuchsreisen zu herausragenden und wahrhaft königlichen Demonstrationen, die bewußt innen- und außenpolitische Wirkungen hervorbringen sollten – sowohl für die Besucher als auch für die besuchten Höfe –, beteiligten sich immer mehr Repräsentanten der Macht oder solche, die dafür bezahlt wurden. Die wirtschaftliche, politische und kulturelle Bedeutung Kursachsens und des Hofes zu Dresden wuchs auch durch Rang und Namen der kaiserlichen und königlichen Gäste.

Schon vor der Regierungszeit Friedrich Augusts trugen die »Verwandtenbesuche« aus Dänemark zur Aufwertung der Wettiner bei, wie die zweimalige Anwesenheit des dänischen Prinzen 1672 und 1678 bewies. Unter Johann Georg III. und Johann Georg IV. verging kaum ein Jahr, in dem nicht fürstliche Gäste des Auslandes in der Elbresidenz weilten, zu deren Ehren man glanzvolle Feste ausrichtete.

Unter den illustren Herrschern in augusteischer Zeit ragte der dreimalige Aufenthalt des »Groß Czaar aus Muscau« hervor – wie im Hofjournal 1698 vermerkt –, weil Peter I. auf der Rückreise von Holland Leipzig und Dresden »mit großer Gesandtschaft« besuchte. Daß Peter seine Wohnung nicht im Schloß, sondern beim Hofgoldschmied Johann Melchior Dinglinger nahm, war ganz und gar nicht im Sinne höfischer Etikette und gab diesem Besuch ebenso wie denen von 1711 und 1712 sein besonderes Gepräge. Zar Peter handelte damit

🔸 *Trinkschale (»Koffsch«) von Zar Iwan dem Schrecklichen, die jener aus den Kontributionslieferungen der von ihm 1563 eroberten Stadt Polozk anfertigen ließ. Das in einer Moskauer Goldschmiedewerkstatt entstandene Trinkgefäß, ein Meisterwerk russischer Goldschmiedekunst, schenkte Zar Peter der Große seinem Verbündeten August dem Starken während seines Dresdenbesuches 1711. Staatliche Kunstsammlungen Dresden, Grünes Gewölbe*

in ganz ähnlicher Weise wie der beim Handelsherrn wohnende August. Das Ziel des für Kursachsen und die sächsisch-polnische Union folgenreichsten Zusammentreffens mit dem nur zwei Jahre jüngeren Repräsentanten, der ebenso wie August II. seine Großmachtpolitik im Auge hatte, bestand in der Schaffung eines Bündnisvertrages, der 1699 in Moskau ratifiziert wurde. Beide Seiten verpflichteten sich darin zu gemeinsamer und abgestimmter Kriegführung gegen Karl XII. Sie sollte dem Polenkönig Livland bringen und dem Zaren »einen festen Fuß in der Ostsee«.[58] Als die beiden Herrscher bei einem Treffen in Polen ihre Degen tauschten, kam zwar kurze Zeit später die schmuckreiche, mit kostbaren Edelsteinen besetzte Waffe Peters in das Grüne Gewölbe, aber der sich daran anschließende einundzwanzigjährige Nordische Krieg brachte bekanntlich – nicht ohne Schuld des Wettiners – dem Sachsenland Not, Bedrückung und Elend.

Während die Besuche des spanischen Königs aus dem Hause Bourbon 1703 und der Königin Anna Maria von Portugal 1708 in jene Jahre

 Peter der Große. Als sich der russische Zar 1711 und 1712 jeweils auf der Durchreise in Dresden aufhielt, quartierte er sich in Dinglingers Haus auf der Frauengasse ein. Dort porträtierte ihn der Bruder des Hofjuweliers und fertigte das Emailbildnis an, das August der Starke 1714 für 500 Taler kaufte und im Grünen Gewölbe aufbewahrte. Vor 1714. Staatliche Kunstsammlungen Dresden, Grünes Gewölbe

fielen, in denen August gewissermaßen als ein »König ohne Krone« herrschte, war bekanntlich der mit großem Glanz gefeierte Hofbesuch des königlichen Vetters aus Dänemark 1709 von neuen Hoffnungen und Plänen auf die Rückgewinnung des polnischen Thrones erfüllt. Wie schon erwähnt, hatten beide Könige aus naheliegenden Gründen dem brandenburg-preußischen Nachbarn in Berlin ihre Aufwartung gemacht, aber ihr Ziel, König Friedrich I. von Preußen für den Krieg gegen Schweden zu gewinnen, nicht erreicht. Schon zu Beginn des Nordischen Krieges äußerte sich der Brandenburger Friedrich, damals noch Kurfürst, vorsichtig zurückhaltend: »Wie der König von Pohlen seinen Krieg ausführen wird, da lasse ich ihn für sorgen und bin zufrieden, daß ich nichts darmit zu thun habe; da will ich stille sitzen und zusehen.«[59] Dies deutete schon darauf hin, daß beide Nachbarstaaten in einem von erheblichen Gegensätzen befrachteten Verhältnis zueinander standen. Es herrschte zwischen ihnen eine »Besuchsdiplomatie« vor, die von den jeweiligen Machtinteressen beider Seiten diktiert wurde. Freundschaftliche und nachbarliche Beziehungen bissen sich oft mit feindlichen Aktionen.

Bereits als junger Kurfürst war Friedrich August 1696 zu seinem Namensvetter nach Berlin gefahren. Äußerlich ungleich, stand dem großen und kräftigen Wettiner der kleine, etwas verwachsene Hohenzoller gegenüber. In ihren politischen Machtbestrebungen ähnelten sie sich aber durchaus. Was dem einen in greifbarer Nähe stand – die polnische Krone –, das stachelte den anderen nun erst recht an, es ihm mit der Krone Preußens so bald wie möglich gleichzutun. Als Friedrich im Dezember dieses Jahres zum Gegenbesuch nach Dresden kam, standen gewiß die Probleme beider Kronerwerbungen zur Debatte. Das Geheimabkommen der Herrscher über die beabsichtigte Okkupation Elbings durch den Brandenburger zeigte, daß dieser kompakte Gegenleistungen von Sachsen für sein Wohlwollen forderte.

Als sich beide Friedriche – inzwischen gleichrangige Könige – wieder einmal trafen, diesmal im Vogtland zwischen Reichenbach und Plauen im Sommer 1708, existierten schon immer heftiger werdende Querelen. Die verweigerte Hilfeleistung im Nordischen Krieg versteifte das Verhältnis noch mehr. Brandenburgische Agenten, die Handwerker, Künstler, Klöppelmägde und andere Gewerbetreibende abwarben, wurden wiederholt in Sachsen festgesetzt. Ebenso hatte es mit guten nachbarlichen Beziehungen nichts mehr zu tun, wenn einerseits der Preußenkönig 1710 die Leipziger Messe besuchte, andererseits August II. bei der Rückkehr aus Polen von einer preußischen Eskorte energisch an der Reise durch brandenburgisches Gebiet gehindert wurde, so daß sich die Sachsen den Weg mit Gewalt freikämpfen mußten.

Die Gegensätze beider Staaten spitzten sich immer mehr zu. Dazu trug auch die Flucht der Gräfin Cosel im Dezember 1715 bei, die August veranlaßte, in einem persönlichen Brief an Friedrich Wilhelm I. mit dem Vorwurf, sie wollte nur Zwietracht unter die Monarchen bringen, ihre Auslieferung zu verlangen. Gegen die Rückgabe der nach Sachsen geflohenen preußischen Deserteure ging der »Soldatenkönig« auf die Forderung Augusts ein. – Kurze Zeit später tauschten beide Monarchen Dragoner gegen Porzellanvasen. – Infolge der innen- und außenpolitischen Probleme, in denen sich der Wettiner zwischen 1715 und 1720 befand, fühlte sich der Preuße zu einem Wirtschafts- und Zollkrieg ermuntert, der seinem unter den militärischen Rüstungen stöhnenden Land ökonomische Vorteile bringen sollte.

Mit den sächsischen Befehlen und Mandaten allein war dieser Politik schwer beizukommen. Einerseits sollte dadurch die Einfuhr preußischer Waren zum Schutze der sächsischen gehindert werden, andererseits gefährdeten immer noch die Umtriebe der »Kommissare auß Preußen« die Wirtschaft Sachsens, indem sie Untertanen und Einwohner – insbesondere Fachkräfte wie Zeug- und Tuchmacher sowie andere Handwerker »auf höchst verbothene Arth und Weise« zum Abzug verleiteten. Deshalb müßten solche Werber verhaftet werden, wie das Mandat von 1723 befahl, aber ebenso wäre preußischen Handwerkern die Niederlassung in Sachsen zu verweigern.[60] Die Aufforderung in der »Instruktion König Friedrich Wilhelms I. für seinen Nachfolger« aus dem Jahre 1722 war also nicht wirtschaftspolitisch, sondern militärisch gemeint: »Mitt die Saxen müßet Ihr fride halten so lange sie wollen, alliancen müßet Ihr nicht mit sie machen, sie sein guht Kaiserlich und sein fals wie der deuffel und wo Ihr euch nicht vorsehet bedrigen sie auch«.[61]

In der zweiten Hälfte des dritten Jahrzehnts waren die wirtschaftlichen Schäden für beide Staaten so erheblich, daß eine Verständigung nur noch auf höchster Ebene helfen konnte. Der Besuch Friedrich Wilhelms in Sachsen und Dresden im Februar 1728 mußte also zur Lösung dieser wirtschaftspolitischen Fragen beitragen. Dazu kamen aber noch politische und persönliche Motive. Da der Preußenkönig dahin neigte, ein Bündnis mit Österreich einzugehen und die »Pragmatische Sanktion« im Hinblick auf die österreichische Erbfolge anzuerkennen, ging Augusts Bestreben dahin, diese Entscheidung unbedingt im Interesse der Erwerbung der Kaiserkrone für seinen Sohn zu verhindern. Außerdem befand sich der Wettiner zu dieser Zeit ohnehin in einer persönlich komplizierten Lage, denn durch seine Krankheit glaubte er, dem Tode nahe zu sein. Im Dezember 1726 diktierte er seine »letzten Gedanken« – unter anderem an seinen Sohn –, so daß auch die Frage der Erbfolge in Polen ein wichtiges Problem darstellte, das er mit seinem preußischen Nachbarn geklärt haben wollte.

Friedrich Wilhelm litt nicht minder unter einer diffizilen Situation, wie die Auseinandersetzungen in der eigenen Familie bewiesen. Jedenfalls traf man sich in Dresden, und August II. sorgte in seiner Art dafür, daß sich der Preußenkönig trotz seines Widerwillens gegen die »Saxen« und gegen höfisches Treiben köstlich amüsierte: »Ich bin in Dresden und springe und tanze, ich bin mehr fatagiret, als wenn ich alle Tage zwei Hirsche tot hetze.« Nun war für ihn »die hiesige Magnificence so groß, daß ich glaube, sie habe bei Louis XIV. unmöglich größer sein können und was das liederliche Leben betrifft, so bin ich zwar nur zwei Tage hier, aber ich kann in Wahrheit sagen, daß ich dergleichen noch nicht gesehen«.[62] Nachbarliche Eintracht spiegelt deshalb das bekannte Doppelbildnis beider Monarchen wider, dessen erste Fassung von dem Maler Louis de Silvestre wahrscheinlich anläßlich dieses Besuches geschaffen worden war.

Bei dem erst sechzehnjährigen preußischen Kronprinzen Friedrich, den der despotische Vater nur widerwillig mitgebracht hatte, sollten die Tage in Sachsen in anderer Weise nachhaltig wirken. Obwohl die »freiere Hofhaltung nicht ohne Eindruck auf Friedrich geblieben war« – er verliebte sich nach Mitteilung seiner Schwester Wilhelmine in die Orczelska, die »zugleich die natürliche Tochter und die Mätresse des Königs war« und auch noch die Geliebte des Grafen Rutowski –, mochte ein anderes Erlebnis den damals empfindsamen Jüngling schwer getroffen haben. Während sein Vater bei winterlicher Jagd im Annaburger Forst Trophäen einheimste und dafür von August kostbare Ehrengeschenke überreicht bekam, hatte der junge Kronprinz beim Scheibenschießen erwartungsgemäß sehr schlecht abgeschnitten. Dafür erhielt er vom königlichen Gastgeber einen »Scherzpreis«: einen von einem schwarzen Ziegenbock gezogenen Schlitten, auf dessen Pritsche ein als Kutscher gekleideter Hund und im Schlitten eine als Frau angezogene Katze saßen. Dazu hatte Augusts Hofpoet die Verse geschrieben:

König August II. von Polen und König Friedrich Wilhelm I. von Preußen. Aus Anlaß des Besuches von Friedrich Wilhelm I. 1728 in Dresden entstand das Allianzbildnis der beiden Herrscher, das August bei seinem Gegenbesuch als Geschenk mit nach Berlin nahm. Dort wurde es im Bronzesaal des Potsdamer Stadtschlosses untergebracht. Zwei Jahre später lieferte Silvestre eine eigenhändige Wiederholung an seinen Landesherrn. Gemälde von Louis de Silvestre, vor 1730. Staatliche Kunstsammlungen Dresden, Gemäldegalerie Alte Meister

»So wirst Du auch der Welt,
Läßt Dich der Himmel leben,
Nichts als was großes mir,
Von Dir zu lesen geben.«[63]

Es ist einzusehen, daß die »Auszeichnung« auf Kronprinz Friedrich gerade zu dieser Zeit den denkbar ungünstigsten Eindruck machen mußte. Mit dem Vater in unversöhnlicher Feindschaft lebend, war dieser Scherzpreis vor den anwesenden Damen und Herren beider Höfe eine unverzeihliche und schwer zu vergessende Taktlosigkeit. Es scheint sehr gut möglich, daß sie auf die von Friedrich II. später geäußerten negativen Urteile über August als den falschesten Fürsten nachwirkte.

Der Dresden-Besuch hatte zum Ziel, in der Form einer friedlich-familiären Übereinkunft die brisanten wirtschaftlichen und politischen Gegensätze auszugleichen und gegenseitige Vorteile auszuhandeln. Einerseits beendete ein Vertrag den Wirtschafts- und Zollkrieg zwischen beiden Ländern, andererseits gingen beide eine Defensivallianz ein, die dem Wettiner die Erblichkeit der Krone Polens sichern sollte. Diese Allianz brachte die Könige in einen »privaten« Zusammenhang, von dem die Prinzessin Wilhelmine später berichtete, daß sie eine Heirat zwischen ihr und August II., der seit 1727 in Witwerschaft stand, ins Auge faßten. Danach sollte der Preußenkönig ein Truppenkontingent zur Verfügung stellen, falls die Polen sich weigerten, das erbliche Königtum anzuerkennen. August wollte noch eine Vier-Millionen-Taler-Anleihe haben, wozu er die Lausitz als Pfand in Aussicht stellte und Wilhelmine die freie Religionsausübung und 200 000 Taler Witwengeld zugestand. Fraglich ist, ob dieser Heiratsplan überhaupt ernst gemeint war.[64] Vielleicht gebaren diesen Gedanken auch nur Wilhelmines Phantasie oder die feucht-fröhlichen Stunden der eben gegründeten »Société des antisobres«, der Gesellschaft gegen die Nüchternheit, in der August II. als »Patron« und Friedrich Wilhelm I. als »Compatron« sich in der Gemeinschaft von einflußreichen Höflingen aus Dresden und Berlin mit erheblichen Mengen Wein zuprosteten.

Auf jeden Fall mußte diese höfische Visite den beiden Monarchen sehr gut gefallen haben, so daß der Dresdner schon im Mai desselben Jahres zum Gegenbesuch in Berlin und Potsdam erschien. Er brachte seinen Sohn Friedrich August sowie die beiden Töchter Katharina von Rutowski (Bielinska) und Anna Cathérine von Orczelska mit.

Der preußischen Prinzessin Wilhelmine, die den Polenkönig zum ersten Mal sah, schien dieser »sehr gebrechlich«. Außerdem litt er am Fuß, so daß er »kaum gehen, noch lange stehen konnte. Der Brand war schon dazu getreten, so daß man, um den Fuß zu retten, zwei Zehen hatte abnehmen müssen. Die Wunde war stets offen, und er litt große Schmerzen.« Wilhelmine wußte nicht, daß ihm nur eine Zehe am linken Fuß amputiert worden war. Aber sie glaubte gesehen zu haben, daß sie der Wettiner »sehr aufmerksam« beachtete. Das Gesicht des Kurprinzen fand sie »regelmäßig und schön«, ansonsten wäre er »sehr beleibt« und hätte »nichts Einnehmendes«, da ihm die Verbindlichkeit des Vaters fehlte. Die Gemahlin des Prinzen – die Kaisertochter Maria Josepha – fand die knapp Zwanzigjährige »außerordentlich häßlich«. Von der Gräfin Orczelska erwähnte Wilhelmine deren »herrlichen Schmuck«, den ihr der Vater von seiner verstorbenen Gemahlin Christiane Eberhardine geschenkt hatte. Bemerkenswert war außerdem noch ihre Mitteilung, daß sich ihr Bruder kränker stellte als er war, um nicht an der Festtafel zu Ehren König Augusts II. und dessen Sohn teilnehmen zu müssen. Die einzige Freude wäre dem Bruder gewesen, die Orczelska wiederzusehen und ihr freundliches Entgegenkommen gespürt zu haben.[65]

Der politische Ertrag dieses Gegenbesuches erwies sich als durchaus beachtlich: Er brachte die Ratifizierung eines Handelsvertrages zwischen Sachsen und Brandenburg-Preußen, der die preußischen Bestrebungen zur Schwächung der Wirtschaft Sachsens zumindest für einige Jahre unterband, die Behinderung der Leipziger Messe und des sächsischen Osthandels beseitigte und so zur Normalisierung der Wirtschaftsbeziehungen beider Staaten beitrug.[66] Doch die nach außen hin gepriesene »Bruderliebe« in Versen auf einer Gedächtnistafel in der Jungfernheide und die Vollendung des Gemäldes beider Monarchen durch Louis de Silvestre vermochten nicht darüber hinwegzutäuschen, daß nun andere Gegensätze und Rivalitäten um so stärker in den Vordergrund traten.

Die Besichtigung des Leibregiments der »Langen Kerls« in Potsdam und vor allem die Parade und das Exerzieren von 16 000 Mann Militär auf dem Tempelhofer Feld veranlaßten August II. dazu, seinerseits die Militärreform abzuschließen und die Rüstungen zu forcieren. War es unter diesen Umständen verwunderlich, daß der Wettiner nun in die direkte Vorbereitung des zwei Jahre später stattfindenden Lagers von Zeithain eintrat? Der Besuch dieses Manövers seitens des Preußenkönigs und seiner Militärs hinterließ nachweislich einen großen Eindruck und überzeugte Friedrich Wilhelm von der Schlagkraft der sächsischen Armee. Dies dürfte nun wiederum Veranlassung gewesen sein, daß der Preuße seinerseits die militärischen Kräfte bedeutend verstärkte. Als August II. auch noch 1732 das Manöver von Czerniachów ganz in der Art des Zeithainer Lagers durchführte und für 1733 einen polnischen Reichstag vorbereitete, von dem man im Ausland – also auch in Brandenburg-Preußen – meinte, der Wettiner wolle die Verfassung in Polen gewaltsam ändern, schickte der Preußenkönig zur Erkundung der Lage seinen Vertrauten, General Grumbkow, zu Verhandlungen mit August. Da August II. von seinen Polen betreffenden Plänen nicht abging, schrieb danach Friedrich Wilhelm enttäuscht und verärgert: »Der Patron stellet sich an, als wenn er es mit mir ehrlich meinet. Einmal hat er mir düpieret, zum andern Mal bekommet er mir wieder nit. Ich bin die Düppe (der Getäuschte) von seiner Freundschaft gewesen. Ich habe mir eingebildet, daß er so redlich wäre als ich. Enfin es ist geschehen.«[67] Und auch der Kronprinz Friedrich hegte nun gegen August die »größte Aversion«. Damit wurde immer deutlicher, daß es einen wirklichen Interessenausgleich zwischen Brandenburg-Preußen und Sachsen auf der Grundlage der jeweiligen absolutistischen Politik nicht geben konnte. Die kriegerischen Auseinandersetzungen in der Zukunft warfen ihre Schatten voraus.

Weit häufiger als von Dresden nach Leipzig oder Berlin reiste König August II. von Sachsen nach Polen. Gestützt auf Teile der sächsischen Armee, begab er sich das erste Mal nach Warschau, nachdem er zum König gewählt worden war. Alles ging damals Schlag auf

👑 *Sänfte (Chaise à Porteur) für August den Starken, die in Form eines Thronsessels gestaltet wurde. Auf dem Rückenpolster sind die Buchstaben A. R. (Augustus Rex) eingestickt. Wasserfarbenzeichnung eines unbekannten Künstlers, undatiert. Staatsarchiv Dresden*

Schlag: Am 15. Juni 1697 kam er von Wien, wo er seine Konversion vollzogen und mit der kaiserlichen Regierung über seine Kandidatur verhandelt hatte. Zwei Tage später inspizierte er in Dresden ein Regiment Dragoner, die Leibgarde zu Pferde und weitere Einheiten. Fünf Tage darauf erfolgte die Zusammenkunft mit seinen Geheimen Räten, und am gleichen Tag, dem 22. Juni, ging die Fahrt bereits nach Görlitz, um hier, gleichsam auf dem Sprung stehend, die Königswahl abzuwarten, die am 27. Juni 1697 erfolgte. Daraufhin überschritt der König mit seiner Armee die Grenze nach Polen. Erst Anfang August folgte seine »Hofstadt« mit Beamten, Dienstpersonal, Kleidung und Mobiliar. In den ersten Jahren seiner Herrschaft blieb der Kurfürst-König meist für längere Zeit in seinem Königsland. Es galt, seine Herrschaft zu sichern, die ja nicht unumstritten gewesen ist, und im Krieg war seine Anwesenheit als Oberbefehlshaber der Armee ohnehin erforderlich. Die militärische Überlegenheit seines schwedischen Gegners jagte ihn kreuz und quer durch das Land. Ein schwedischer Autor karikierte ihn deshalb als »König mit der Krone im Reisekoffer«.[68]

Als August nach den Jahren des erzwungenen Thronverzichts wieder nach Polen zurückkehrte, reiste diesmal seine »Hofstadt« einen Tag vor ihm ab. Er folgte am 12. August 1709 nach, ging bei Schiedlow über die Oder, um von nun an mit seiner Armee die Strecke bis Thorn in Etappen zurückzulegen. Hier in Polen traf er diesmal mit Zar Peter I. zusammen. Am 14. November war August bereits wieder in Dresden.

Bei seinen Reisen, die der König unbeeinflußt von Kriegsereignissen unternahm, folgte er zwei Reiserouten. Die von ihm bevorzugte Route entsprach dem »Breslauer Post-Cours«: Dresden – Bautzen – Görlitz – Liegnitz – Breslau – Wartenberg – Widawa – Petrikau – Wolbórz – Rawa – Warschau. Weniger häufig wurde die nördliche Strecke befahren: Warschau – Łowicz – Sobota – Kalisch – Lissa – Fraustadt – Glogau – Sagan – Muskau – Königsbrück – Dresden. Die sich immer enger gestaltenden Beziehungen zwischen Sachsen und Polen führten bald zu regelmäßigen Postverbindungen, in die auch die Hauptstädte beider Länder einbezogen wurden. Adel und Beamte des Dresdner und des Warschauer Hofes haben sie eifrig genutzt.

Im Jahr 1696 trat Georg Hermann Edler von Holtzbrink in sächsische Dienste. August hatte ihn in Wien kennengelernt und ihm zwei Jahre später das polnische Postprivileg übertragen. Holtzbrink, der seine Bildung in Bremen, Köln und Amsterdam erhalten hatte, modernisierte das sächsisch-polnische Postwesen, wenn er auch eine Zeitlang infolge von Intrigen von seinem Herrn auf den Königstein verbannt wurde. Zu dieser Zeit waren bereits die ersten regelmäßig befahrenen Postkurse zwischen Dresden, Warschau, Krakau und Thorn eingerichtet. Der Leipziger Postsekretär Eschert gab 1703 das erste Postbuch für Sachsen heraus, worin fünf Fahrposten von Leipzig und Dresden nach Warschau und Thorn enthalten gewesen sind. Als Reitpost führten diese dann weiter nach Petersburg und Moskau.

Im Jahre 1708 erschien in Kursachsen ein Mandat, wie sich Gast- und Schankwirte, die besonders an der »Hohen Straße«, einer Haupt-

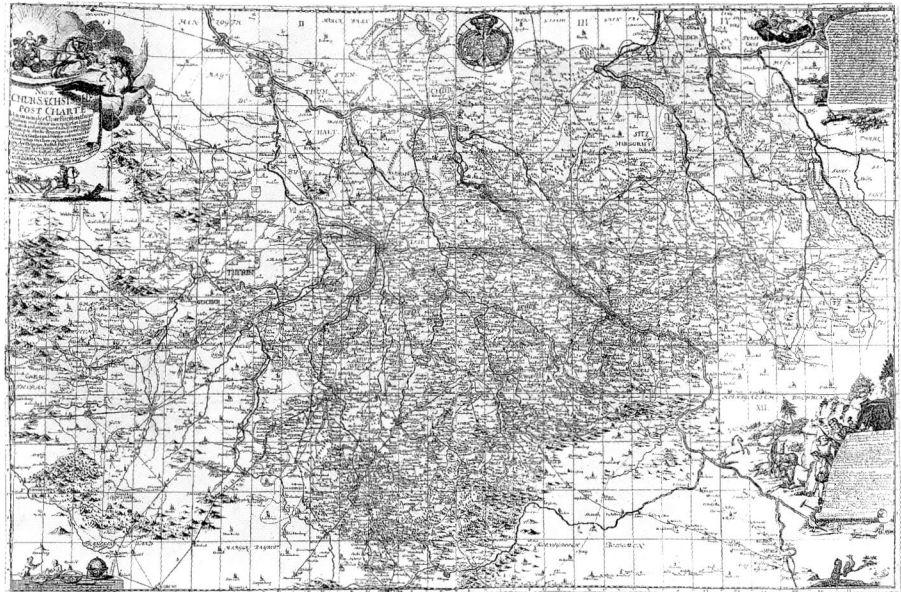

»Neue Chur Saechsische Post Charte« von Adam Friedrich Zürner. Der Hofgeograph und kursächsische Land- und Grenzkommissar Augusts des Starken arbeitete seit 1711 an einer Neuvermessung der kursächsischen Ämter. Parallel zu dieser Landesaufnahme fertigte Zürner eine Postkarte, die 1719 erstmals gedruckt wurde. Neben der allgemeinen geographischen Situation gibt sie Auskunft über die Verwaltungsgliederung und die Kirchensprengel, über die Siedlungslage und deren Größen, über Burgen, Schlösser und Rittergüter, über Post- und Geleitstationen sowie über die das Land durchquerenden Postkurse mittels reitender oder fahrender Postboten. Wenig später folgte dieser Karte die Aufstellung der Postmeilensäulen. Kolorierter Kupferstich von Moritz Bodenehr, 1730. Maßstab etwa 1:333 000. Staatsarchiv Dresden

verbindungslinie zwischen Polen, Schlesien und Sachsen lagen, gegen Reisende aus Polen und Schlesien zu verhalten hätten. Es galt als Pflicht für Fuhrleute, die Straßengerechtigkeit einzuhalten, denn die »Hohe Straße« (Lauban, Görlitz, Bautzen, Kamenz, Königsbrück, (Großen-)Hain, Leipzig) war für Sachsen und die Leipziger Messe lebenswichtig. Andererseits wurde dadurch die Benutzung aller Nebenwege, beispielsweise durch die Niederlausitz, strengstens verboten. Das Mandat zielte dahin, allen Beschwerden von Handels- und Fuhrleuten entgegenzuwirken, die über schlechte Versorgung und

Unsauberkeit in den Schenken häufig klagten. Aus diesem Grund enthielt es die Forderungen, größte Reinlichkeit in den Räumen, besonders in den Betten, zu halten und ordentliche Mahlzeiten und Speisen zu bieten, immer mit Lebensmitteln, Getränken und Viehfutter bevorratet zu sein. Eine Tax- und Benutzungsordnung sollte in den Städten öffentlich angeschlagen werden, ebenso die Preisliste für das Mieten der Pferde und die Stallgebühren sowie die Kosten für das Viehfutter. Unnötige Aufenthalte für Reisende und Fuhrleute waren genauso verboten wie das Beherbergen von verdächtigen Personen.

Fünf Jahre später, im Juli 1713, erließ August II. die kurfürstlich-sächsische und königlich-polnische Postordnung mit 72 Bestimmungen, deren wichtigste ebenfalls den Reiseverkehr betrafen. Die Aufgabe dieser Ordnung bestand in der reibungslosen, geregelten und gesicherten Personenbeförderung. Danach sollten an den Hauptstraßen liegende Posthäuser durch entsprechende Hausschilder kenntlich gemacht und Postberichte, die Abgangs- und Ankunftszeiten der Postwagen auswiesen, ausgehängt werden. Die Postmeister erhielten die Erlaubnis, für Reisende Verpflegung und Unterkunft zu bieten. Zu ihren unbedingten Pflichten gehörte die Bereithaltung von Pferden und Futtervorräten. Der Postpferdebestand zählte 1722 für Ordinari- und Extraposten in Sachsen und der Lausitz 1123 Tiere. Den Postillionen gestattete man, wenn nötig, Nebenwege zu benutzen und Privatgrundstücke zu durchfahren. Stadttore und Schlagbäume mußten ihnen unverzüglich geöffnet werden. Uniform, Posthorn und Wappenschild galten als ihre Dienstinsignien, ihre Hüte trugen auf der Vorderseite die kurfürstlich-königlichen Initialen »AR«.[69] Diese augusteische Postordnung galt fast 150 Jahre, denn erst das Postgesetz von 1859 löste sie ab.

Während Adam Friedrich Zürner seinen »Atlas Augustaeus Saxonicus« nicht veröffentlichen durfte, weil er zu viele wichtige Informationen enthielt, vermochte er mit Augusts ausdrücklicher Erlaubnis seine »Neue Chur Saechsische Post Charte« 1719 zu drucken und für einen Taler zu verkaufen.[70] Der König hat fast bis an sein Lebensende den Verkehrsverhältnissen und den Postverbindungen große Aufmerksamkeit gewidmet. Noch im Jahre 1731 schrieb er eigenhändig

 Einseitige Medaille mit einem Altersbildnis Augusts des Starken. Das Antlitz des sechzigjährigen Kurfürst-Königs ist offensichtlich von Krankheit gezeichnet. Eingefallene Gesichtszüge und tiefe Falten um Mund und Augen zeigen einen zwar immer noch kämpfenden und große Ziele verfolgenden Monarchen, der aber auch skeptisch und etwas müde die Weltereignisse betrachtet. Silbermedaille, Fichler zugeschrieben, um 1730–1733. Staatliche Kunstsammlungen Dresden, Münzkabinett

Bemerkungen zu Postverbindungen zwischen Sachsen und Polen nieder und machte Vorschläge, welche Straßenführung »geschwindrer« von der Grenze bei Krossen entweder in Richtung Dresden oder nach Warschau führte.[71]

Am 18. August 1732 fand das Manöver von Czerniachów sein Ende. Der König hatte es wegen seiner Krankheit und der zunehmenden Fußbeschwerden nur noch sitzend beobachten können. Sein allgemeiner Gesundheitszustand verschlechterte sich immer mehr. Trotzdem fuhr er Ende Oktober wieder nach Dresden, besuchte den Königstein, beging ein fröhliches Hubertusfest in Moritzburg, reiste zwischendurch nach Leipzig zur Neujahrsmesse und nahm danach auch noch an den Karnevalsvergnügungen in der Dresdner Residenz teil, als wollte er noch einmal alle Genüsse seines Lebens auskosten. Diese auch nach Berlin gelangten Nachrichten hatten Friedrich Wilhelm von Preußen veranlaßt, im Dezember 1732 in einem Brief zu schreiben, daß August »so wohl und gesund ist wie ein junger, neuer Adler«[72].

🜚 *Aufbahrung des Leichnams von August dem Starken in Warschau. Der Wettiner war trotz seines außerordentlich schlechten Gesundheitszustandes am 10. Januar 1733 nach Warschau aufgebrochen. Nach seinem Treffen mit dem Abgesandten des preußischen Königs in Krossen kam er am 16. Januar, bereits vom nahenden Tod gezeichnet, in Warschau an. Am frühen Morgen des 1. Februar 1733 starb der sächsische Kurfürst und polnische König, den Gottsched pries »als der deutschen Fürsten Schmuck, die Lust der halben Welt, den Vater seiner Untertanen, einen sächsischen Trajan«. Zehn Tage wurde Augusts Leichnam in Warschau aufgebahrt und dann in feierlicher Prozession nach Krakau übergeführt. Aber erst nahezu ein Jahr später fand die Beisetzung in der Kathedralkirche des Krakauer Wawel statt. Augusts Herz kam in Erfüllung seines Letzten Willens in einer silbernen, innen vergoldeten Kapsel in seine Geburtsstadt am Elbstrom zurück. Wasserfarbenzeichnung von Johann Daniel von Jauch, 1733. Staatsarchiv Dresden*

Doch die Wirklichkeit sah leider anders aus. Der König wollte zurück nach Polen. Gegen die Bedenken seiner engeren Umgebung soll er geäußert haben: »Ich fühle die mir drohende Gefahr, doch bin ich verpflichtet, mehr bedacht zu nehmen auf meine Völker als auf meine Person.«[73]

Am 10. Januar 1733 begann die Reise von Dresden nach Warschau, die seine letzte werden sollte. Außer Leibärzten und Bediensteten begleitete ihn nur noch Graf Heinrich von Brühl. In Krossen an der Oder traf August nochmals den Abgesandten des Preußenkönigs, Wilhelm von Grumbkow, der ihn über seine künftigen politischen Pläne gegenüber Frankreich, Österreich, Polen und der »Pragmatischen Sanktion« aushorchen sollte. In seinem Bericht darüber schrieb Grumbkow zum Zustand Augusts: »Dann betraten wir sein Zimmer. Er war so schlecht zu Fuß, daß er auf mich fiel. Ohne einen Schrank, an den ich mich hielt, wären wir beide hingefallen. Ich setzte ihn auf einen Stuhl, und er gab mir die Hand: Nun wie stehet es? Was macht der Compatron?«[74] Trotzdem verhandelten die beiden Politiker noch einige Stunden miteinander bei reichlichem Essen und noch größeren Mengen Wein.

Am darauffolgenden Tag wurde die Reise fortgesetzt. Auf der letzten Etappe erlitt der König mehrere schwere Ohnmachtsanfälle. Geistesabwesend kam er in Warschau an. Zunehmende körperliche Schwäche erlaubte ihm kaum noch das Krankenbett zu verlassen. Am 1. Februar 1733 gegen vier Uhr früh gab er den Umstehenden seinen Segen, »drückte sich selbst mit der einen Hand die Augen zu und verschied«[75]. Auf den Tag ein Jahr später fanden in Krakau die Beisetzungsfeierlichkeiten statt. Während seine Leiche in Polen blieb, brachte man das Herz des Königs auf seinen Wunsch hin in einer silbernen und innen vergoldeten Kapsel nach Dresden.

Hof und Regierung Augusts des Starken im Urteil der Nachwelt

Der auf dem Wallpavillon des Zwingers thronende »Hercules Saxonicus«, der die Weltkugel auf seinen Schultern trägt, versinnbildlicht den internationalen Machtanspruch der sächsisch-polnischen Union, die – vor allem wirtschaftliche – Kraft Sachsens und das Vorbild Augusts II. für den vollkommenen Herrscher, den Kurfürsten und König als den Schutzherrn und Förderer der Musen und der Wissenschaften und nicht als den Krieger oder Feldherrn. Reduziert man diese symbolisch interpretierte und der Mode der Zeit verpflichtete Übersteigerung auf die bleibende geschichtliche Leistung des Wettiners, so haben selbst jene Männer, die ihn aus der zeitlichen Distanz und aus dem Wissen um die Niederlage Sachsens in den Kriegen Friedrichs II. beurteilten, ihm eine wohlwollende Anerkennung zukommen lassen. Besonders der um den Wiederaufbau Sachsens so verdiente Konferenzminister Thomas Fritsch urteilte in einem Vortrag vom 23. November 1763 über die Ergebnisse der Regierungspolitik dieses Kurfürst-Königs folgendermaßen: »Sachsen war die letzten 10 Jahre der Regierung Augustus II. in dem besten Zustand, in welchem es jemahls gewesen und dieses großen Königs onermüdete Arbeit ginge dahin, es noch immer weiter zu bringen. Die Armee war näher 30 000 Mann stark, mit allen Requisitis wohl versehen und der König war bedacht, die onumgänglich nötigen Projecte zeigen zu müssen, welche annoch vorhanden. Die Finanzen waren in der besten Ordnung, wie annoch die, auch wegen des Hofaufwandes, unter seiner genauen Aufsicht gefertigten Reglements bezeigen. Alle Collegien waren, jedes unter seinem besonderen Chef, wohl besetzet und mit guten, aber nicht übrigen Subalternen versehen. Bey dieser innerlichen guten Verfassung Sachsens war die Achtung in und außerhalb des Reiches groß und sich auf alle Fälle viel Gutes zu versprechen. Wenn auch nach dem Tode dieses großen Königs die Polnische Wahl Geld und Volk gekostet, so waren doch die Mersburgischen und Weißenfelsischen Anfälle vermögend, bey der eintretenden Ruhe alles zu ersetzen und die Kräfte zu vermehren …

Und nun die Sachsen wieder in eine mögliche Ordnung zu bringen, ist kein anderes Mittel, als bedacht zu sein, es dahin einzuleiten, wo es Augustus II. gelassen und sich zu bemühen, die von ihm verbesserte Verfassung herzustellen.«[76]

Die Hauptursache für den Machtverfall Sachsens nach dem Tod Augusts II. 1733 sah Fritsch gemeinsam mit zahlreichen anderen Zeitgenossen darin: »Allein der auf das höchste getriebene Luxus des Hofes und der unumschränkte Einfluß zweyer unersätlicher Favoriten vereitelte alles Gute.«[77] Mit den »unersätlichen Favoriten« waren der Konferenzminister Alexander Joseph Fürst von Sulkowski und der Premierminister Graf Heinrich von Brühl gemeint. Sie also sind es nach Thomas Fritsch gewesen, die das Erbe des Monarchen weder zu verwalten noch zu mehren vermochten.

Die moralische Verurteilung Augusts und seines Hofes erfolgte erst durch die Historiker des 19. Jahrhunderts. Sie bezeichneten die Erwerbung der polnischen Krone, die Verschwendung und Günstlingswirtschaft als das Unglück für Sachsen. Vielleicht war diese Einstellung auch die Ursache dafür, daß zum hundertsten Todestag im Februar 1833 kaum bemerkenswerte Arbeiten über das Wirken dieses Wettiners in Sachsen erschienen. Es konnte auch kein Zufall sein, daß 1839 der preußische Hofrat Friedrich Förster in einem seiner Bücher über die »Höfe und Cabinette Europas im 18. Jahrhundert« gleich einem Fallbeil den Hieb eines publizistisch-undifferenzierten Verdammungsurteils gegen August II. ausführte. Für Förster war dessen Regierung eine verderbte Zeit des Leichtsinns und der Sittenlosigkeit, des Unrechts und des Übermutes. Doch lag diese jeglicher historischer Einsicht entbehrende Entgleisung in erster Linie an den veränderten Gesellschaftszuständen des 19. Jahrhunderts, in denen die Ablehnung feudaler Verhältnisse durch die liberalen bürgerlichen

Historiker wurzelte. Sie ließen in ihren Beurteilungen an Hof und Regierung Augusts des Starken von Sachsen-Polen kaum noch einen guten Faden.

Mit Entschiedenheit verurteilte der aus Friesland stammende Heidelberger Ordinarius Friedrich Christoph Schlosser auf Grund seiner bürgerlich-liberalen Gesinnung die Herrschaft absolutistischer Könige wie August II. von Polen, Friedrich IV. von Dänemark und Friedrich I. von Preußen. Nach Schlosser waren das Könige »des Hofs und des Adels, der sich, wie sie, durch thörichten Prunk zu Grunde richtete, ... Könige der glänzenden Hofhaltung, von der sie umgeben waren, nicht des Volks, das sie aussogen; nichtsdestoweniger stand dieses damals noch auf einer Stufe, auf der es träumend und gaffend ohne Nachdenken die Feste und den Glanz bewunderte, den es mit seinem Schweiße bezahlen mußte, von denen alle Zeitungen voll waren. ... Der deutsche Bürgersmann und wer sonst aus dem Jammer jener Zeit in den damals herrschenden Pietismus flüchtete, glaubte treuherzig, Verschwendung und Ausschweifung seien den höheren Ständen nach göttlichen Rathschluß zuge teilt, man ärgerte sich darüber nicht mehr; das Volk bildete sich nach den Höfen und dem Adel.«[78]

Die Reihe der Historiker, die August und seinen Hof mehr oder weniger mit immer wiederkehrenden gleichen Argumenten verurteilte, wäre noch um etliche zu vermehren, darunter auch durch Eduard Vehse, der über die »Geschichte der deutschen Höfe seit der Reformation« fast 50 Bände veröffentlichte und dabei die »Höfe des Hauses Sachsen« speziell mit mehreren Büchern aus großenteils intimer Kenntnis der Dresdner Archivquellen bearbeitete.

Genauso wie Vehse bezeichnete sich auch Heinrich von Treitschke »als guter Sachse«, nur mit dem Unterschied, daß sich dieser aus Sachsen stammende Preuße in Verdikten erging, die kaum seinesgleichen haben. So beklagte er in einem Brief an den Historiker Gustav Freytag, daß dieser »meinen angestammten albertinischen Sodomiter nicht noch ein wenig niederträchtiger dargestellt« hatte, und der Brief an Emanuel Geibel enthielt das Bekenntnis Treitschkes, daß er immer einen »ehrlichen Ekel empfunden hatte vor den polnischen Augusten«, so daß er dann in seiner »Deutschen Geschichte des 19. Jahrhunderts« mit »seinem Albertiner« noch schärfer ins Gericht ging.[79]

Aber war die jeglicher objektiven Geschichtsbetrachtung Hohn sprechende politische und moralische Verurteilung Augusts II., seiner Regierung und seines Hofes nur in den historiographischen Positionen und weltanschaulichen Überzeugungen dieser Historiker und Publizisten zu suchen? Hing dies nicht auch mit der zunehmenden Idealisierung und Überbewertung der preußischen Geschichte sowie mit der Verherrlichung ihrer Monarchen, besonders jedoch Friedrichs II., zusammen? Denn gerade an zahlreichen Stellen seines umfangreichen schriftstellerischen Werkes war der Haß auf sächsische Politiker, insonderheit auf August II. und den Grafen von Brühl, unüberhörbar und der Wunsch, Sachsen gänzlich für Brandenburg-Preußen zu annektieren, unverkennbar. Hatte Friedrich II. bereits im Ersten und Zweiten Schlesischen Krieg die militärische, politische und wirtschaftliche Bedeutung Sachsens für Preußen erkannt und alles darangesetzt, den Durchmarsch seiner Truppen erst »legal« zu fordern, um dann ein reichliches Jahr später die Chance der Besetzung für die Erpressung von hohen Kontributionen zu nutzen. Diese Politik, unterstützt durch die Spionage-Informationen des seit 1752 in seinem Sold stehenden Kanzlisten Friedrich Wilhelm Menzel im sächsischen Kabinettsministerium, entsprach ganz den Gedanken des Preußenkönigs in dessen »Politischem Testament« von 1752.[80]

Außerdem entwickelte Friedrich darin noch Gründe, welche politische Situation »diese Eroberung erleichtern würde«. Den »Vorwand, in Sachsen einzumarschieren, um die Armee zu entwaffnen und sich im Lande festzusetzen«, kurz: Sachsen zu »unterjochen«, fand der Preußenkönig vier Jahre später, nachdem er dies niedergeschrieben hatte. Nun, im Siebenjährigen Krieg, folgte die radikale Ausplünderung Sachsens, gestützt auf die militärische Macht: Friedrich hat seinen Gewinn selbst auf 50 bis 60 Millionen Taler beziffert. Der Gesamtverlust für Sachsen betrug mehr als das Doppelte. An dem Ziel, der Annexion dieses für Friedrich von Preußen so begehrten Landes, hielt er auch noch in seinem »Politischen Testament« von 1768 fest. Er fand, »daß das Land, welches am besten zu uns paßt,

Sachsen ist: es würde uns abrunden, es würde die Hauptstadt gegen Einfälle der Osterreicher schützen. Es ist bereits mit unserm Handel verknüpft und würde, wenn mit uns verbunden, dem Staat die größten Vorteile bringen.«[81]

Daß Brandenburg-Preußen Sachsen nicht schon am Ende des Siebenjährigen Krieges annektieren konnte, war nur der Tatsache zu danken, daß Friedrichs Verbündete diese Annexion zu verhindern entschlossen gewesen sind. Vergessen wurde die verpaßte Gelegenheit auf seiten Preußens nicht. Dies sollte sich ein halbes Jahrhundert später zeigen. Während das militärische friderizianische Erbe im Fiasko der Schlacht von Jena und Auerstedt endete und der Staat seine Rettung nur den preußischen Reformern verdankte, harrte Sachsen auf der Seite des Kaisers Bonaparte bis zum bitteren Ende aus. Es bekam infolge des Wiener Kongresses im Preßburger Vertrag vom 18. Mai 1815 die Rechnung präsentiert: Preußen vermochte zwar auch jetzt noch nicht das benachbarte Königreich gänzlich zu vereinnahmen, aber 58 Prozent des sächsischen Staatsterritoriums mit der knappen Hälfte seiner Einwohnerschaft von ehemals über zwei Millionen Menschen gewann es nun doch.

Damit war der über ein Jahrhundert andauernde Konkurrenzkampf zugunsten Preußens entschieden. Rest-Sachsen entwickelte sich dank günstiger Wirtschaftsfaktoren und der zügig verlaufenden industriellen Revolution sowie der revolutionären Bewegungen von 1830 zu einem der am weitesten vorangekommenen deutschen Industrieländer und zur konstitutionellen Monarchie mit einer starken Bourgeoisie und einer ebenso kräftigen Arbeiterbewegung.

Als deutscher Mittelstaat befand sich Sachsen zunächst politisch auf der Seite Österreichs, um so lange wie möglich eine selbständige Stellung zu behaupten. Damit aber stand es auf antipreußischer Position und gegen die kleindeutsche Lösung der Reichseinigung. Der Krieg von 1866 brachte den Sieg Preußens, und die Politik Bismarcks zwang die Sachsen zunächst in den Norddeutschen Bund und fünf Jahre später in das preußisch-deutsche Reich. Als 1889 die achthundertste Wiederkehr der Belohnung der Wettiner mit der Mark Meißen in einer Festwoche triumphal gefeiert wurde, rühmte man diese als »so etwas Prächtiges«, was »Dresden seit der Zeit Augusts des Starken« nicht mehr gesehen hätte, nicht achtend der Tatsache, daß die gesellschaftlichen Grundlagen der augusteischen Festkultur einer fernen Vergangenheit angehörten.[82]

Hof, Regierung und Kultur Augusts des Starken ließen sich kaum mit den Verhältnissen der sächsischen Monarchie im 19. Jahrhundert vergleichen. Denn jetzt war der Hof nur noch ein historisches Relikt und bloßes kümmerliches Beiwerk für eine Institution, die ihre gesellschaftliche Existenzberechtigung bereits verlor. August II. hatte jedoch den Hof durch sein Wirken zu einem innen- und außenpolitischen Machtfaktor gestaltet, der ein hohes internationales Ansehen genoß. Er hatte es trotz vieler Schwierigkeiten und Gegensätze verstanden, selbst die widerstrebendsten Kräfte des Adels für seine absolutistische Politik zu nutzen. Das aus den Erfahrungen seiner ersten zehn Regierungsjahre geschriebene »Politische Testament« beabsichtigte die Stabilisierung seiner Herrschaft und empfahl, den Adel und das Bürgertum gleichermaßen für die Errichtung des Absolutismus in Anspruch zu nehmen.

Den bürgerlichen Kräften in Kursachsen gestattete der Kurfürst-König breite Entfaltungsmöglichkeiten in Politik, Wirtschaft und Kultur, wie sie in anderen deutschen Territorialstaaten zu dieser Zeit kaum zu finden gewesen sind. Hoffestlichkeiten, Kunst und Kultur galten für August den Starken in hervorragendem Maße als Bestandteile absolutistischer Politik. Hier wirkte er mit seinen Begabungen und Initiativen, Interessen und Ideen anregend und mitgestaltend. Viele geniale Künstler spornte er zu außergewöhnlichen Leistungen an, damit sie ihre und seine eigenen Ambitionen verwirklichen. Dabei gewährte er den Künstlern große Freiheiten zur Entfaltung ihrer Begabungen und bei der Ausführung ihrer Werke. Die von August dem Starken angeregten und von ihnen geschaffenen Bau- und Kunstwerke, die königlichen Sammlungen und die vom Monarchen selbst ausgeprägte Festkultur sind jene Zeugnisse augusteischer Zeit, die auf die Nachwelt am beeindruckendsten wirken, so daß sie bis auf den heutigen Tag lebendig geblieben sind.

Stammbaum Augusts des Starken

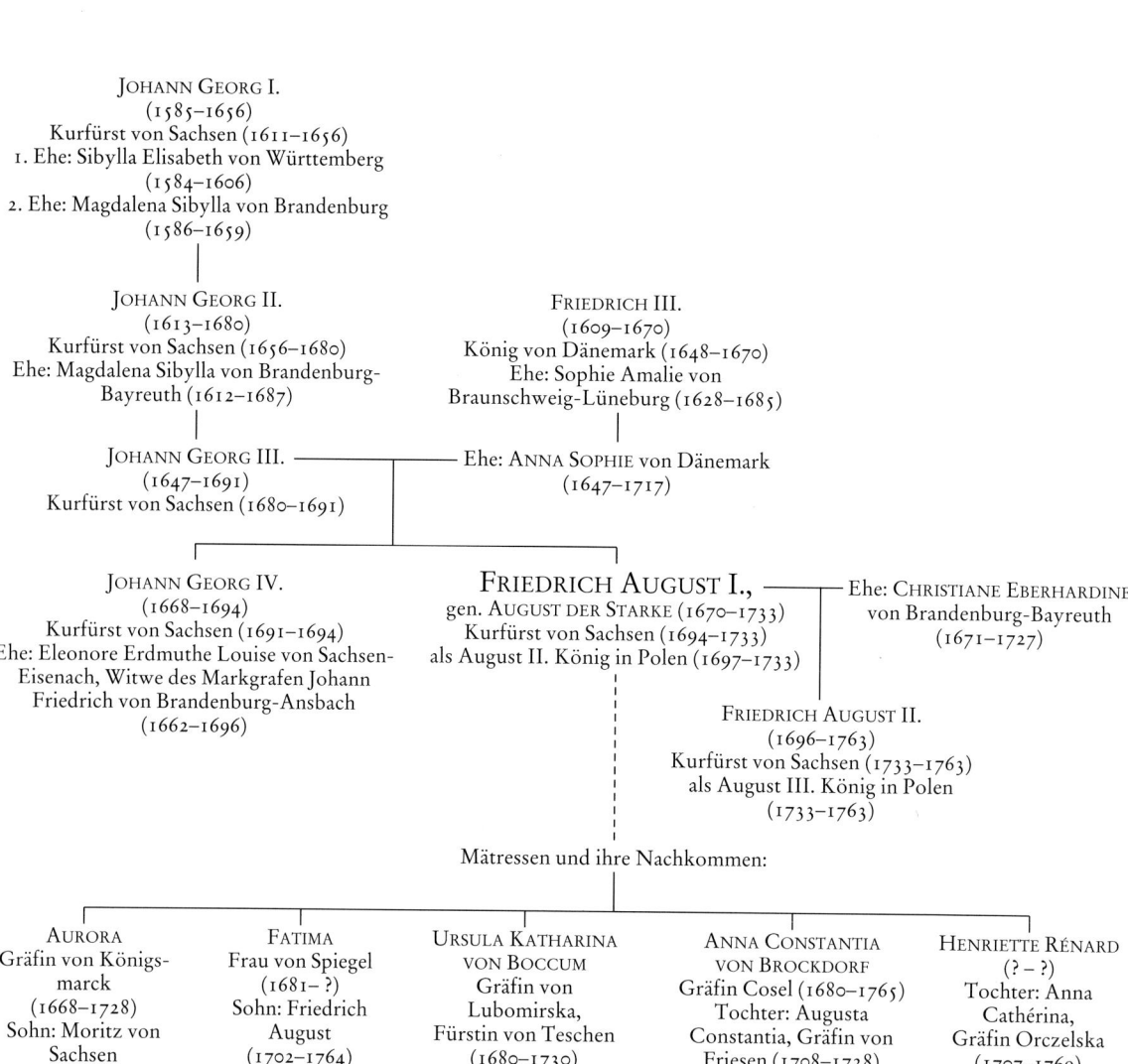

Zeittafel

Aussen- und Innenpolitik	Hofleben	Kunst und Kultur
1656–1680 Kurfürst Johann Georg II. regiert im albertinischen Kursachsen.		
	1670 Friedrich August als Sohn Johann Georgs (III.) und der dänischen Prinzessin Anna Sophie in Dresden geboren.	
		1674–1676 Errichtung des Schloßturmes durch Caspar von Klengel.
		1677 Friedrich August spielt zur Karnevalszeit in einer Komödie die Rolle eines Dieners und Hanswursts.
	1678 Familienzusammenkunft der Wettinischen Fürstenfamilien in Dresden, der junge Friedrich August nimmt daran teil.	
1685 Vergleich mit Hessen um die Ämter Frauensee und Landeck. Ein Teil von Treffurt fällt an Kursachsen.		1685 Ein unbekannter Meister gestaltet das Jugendbildnis von Friedrich August.
	1686 Kurfürstin Anna Sophie reist mit ihrem Sohn Friedrich August nach Dänemark.	

Aussen- und Innenpolitik	Hofleben	Kunst und Kultur
	1687–1689 Kavalierstour Friedrich Augusts nach Frankreich, Spanien, Portugal, Italien und Österreich.	
1689–1691 Friedrich August beteiligt sich an verschiedenen Feldzügen im Krieg gegen Frankreich.		
	1690/91 Während einer Krankheit schreibt Friedrich August an einem Roman, der unvollendet bleibt.	
1691 Tod Johann Georgs III. Friedrich Augusts Bruder Johann Georg IV. wird Kurfürst.		
	1693 Friedrich August heiratet Christiane Eberhardine von Brandenburg-Bayreuth. 1693/94 Friedrich August I. unternimmt eine weitere Reise nach Italien.	
1694 Tod des Bruders. Friedrich August wird Nachfolger als Kurfürst. Zusammenkunft des Landtages.		1694 Andreas Gärtner wird Hofmechanicus und Modellmeister.
1695 Friedrich August erhält den Oberbefehl über das kaiserliche Heer im Kampf gegen die Türken.		1695 Friedrich August gestaltet die ersten Karnevalsfeste als Kurfürst in Dresden.
1696 Nach der ersten Versammlung der sächsischen Stände beruft	1696 Geburt des Sohnes und Kurprinzen Friedrich August; fast gleich-	1696 Errichtung des kleinen Komödienhauses für eine französische

Aussen- und Innenpolitik	Hofleben	Kunst und Kultur
Friedrich August einen ständigen Ausschußtag ein, um absolutistische Forderungen durchzusetzen. Tod des polnischen Königs Johann III. Sobieski. Bewerbung Friedrich Augusts um die Krone Polens.	zeitig bringt die Mätresse Aurora von Königsmarck den Sohn Moritz zur Welt.	Schauspielertruppe in Dresden.
1697 Wahl und Krönung Kurfürst Friedrich Augusts I. zum König August II. in Polen. Einsetzung des Fürsten Anton Egon von Fürstenberg zum Statthalter in Kursachsen. Nach dem Übertritt des Kurfürsten zum Katholizismus Garantieerklärung für die Beibehaltung der protestantischen Religionsverhältnisse in Sachsen.		1697 Neuordnung der Hofkapelle in zwei Musikergruppen: die »Churfürstlich Sächsische Capell- und Cammer Musique« sowie die »Protestantische Hofkirchenmusik«.
1699 Koalition von Sachsen-Polen, Dänemark-Norwegen und Rußland gegen Schweden. Friede zu Karlowitz zwischen Kaiser und Reich mit den Türken.	1699/1700 Versuch König Augusts, den Hofstaat von Dresden und Warschau miteinander zu vereinen. Landtag in Dresden in Verbindung mit Karnevalsfesten.	1699 Johann Friedrich Karcher wird Oberlandbaumeister, erweitert den Großen Garten in Dresden und errichtet ein Amphitheater. Kauf von Giorgiones »Schlummernder Venus« für die Gemäldesammlung. Einführung des Gregorianischen Kalenders (gültig ab 1. 3. 1700).
1700 Beginn des Nordischen Krieges. August II. eröffnet den Krieg gegen Schweden und Livland. Abbruch der 1697 begonnenen Generalrevision, die die Beseitigung der Mißstände in		

Aussen- und Innenpolitik	Hofleben	Kunst und Kultur
der Steuer- und Finanzverwaltung zum Ziel hatte.		
	1701 Neues »Hoff-Reglement« bestimmt die derzeitigen Hofämter. Großbrand im Dresdner Schloß, der den Ostflügel und einen Teil des Nordflügels mit dem Riesensaal zerstört.	1701 August II. erwirbt das Goldene Kaffeezeug von Johann Melchior Dinglinger.
1702 Sieg der Schweden über das sächsisch-polnische Heer bei Kliszów.	1702 Geburt von Friedrich August, Sohn Augusts II. und der Fatima.	
1704 August II. wird auf Drängen Karls XII. durch die Generalföderation in Polen entthront und Stanislaw Leszczyński zum neuen König gewählt. Errichtung des Geheimen Kabinetts in Sachsen durch August II.	1704 August II. lernt Anna Constantia von Hoym, die spätere Gräfin Cosel, kennen. Ihre gemeinsamen Kinder: Augusta Constantia (1708–1728), Friederike Alexandra (1709–1784), Friedrich August (1712–1770) Durch das »Portrait de la cour de Pologne« erhält August II. die Bestätigung für Mißstände am Hof. Geburt von Johann Georg, Sohn Augusts II. und der Gräfin Lubomirska.	1704 Matthäus Daniel Pöppelmann beginnt mit Entwürfen für ein neues Schloß in Dresden.
	1705 August II. gibt der Gräfin Cosel ein schriftliches Eheversprechen. August schreibt ein »Politisches Testament« und eine Denkschrift für den Fall einer Neuwahl	

Aussen- und Innenpolitik	Hofleben	Kunst und Kultur
	des Kaisers durch die Kurfürsten.	
1706 Das sächsische Heer wird bei Fraustadt (Wschówa) geschlagen. August II. muß auf die polnische Krone verzichten, Besetzung Sachsens durch die Schweden.	1706 Geburt von Katharina, Tochter Augusts II. und der Fatima.	1706 Beginn der Bautätigkeit Pöppelmanns auf der Festung Königstein.
	1707 Geburt von Anna Cathérina, Tochter Augusts II. und der Französin Henriette Rénard.	1707 Umbau des Dresdner Opernhauses zur katholischen Hofkapelle. 1707–1709 Pöppelmann errichtet den Mittelteil des Taschenbergpalais für die Gräfin Cosel.
1709 Peter I. von Rußland schlägt die Schweden bei Poltawa. Karl XII. flieht in die Türkei. August II. erneuert sein Bündnis mit Peter I., kehrt nach Polen zurück und wird als König wieder anerkannt.	1709 Besuch des Dänenkönigs Friedrich IV. am Hof in Dresden. August II. gibt ihm zu Ehren mehrwöchige Festlichkeiten, bei denen die Gräfin Cosel eine herausragende Rolle spielt. Besuch beider Könige am Hofe Friedrich Wilhelms I., König von Preußen. August II. als Taufpate der Wilhelmine Friederike Sophie von Preußen.	1709 Johann Friedrich Böttger meldet August II. die gelungene Herstellung von rotem und weißem Porzellan.
		1710 Baubeginn im Zwinger unter Pöppelmann und Permoser.
1711 August II. nach dem Tod Kaiser Josephs I. Reichsvikar. Karl VI. wird Kaiser, erläßt die Pragmatische		1711 Beginn der kartographischen Landesaufnahme in Sachsen durch Adam Friedrich Zürner.

Aussen- und Innenpolitik	Hofleben	Kunst und Kultur
Sanktion (1713), die August II. nicht anerkennt.		
1712 Graf von Flemming wird dirigierender Kabinettsminister.	1712 Gräfin Cosel fällt in Ungnade und wird in der Burg Stolpen inhaftiert. Eine neue »Hoff-Ordnung« zeigt, daß sich der Hof Augusts II. beträchtlich erweitert hat.	
1715 Die Konföderation von Tarnogród kämpft in Polen gegen August II. Oppositionsbewegung gegen ihn in Kursachsen.		
	1717 Der offizielle Übertritt des Sohnes Friedrich August zum Katholizismus ruft Empörung am Dresdner Hof und im ganzen Land hervor. Tod der Königinmutter Anna Sophie	1717 Umbau des Holländischen Palais durch Pöppelmann.
	1717/18 Vervollständigung und Neuordnung der königlichen Sammlungen. August II. entwirft einen Plan für ein Universalmuseum.	
1718 Durch den Tod des Herzogs Moritz Wilhelm von Sachsen-Zeitz fällt das Sekundogeniturfürstentum an Kursachsen zurück. Tod Karls XII.		1718 Pöppelmann errichtet das neue Opernhaus am Zwinger, mit etwa 2000 Plätzen der größte Theaterbau auf deutschem Boden.

Aussen- und Innenpolitik	Hofleben	Kunst und Kultur
1719 Wiener Allianz zwischen Österreich, Sachsen, Polen, Hannover und Großbritannien gegen Rußland und Brandenburg-Preußen.	1719 Vermählung des Kurprinzen Friedrich August mit Maria Josepha, Erzherzogin von Österreich, in Wien. Vierwöchige Festlichkeiten in Dresden.	1719 Eröffnung des neuen Opernhauses. 1720–1725 Errichtung der Pillnitzer Schloßbauten nach Entwürfen Pöppelmanns.
1721 Friede zu Nystadt zwischen Schweden und Rußland, das Livland erhält, beendet den Nordischen Krieg. August II. kann keinen territorialen Gewinn erzielen.	1721 Festlichkeiten zum Karneval am Dresdner Hof. Erscheinen eines Karnevalskalenders mit Spottgedichten und Karikaturen. Geburt des Prinzen Friedrich Christian, Sohn des Kurprinzen Friedrich August und der Prinzessin Maria Josepha.	1721 Beginn der Reorganisation der Kunstsammlungen. Ausbau des Naturalienkabinetts. 1721–1728 Bau des Jagdschlosses Hubertusburg für den Kurprinzen Friedrich August unter Leitung von Johann Christoph Naumann.
1722 Beginn der Heeresreform in Kursachsen. Verschärfung des Wirtschafts- und Zollkrieges zwischen Brandenburg-Preußen und Kursachsen. Die Kommerziendeputation erarbeitet eine Übersicht über alle in Kursachsen existierenden Manufakturen.	1722 August II. erhält den Orden zum Goldenen Vlies.	1722 Beginn der Inventarisation der Gemäldesammlung. Aufstellung der ersten Postmeilensäulen unter Leitung Zürners.
1723 Mandat gegen die Abwerbung von Textilarbeitern und Fabrikanten aus Kursachsen.		1723 Neugestaltung des Jagdschlosses Moritzburg nach Ideen Augusts II. Beginn der Errichtung des Grünen Gewölbes mit veränderter Raumaufteilung.

ZEITTAFEL

Aussen- und Innenpolitik	Hofleben	Kunst und Kultur
1724 Beginn der Herausgabe des »Codex Augusteus«, einer Sammlung von Gesetzen, Verordnungen und Landtagsabschieden.		
		1725 Wiederbeginn der italienischen Opernaufführungen in Dresden. Karnevalsfestlichkeiten in Dresden und Pillnitz.
1726 Durch den Vertrag zu Wusterhausen, in dem sich Preußen und Österreich verbünden, wird das Verhältnis zwischen Sachsen und Brandenburg-Preußen verschärft.	1726 August II. gründet eine »Rundtischgesellschaft« zur Diskussion vielseitiger Themen ohne Rücksicht auf höfisches Zeremoniell.	1726 Erwerbung bedeutender orientalischer Handschriften für die königliche Bibliothek.
	1727 Tod der Christiane Eberhardine.	
1728 Einführung einer neuen Landtagsordnung, die die Kompetenz der Stände weiterhin einschränkt.	1728 Beginn der Herausgabe eines »Hof- und Staats-Calenders« in Dresden, der in Leipzig gedruckt wird. Der Besuch Friedrich Wilhelms I. von Preußen und des Kronprinzen Friedrich sowie der Gegenbesuch von August II. in Berlin/Potsdam dienen der Beilegung der Gegensätze zwischen beiden Ländern und führen zu einem Handelsvertrag.	1728 August II. gründet im Zwinger das »Palais Royal des Sciences«. Ankauf von Zeichnungen und Antiken zur Vervollständigung der Sammlungen. Der Geiger Johann Georg Pisendel wird Konzertmeister der Dresdner Hofkapelle.
		1728–1733 Erweiterung des Holländischen Palais zur Vierflügelanlage als Japanisches Palais.

Aussen- und Innenpolitik	Hofleben	Kunst und Kultur
1729 Formeller Friedensschluß zwischen Polen und Schweden.	1729/30 August II. entwirft eine Disposition über die Ordnung seines handschriftlichen Nachlasses.	
1730 Das Zeithainer Lager bildet den Abschluß der augusteischen Heeresreform mit einer Armeestärke von 30 000 Mann.	1730 Friedrich Wilhelm I. von Preußen und sein Sohn Friedrich nehmen an dem Manöver und den damit verbundenen Festlichkeiten teil.	1730 Errichtung des Mathematisch-Physikalischen Salons im Zwinger.
1731 August II. entwickelt Gedanken über die Notwendigkeit weiterer Heeresvergrößerung.	1731 Eigenhändige schriftliche Anordnungen Augusts über künftige Hofhaltung und Festlichkeiten.	1731 Eigenhändige Notizen Augusts II. über vorhandenes Meißner Porzellan und seine Präsentation. Johann Adolph Hasse und seine Gemahlin Faustina Bordoni treten erstmals an der Dresdner Hofoper auf.
1732 Verhandlungen zwischen August II. und dem preußischen Gesandten, Minister Grumbkow. Kursachsen und Bayern verweigern die Garantien zur Pragmatischen Sanktion durch den Reichstag.		1732 Beginn des Baues der Dreikönigskirche in Dresden-Neustadt nach Plänen von Pöppelmann und George Bähr.
1733 Tod Augusts II. in Warschau. Sein Sohn wird Kurfürst als Friedrich August II. Die Doppelwahl von Friedrich August II. und Stanislaw Leszczyński löst den polnischen Thronfolgekrieg aus.	1733 Trauerveranstaltungen am Dresdner Hof und im Lande.	1733 Uraufführung von Johann Sebastian Bachs Messe in h-Moll in Leipzig.

Anmerkungen

Abkürzungen

Abhdl.	Abhandlung
Diss.	Dissertation
HZ	Historische Zeitschrift, München
Jb	Jahrbuch
JbFeud	Jahrbuch für Geschichte des Feudalismus, Berlin
JbGesch	Jahrbuch für Geschichte, Berlin
JbRegG	Jahrbuch für Regionalgeschichte, Weimar
Loc.	Locat (Archivstandort)
NASG	Neues Archiv für Sächsische Geschichte, Dresden
NF	Neue Folge
NLM	Neues Lausitzisches Magazin, Görlitz
SHbll	Sächsische Heimatblätter, Dresden
STAD	Staatsarchiv Dresden
StaL	Stadtarchiv Leipzig
Wiss. Zs.	Wissenschaftliche Zeitschrift
ZfG	Zeitschrift für Geschichtswissenschaft, Berlin

1 STAD, Loc. 2097, Nr. 37. Diese Entwürfe dürften frühestens im Winter 1690/91 geschrieben worden sein. Ein Foliobogen ist bis zum Rand mit schwarzer Tinte beschrieben. Friedrich August schrieb nur in Kleinbuchstaben, auch Eigennamen und bei Satzanfängen. Interpunktionen sind selten verwendet und Satzanfänge nicht immer kenntlich gemacht. Deshalb wurden sie in einigen Fällen hinzugefügt, wo es dem besseren Verständnis des Sinnzusammenhanges dient.
2 STAD, Loc. 2097, Nr. 37 (Die Ergänzungen in Klammern wurden vom Autor hinzugefügt).
3 Ebenda.
4 STAD, Loc. 10 291 (921).
5 Ebenda.

6 Ebenda.
7 Ebenda.
8 Ebenda.
9 STAD, Loc. 2097, Nr. 37.
10 Pekrun, R.: Hof und Politik Augusts des Starken im Lichte des Portrait de la cour de Pologne, Friedland in Mecklenburg 1914/15, S. 23.
11 Hof-Journal 1694, STAD, Oberhofmarschallamt O IV, Nr. 72.
12 Zitiert bei Haake, Paul: August der Starke, Berlin, Leipzig 1926, S. 40.
13 STAD, Loc. 2097, Nr. 34.
14 STAD, Loc. 2097, Nr. 34.
15 STAD, Loc. 355, Vol. II.
16 Codex Augusteus, Bd. III, Sp. 2 ff.
17 Staszewski, J.: August III. Kurfürst von Sachsen und König von Polen. Eine Biographie, Berlin 1996, S. 154.
18 Fellmann, W.: Heinrich Graf Brühl. Ein Lebens- und Zeitbild, Leipzig 1989, S. 94 f.
19 Staszewski, J.: August III., S. 191.
20 Die politischen Testamente der Hohenzollern. Bearbeitet von Richard Dietrich, Köln, Wien 1986, S. 368 f. – Vgl. auch das Testament von 1768, ebd., S.659.
21 STAD, Loc. 30 337.
22 STAD, Loc. 3053.
23 STAD, Loc. 30 537.
24 Zitiert bei Hoffmann, Gabriele: Constantia von Cosel und August der Starke, Bergisch Gladbach 1984, S. 87.
25 Zitiert bei Haake, Paul: Christiane Eberhardine und August der Starke, Dresden 1930, S. 121.
26 Hoffmann, Gabriele: Constantia von Cosel und August der Starke, Bergisch Gladbach 1984, S. 13.
27 STAD, Loc. 377.
28 STAD, Loc. 13 537.
29 STAD, Loc. 377.
30 Königl. Polnischer und Churfürstl. Sächsischer Hoff- und Staats-Calender Auf das Jahr 1728, Leipzig 1728.
31 Codex Augusteus, Bd. 1, Sp. 415 f.
32 Pekrun, R.: Hof und Politik Augusts des Starken im Lichte des Portrait de la cour de Pologne, Friedland in Mecklenburg 1914/15, S. 12.
33 Ebenda, S. 13.
34 Das galante Sachsen, Amsterdam 1735; Neudruck Dortmund, 1979, S. 217 f.
35 Wilhelmine Friederike Sophie Markgräfin von Brandenburg-Bayreuth: Eine preußische Königstochter, Neudruck Frankfurt am Main, 1981, S. 94.
36 STAD, Oberhofmarschallamt O IV. Nr. 73.

37 STAD, Loc. 2097, Nr. 51.
38 Zitiert bei Löffler, Fritz: Der Zwinger in Dresden. Leipzig 1976, S. 15.
39 STAD, Loc. 377.
40 Ebenda.
41 STAD, Loc. 762.
42 STAD, Oberhofmarschallamt V B, Nr. 20a.
43 STAD, Loc. 377.
44 STAD, Loc. 1056.
45 STAD, Loc. 2097, Nr. 33.
46 Zitiert bei Weber, Ingrid S.: Planetenfeste August des Starken zur Hochzeit des Kurprinzen 1719, München 1985, S. 6.
47 Zitiert in: Barock in Dresden. Katalog hrsg. im Auftrag der Staatlichen Kunstsammlungen Dresden und Kulturstiftung Ruhr von Ulli Arnold und Werner Schmidt, Leipzig 1986. S. 199. (Vgl. auch Katalog-Nr. 24.)
48 Zitiert in: Poststraßen, Postkutschen, Postreisescheine, hrsg. von Christian Springer, Köln 1982, S. 166, Abb. 2.
49 STAD, Loc. 2097, Nr. 50.
50 Für die Mitteilung danke ich Peter Leonhard, Universität Leipzig.
51 So als Überschrift zu einer Darstellung zum Leipziger Adreßkalender: Das Anno 1720 florirende Leipzig. Druck in: Wustmann, Gustav: Bilderbuch aus der Geschichte der Stadt Leipzig, Leipzig 1897, S. 58.
52 STAD, Loc. 4447.
53 StaL, Titel LXII/C, Nr. 2.
54 Vgl. die Abbildung bei Wustmann, Gustav: Bilderbuch aus der Geschichte der Stadt Leipzig, Leipzig, 1897, S. 57.
55 Vogel, Johann Jacob: Leipzigisches Geschichte-Buch oder Annales, 2. Aufl., Leipzig 1756, S. 1042.
56 Die Originale befinden sich im Stadtarchiv Leipzig.
57 Vgl. Barock in Dresden: Katalog hrsg. im Auftrag der Staatlichen Kunstsammlungen Dresden und Kulturstiftung Ruhr von Ulli Arnold und WernerSchmidt, Leipzig 1986, S. 277.
58 Ebenda, S. 108.
59 Zitiert bei Haake, Paul: Kursachsen oder Brandenburg-Preußen?, Berlin 1939, S. 207.
60 Codex Augusteus Bd. 1, Sp. 2511.
61 Die politischen Testamente der Hohenzollern, bearb. von Richard Dietrich. – Köln, Wien 1986, S. 240.
62 Zitiert bei Kathe, Heinz: Der »Soldatenkönig« Friedrich Wilhelm I. 1688–1710. König von Preußen, Berlin 1978, S. 108.
63 Zitiert bei Sieber, Friedrich: Volk und volkstümliche Motivik im Festwerk des Barock, Berlin 1960, S. 99 f.
64 Wilhelmine Friederike Sophie Markgräfin von Brandenburg-Bayreuth: Eine preußische Königstochter, Neudruck Frankfurt am Main 1981, S. 97 ff. (Vgl. dazu Droysen, Johann Gustav: Geschichte der preußischen

Politik. Bd. IV, Teil IV, Leipzig 1870, S. 37, der dafür »nicht die geringste Spur ... des Inhalts in den Archiven« fand.)
65 Ebenda, S. 103 ff.
66 STAD, OU 14 624. (Vgl. auch Matthäus Daniel Pöppelmann 1662–1736, Dresden 1987, S. 29.)
67 Zitiert bei Haake, Paul: August der Starke, Berlin, Leipzig 1926, S. 191.
68 Zitiert bei Kretzschmar, Hellmut: Der Friedensschluß von Altranstädt 1706/07, in: Um die polnische Krone, Berlin 1962, S. 174.
69 Codex Augusteus Bd. 1, Sp. 1749 ff. (Vgl. auch: Poststraßen, Postkutschen, Postreisescheine, hrsg. von Christian Springer, Köln 1982, S. 20.)
70 Erschienen 1719, neue Reproduktion: Sektion Geodäsie und Kartographie der Technischen Universität Dresden, 1981.
71 STAD, Loc. 2097, Nr. 26.
72 Zitiert bei Beschorner, Hans: Augusts des Starken Leiden und Sterben, in: NASG Bd. 58, Dresden 1937, S. 73.
73 Ebenda, S. 73.
74 Ebenda, S. 74.
75 Ebenda, S. 76.
76 Schlechte, Horst: Die Staatsreform in Kursachsen 1762 bis 1763, Berlin 1958, Dok. Nr. 74. Unter »Merseburgischen« und »Weißenfelsischen Anfällen« ist die Rückkehr der Nebenlinien 1738 und 1746 gemeint.
77 Ebenda, S. 540.
78 Schlosser, Friedrich Christoph: Geschichte des 18. Jahrhunderts und des 19. bis zum Sturz des französischen Kaiserreiches mit besonderer Berücksichtigung der geistigen Bildung, Bd. 1, 3. Aufl. Heidelberg 1843, S. 142 bzw. 171.
79 Briefzitate bei: Haake, Paul: August der Starke im Urteil seiner Zeit und der Nachwelt, Dresden 1922, S. 104 (Vgl. auch Treitschke, Heinrich von: Deutsche Geschichte im 19. Jahrhundert, Bd. 3, Leipzig 1927, S. 182.)
80 Die politischen Testamente der Hohenzollern, bearb. von Richard Dietrich. Köln, Wien, S. 369 ff.
81 Ebenda, S.659.
82 Langebach, O.: Das Wettinfest in Dresden, in: Bunte Bilder aus dem Sachsenland, 1. Bd., 9. Aufl. Leipzig 1902, S. 88.

Literaturhinweise

Aretin, Karl Otmar von: Friedrich der Große: Größe und Grenzen des Preußenkönigs, Bilder und Gegenbilder, Basel, Wien 1985.
Atlas Hystoryczny Swieta, Red. Josef Wolski, Warszawa 1974.
Atlas zur Geschichte, Bd. 1, Gotha, Leipzig 1986.
Bächler, Hagen: Zum Weltbild Matthäus Daniel Pöppelmanns: Die Bücher aus seinem Nachlaß, in: SHbll (1987) 2.
Bächler, Hagen/Schlechte, Monika: Sächsisches Barock, Leipzig 1986.
Barock in Dresden: Kunst und Kunstsammlungen unter der Regierung des Kurfürsten Friedrich August I. von Sachsen und Königs August II. von Polen, genannt August der Starke, 1694-1733 und des Kurfürsten Friedrich August II. und Königs August III. von Polen 1733–1763: Katalog hrsg. im Auftrag der Staatlichen Kunstsammlungen Dresden und Kulturstiftung Ruhr von Ulli Arnold und Werner Schmidt, Leipzig 1986.
Barock und Klassik: Kulturzentren des 18. Jahrhunderts in der Deutschen Demokratischen Republik: Katalog hrsg. vom Amt der Niederösterreichischen Landesregierung, Wien 1981.
Beschorner, Hans: August der Starke und seine neuesten Biographen, in: NASG. Bd. 18, Dresden 1927.
Beschorner, Hans: Augusts des Starken Leiden und Sterben, in: NASG Bd. 58, Dresden 1937.
Beschorner, Hans: Beschreibung und bildliche Darstellung des Zeithainer Lagers von 1730, in: NASG Bd. 27, Dresden 1906.
Bogucka, Maria: Das alte Polen. Leipzig, Jena, Berlin 1983.
Budaeus, Johann Christian Gotthelf: Das glorwürdigste Leben und die unvergleichlichen Thaten Friedrich Augusti, des Großen, Königs in Pohlen und Chur-Fürstens zu Sachsen, Leipzig 1734.
Codex Augusteus Oder neuvermehrter Corpus iuris Saxonici, Bd. 1, Leipzig 1724.
Creutz, Hans-Jürgen: Erfindungsschutz im Kurfürstentum Sachsen an der Wende vom 17. zum 18. Jahrhundert, in: SHbll 29 (1983) 4.
Cronologisches Register über den ganzen Augusteischen Codex und dessen Fortsetzung, hrsg. von Carl. Ferdinand Hommel, 2 Teile, Leipzig 1778 und 1806.

Czok, Karl: August der Starke und Kursachsen, 2. Aufl. Leipzig, München 1989.
Czok, Karl: Das alte Leipzig, 2. Aufl. Leipzig 1985, Würzburg 1985.
Czok, Karl: Zu den städtischen Volksbewegungen in den deutschen Territorialstaaten vom 16. bis zum 18. Jahrhundert. In: Die Städte Mitteleuropas im 17. und 18. Jahrhundert, hrsg. von Wilhelm Rausch, Linz (Donau) 1981.
Czok, Karl: Zu Kultur und Baukunst in Stadt und Vorstädten im 18. Jahrhundert – dargestellt am Beispiel der Messestadt Leipzig, in: Städtische Kultur in der Barockzeit, hrsg. von Wilhelm Rausch, Linz (Donau), 1982.
Czok, Karl: Zur absolutistischen Politik Augusts des Starken, in: SHbll 29 (1983) 4.
Czok, Karl: Zur Entwicklung des kursächsischen Territorialstaates im 18. Jahrhundert, in: Sprache und Kulturentwicklung im Blickfeld der deutschen Aufklärung: Der Beitrag Johann Christoph Adelungs, hrsg. von Werner Bahner, Berlin 1984.
Dietrich, Richard: Die Anfänge des preußischen Staatsgedankens in den politischen Testamenten der Hohenzollern, in: Neue Forschungen zur Brandenburg-Preußischen Geschichte, Bd. 1, Köln, Wien 1979.
Donnert, Erich: Rußland im Zeitalter der Aufklärung. Leipzig 1983.
Dresden: Geschichte der Stadt in Wort und Bild, Berlin 1984.
Dürichen, Johannes: Geheimes Kabinett und Geheimer Rat unter der Regierung Augusts des Starken in den Jahren 1704–1720, in: NASG Bd. 51, Dresden 1930.
Fassmann, Daniel: Das glorwürdigste Leben und Thaten Friedrich Augusti des Großen, Königs von Pohlen und ChurFürsten zu Sachsen. Hamburg, Frankfurth am Main 1733.
Forberger, Rudolf: Die Industrielle Revolution in Sachsen 1800–1861, Bd. 1 in 2 Halbbänden, Berlin 1982.
Forberger, Rudolf: Die Manufaktur in Sachsen vom Ende des 16. bis zum Anfang des 19. Jahrhunderts, Berlin 1958.
Forberger, Rudolf: Zu einigen ökonomischen Schwerpunkten und Problemen Kursachsens an der Wende vom 17. zum 18. Jahrhundert, in: SHbll 29 (1983) 4.
Friedrich II. und die Kunst: Ausstellung zum 200. Todestag, hrsg. von der Generaldirektion der Staatlichen Schlösser und Gärten Potsdam-Sanssouci, Potsdam 1982.
Das galante Sachsen, aus dem Französischen übersetzt von einem Deutschen, Amsterdam 1735, Neudruck Dortmund 1979.
Gerber, Christian: Die Unerkannten Wohlthaten Gottes In dem Chur-Fürstenthum Sachsen, Und desselben vornehmste Städten, darinnen zugleich der Schul- und Kirchen-Staat enthalten, 2 Bde., Dresden, Leipzig 1717.
Gross, Reiner: Außen- und innenpolitische Verhältnisse Kur-Sachsens an der Wende vom 17. zum 18. Jahrhundert, in: SHbll 29 (1983), 5.

Gross, Reiner: Sachsen zwischen frühkapitalistischer Entwicklung und bürgerlicher Umwälzung (16. – 19. Jahrhundert): Aspekte territorialer Entwicklung, Diss. B. Freiberg 1987.

Gurlitt, Cornelius: August der Starke: Ein Fürstenleben aus der Zeit des deutschen Barock, 2 Bde., Dresden 1924.

Haake, Paul: August der Starke, Berlin, Leipzig 1926.

Haake, Paul: August der Starke, Friedrich Wilhelm I. und Kronprinz Friedrich von Preußen, in: Velhagen und Klasings Monatshefte 40, Berlin 1925.

Haake, Paul: August der Starke im Urteil seiner Zeit und der Nachwelt, Dresden 1922.

Haake, Paul: Christiane Eberhardine und August der Starke: Eine Ehetragödie, Dresden 1930.

Haake, Paul: Ein politisches Testament König Augusts des Starken, in: HZ Bd. 87, München 1900.

Haake, Paul: Generalfeldmarschall Hans Adam von Schöning, in: Studien und Versuche zur neuen Geschichte: Max Lenz gewidmet von seinen Freunden und Schülern, Berlin 1910.

Haake, Paul: Jacob Heinrich Graf von Flemming, in: Sächsische Lebensbilder, Bd. 2, Leipzig 1938.

Haake, Paul: Kursachsen oder Brandenburg-Preußen? Geschichte eines Wettstreits, Berlin 1939.

Haenel, Erich/Watzdorf, Anna von: August der Starke: Kunst und Kultur des Barock, Dresden 1933, Neudruck Frankfurt am Main 1980.

Hoffmann, Gabriele: Constantia von Cosel und August der Starke: Die Geschichte einer Mätresse, Bergisch Gladbach 1984.

Hoyer, Siegfried: Bürgerkultur einer Residenz: Dresden im 18. Jahrhundert, in: Städtische Kultur in der Barockzeit, hrsg. von Wilhelm Rausch, Linz (Donau) 1982.

Jäckel, Günter: Fest und Festpoesie in Dresden um 1720. In: SHbll 29 (1983) 6.

Johann Friedrich Bötiger: Die Erfindung des europäischen Porzellans, hrsg. von Rolf Sonnemann und Eberhard Wächtler, Leipzig 1982.

Kalisch, Johannes: Zur Polenpolitik August des Starken. Reformversuche in Polen am Ausgang des 17. Jahrhunderts, Phil. Diss. Leipzig 1957.

Kalisch, Johannes/Gierowski, Josef: Um die polnische Krone: Sachsen und Polen während des Nordischen Krieges 1700–1721, in: Schriftenreihe der Kommission der Historiker der DDR und Volkspolens, Bd. 1, Berlin 1962.

Kathe, Heinz: Der »Soldatenkönig« Friedrich Wilhelm I. 1688–1740, König von Preußen, Berlin 1978.

Kathe, Heinz: Die Hohenzollernlegende, Berlin 1973.

Kluge, Reinhard: Zur Entwicklung der Zentralbehörden Kursachsens im 17. und 18. Jahrhundert, in: SHbll 29 (1983) 5.

König, Valentin: Genealogische Adels-Historie oder Geschlechtsbeschreibung derer im Chursächsischen und angrenzenden Landen ansehnlichsten adelichen Geschlechter, 3 Bde., Leipzig 1727ff.

Kötzschke, Rudolf: August der Starke, in: Vergangenheit und Gegenwart (1933) 23.

Kötzschke, Rudolf/Kretzschmar, Hellmut: Sächsische Geschichte, 2 Bde., Dresden 1935, Neudruck in einem Band Frankfurt am Main 1965.

Kossok, Manfred: Der aufgeklärte Absolutismus: Überlegungen zum historischen Ort und zur Typologie, in: ZfG 33 (1985) 7.

Kretzschmar, Hellmut: August der Starke, in: Gestalter deutscher Vergangenheit, Potsdam, Berlin 1940.

Kretzschmar, Hellmut: Zur Geschichte der sächsischen Sekundogeniturfürstentümer, in: Sachsen und Anhalt, Bd. 3, Magdeburg, 1927.

Langer, Herbert: Fragen der Absolutismus-Forschung, in: Jbfeud. Bd. 3, Berlin 1979.

Löffler, Fritz: Bernardo Bellotto, genannt Canaletto: Dresden im 18. Jahrhundert, Leipzig 1985.

Löffler, Fritz: Das alte Dresden: Geschichte seiner Bauten, 2. Aufl., Leipzig 1981.

Löffler, Fritz: Der Zwinger in Dresden, Leipzig 1985.

Matthäus Daniel Pöppelmann 1662–1736: Ein Architekt des Barock. Ausstellung zum 250. Todestag und zum 325. Geburtstag des Erbauers des Dresdner Zwingers, hrsg. von den Staatlichen Kunstsammlungen Dresden, Dresden 1987.

Menzhausen, Joachim: Das Grüne Gewölbe, Leipzig 1968.

Mittenzwei, Ingrid: Friedrich II. von Preußen, 4. Aufl. Berlin 1987.

Mittenzwei, Ingrid: Wirtschaftspolitik, Territorialstaat, Nation, in: Jahrbuch für Wirtschaftsgeschichte, Teil III, Berlin 1970.

Mittenzwei, Ingrid/Herzfeld, Erika: Brandenburg-Preußen 1648–1789: Das Zeitalter des Absolutismus in Text und Bild, Berlin 1987.

Nickel, Sieglinde: Zur Wirtschaft, Sozialstruktur, Verfassung und Verwaltung in der Stadt Dresden von der Mitte des 17. Jahrhunderts bis in die dreißiger Jahre des 18. Jahrhunderts, Diss. A. Leipzig 1986.

Oelsner, Norbert/Prinz, Henning: Zur politisch-kulturellen Funktion des Dresdner Residenzschlosses vom 16. bis zum 18. Jahrhundert, in: SHbll 31 (1985) 6.

Pekrun, R.: Hof und Politik Augusts des Starken im Lichte des Portrait de la cour de Pologne, Teil I/II, Friedland in Mecklenburg 1914/15.

Piltz, Georg: August der Starke: Träume und Taten eines deutschen Fürsten, Berlin 1986.

Poenicke, Herbert: August der Starke: Ein Fürst des Barock, in: Persönlichkeit und Geschichte, Bd.71, Göttingen 1972.

Die politischen Testamente der Hohenzollern: Veröffentlichung aus den Archiven Preußischer Kulturbesitz Bd. 20, bearb. von Richard Dietrich, Köln, Wien 1986.

Poststraßen, Postkutschen, Postreisescheine, hrsg. von Christian Springer, in: Handbuch und Katalog der Sächs. Philatelie, 2. Teil, Köln 1982.

Quaas, Gerhard: Aspekte der Heeresreform in der ersten Hälfte des 18. Jahrhunderts in Kursachsen und die Einquartierung auf dem Lande, in: SHbll 29 (1983) 5.

Die sächsischen Generalpostmeister der Polnischen Post in der Zeit der Personalunion mit dem Kurfürstentum Sachsen von 1697–1763, hrsg. von Christian Springer, in: Beiträge zur Sächs. Postgeschichte und Philatelie, Bd. 5, Köln 1983.

Schlechte, Horst: Die Staatsreform in Kursachsen 1762 bis 1763, Berlin 1958.

Schlechte, Horst: Zur Vorgeschichte des »Rétablissements« in Kursachsen, in: Forschungen aus mitteldeutschen Archiven, Berlin 1953.

Schlechte, Monika: Die Festkultur am Hofe Augusts des Starken in ihrem Verhältnis zur Kunst, in: Kunst der Bachzeit, Berlin 1986.

Schlechte, Monika: Zu einer Entwurfskizze Augusts des Starken zu Moritzburg, in: SHbll 29 (1983) 6.

Schreiber, Hermann: August der Starke: Leben und Lieben im deutschen Barock, München 1981.

Sieber, Friedrich: Volk und volkstümliche Motivik im Festwerk des Barock. Dargestellt an Dresdner Bildquellen, in: Veröffentl. des Instituts für Volkskunde, Bd. 21, Berlin 1960.

Staszewski, Jacek: August II., Warszawa 1986.

Staszewski, Jacek: August III., Warszawa 1986.

Staszewski, Jacek: August III. Kurfürst von Sachsen und König von Polen. Eine Biographie, Berlin 1996.

Staszewski, Jacek: Die polnisch-sächsische Union und die Hohenzollernmonarchie, in: Jb für Geschichte Mittel- und Ostdeutschlands, Bd. 30, Berlin (West) 1981.

Staszewski, Jacek: Die sächsisch-polnische Union und die Umwandlungsprozesse in beiden Ländern, in: SHbll 29 (1983) 4.

Staszewski, Jacek: Polen und Sachsen im 18. Jahrhundert, in: JbGesch. Bd. 23, Berlin 1981.

Taube, Angelika: Wolf Dietrich von Beichlingen: Großkanzler und Staatsgefangener Augusts des Starken, in: SHbll (1987) 4.

Vehse, Eduard: Geschichte der Höfe des Hauses Sachsen, 12 Teile in 2 Bde., Hamburg 1854.

Vetter, Klaus: Die Stände im absolutistischen Preußen: Ein Beitrag zur Absolutismus-Diskussion, in: ZfG 24 (1976) 11.

Vogler, Günter: Bürgertum und Staatsgewalt in der Epoche des Übergangs vom Feudalismus zum Kapitalismus, in: JbFeud Bd. 1, Berlin 1977.

Vogler, Günter: Staatsgedanke und Staatsrealität im absolutistischen Preußen, in: Preußen in der Geschichte des deutschen Volkes, Berlin 1981.

Wächtler, Eberhard/Neubert, Erhard: Die historische Bergparade anläßlich des Saturnfestes im Jahre 1719, Faksimiledruck mit Kommentar, Leipzig 1982.
Wagner, Georg: Die Beziehungen August des Starken zu seinen Ständen während der ersten Jahre seiner Regierung (1694–1700), Diss. Leipzig 1903.
Weber, Ingrid S.: Planetenfeste August des Starken zur Hochzeit des Kurprinzen 1719, München 1985.
Wilhelmine Friederike Sophie Markgräfin von Brandenburg-Bayreuth: Eine preußische Königstochter, aus dem Französischen übers. und 1910 hrsg. von Anette Kolb, Neudruck hrsg. von Ingeborg Weber-Kellermann, Frankfurt am Main 1981.
Wustmann, Gustav: Bilderbuch aus der Geschichte der Stadt Leipzig. Leipzig 1897.
Zürner, Abraham Friedrich: Atlas Augustaeus Saxonicus. Augusteisch Chursächsischer Atlas, Dresden, o. J.

Personenregister

Friedrich August I., Kurfürst von Sachsen 1694–1733, als August II. König in Polen 1697–1706 und 1709–1733, genannt August der Starke, wurde im Register nicht aufgenommen.

Agnes, Gemahlin des Kurfürsten Moritz von Sachsen 13, 17
Albrecht III. »der Beherzte«, Herzog von Sachsen 9
Alexander der Große 123
Amalie von Brandenburg, Gemahlin des Herzogs Moritz Wilhelm von Sachsen-Zeitz 96
Amelung, Maria 151
Anna Cathérina von Orczelska, illegitime Tochter Augusts des Starken 99, 106, 122, 164, 167, 187
Anna Maria, Königin von Portugal 160
Anna Sophie von Dänemark, Gemahlin des Kurfürsten Johann Georg III. von Sachsen 19f., 28f., 90, 92, 183, 188
Anton, Paul 30
Apel, Andreas Dietrich 151, 157
Arnim, sächs. Adelsgeschlecht 112
Arnold von Westfalen 9, 11
August III., König in Polen s. Friedrich August II., Kurfürst von Sachsen
August, Kurfürst von Sachsen 10ff., 15ff.
Augusta Constantia, Gräfin von Friesen, illegitime Tochter Augusts des Starken 101, 105, 186

Bach, Johann Sebastian 191
Bähr, George 191
Barbara, Gemahlin des Herzogs Georg von Sachsen 49
Bauch, Tadäus 59
Beichlingen, Wolf Dietrich, Graf von 54, 61, 63f., 109, 112, 116
Bellotto, Bernardo, gen. Canaletto 146
Berlepsch, sächs. Adelsgeschlecht 18
Bernigeroth, Martin 93, 115, 137
Beyer, Christian August 54
Beyer, Christoph 147
Bielinska, Katharina, Gräfin von, illegitime Tochter Augusts des Starken 98
Bielinska, Maria Magdalena 97, 104
Bielinski, Michael von 70, 86, 98, 104f.
Bismarck, Otto von 180
Boccum, Ursula Katharina, Gräfin von Lubomirska, Fürstin von Teschen 61, 99, 105, 132, 186
Bodenehr, Gabriel 155
Bodenehr, Moritz 125, 171
Bodt, Jean de 138, 142
Boener, Johann Alexander 23
Böttger, Johann Friedrich 125, 142, 144
Bolza, Graf von 79
Bonaparte s. Napoleon
Bordoni, Faustina 191
Bose, sächs. Adelsgeschlecht 113
Bose, Johann Balthasar von 92
Bose, Christoph Dietrich von 55, 109, 112
Bottschildt, Samuel 25
Brockdorff, Anna Constantia von, Gräfin von

PERSONENREGISTER

Hoym, Gräfin Cosel 65, 98ff., 104f., 118ff., 124, 162, 186ff.
Brockdorff, Marie Elisabeth von 27, 36
Brühl, Amalie, Gräfin von 85, 87
Brühl, Heinrich, Graf von 8, 76, 78f., 81f., 84f., 87f., 138, 175, 177, 179
Bünau, sächs. Adelsgeschlecht 109, 113

Callenberg, sächs. Adelsgeschlecht 18
Callenberg, Graf von 22
Carlowitz, sächs. Adelsgeschlecht 109, 112
Carpzow, Samuel Benedikt 92
Carriera, Rosalba 99, 106
Chevalier de Saxe s. Johann Georg
Christian, Kurprinz von Sachsen 85
Christian I., Kurfürst von Sachsen 14f.
Christian V., König von Dänemark 27
Christian August, Herzog von Sachsen-Zeitz, Bischof von Raab, Erzbischof von Gran 48, 54, 96
Christian Ernst, Markgraf von Brandenburg-Bayreuth 91
Christiane Eberhardine, Gemahlin Augusts des Starken 42, 54, 91ff., 101, 167, 184, 190
Clemens XI., Papst 66
Conti, Prinz 53
Cosel, Friederike Alexandra, Gräfin von

Mosczynska, illegitime Tochter Augusts des Starken 70, 75
Cosel, Gräfin von s. Brockdorff, Anna Constantia von
Cranach, Lucas d. Ä. 156
Cranach, Lucas d. J. 13
Crell, Nikolaus 13f.
Czatoryski, poln. Adelsgeschlecht 57, 71, 79, 85

Daullé, Jean 73, 77
Dembowski, Antoni Sebastian 75
Dinglinger, Georg Friedrich 115
Dinglinger, Johann Melchior 110f., 114f., 141, 159, 161, 186
Dönhoff (Denhoff), Maria Magdalena, s. Bielinska, Maria Magdalena

Eckstätt, sächs. Adelsgeschlecht 109
Einsiedel, sächs. Adelsgeschlecht 112
Einsiedel, Anna Sophia von 91
Einsiedel, von, Stallmeister 30
Eleonore Erdmuthe Louise, Gemahlin des Kurfürsten Johann Georg IV. von Sachsen 36, 93
Elisabeth, Zarin von Rußland 84, 87
Emanuel, Herzog von Portugal 71
Erbach, Gräfin von 111
Ernst, Herzog von Sachsen 9
Eschert, Postsekretär 170
Esterle, Gräfin 56

Eugen, Prinz von Savoyen 105

Fatima, gen. Maria Aurora, Frau von Spiegel 98, 102, 186
Fehling, Carl Heinrich Jacob 129, 132
Feige, Johann Georg 57
Fichler, Medailleur 173
Fischer, königlicher Diener 120
Flemming, Jacob Heinrich, Graf von 52f., 66, 69, 92, 104, 109, 112, 117f., 129f., 158, 188
Förster, Friedrich 177
Freytag, Gustav 178
Friederike Alexandra von Cosel, illegitime Tochter Augusts des Starken 101, 105, 186
Friedrich I., König von Preußen 81, 113, 138, 161, 165f., 178
Friedrich II., König von Preußen 8, 80, 82, 84, 86f., 122, 146, 164, 166, 168, 176, 179f., 190f.
Friedrich III., König von Dänemark 19
Friedrich III., Kurfürst von Brandenburg 93, 161
Friedrich IV., König von Dänemark 60, 65, 121, 124, 178, 187
Friedrich August, illegitimer Sohn Augusts des Starken und der Fatima, späterer Graf Rutowski 83, 98, 102, 122, 164, 186
Friedrich August, illegitimer Sohn Augusts des Starken und der Gräfin Cosel 101, 186

Friedrich August II., als August III. König in Polen 7, 68f., 72f., 74ff., 79f., 82f., 84ff., 88, 92, 94ff., 106, 120, 127f., 131, 167, 184, 188f., 191

Friedrich August III., Kurfürst von Sachsen, Herzog von Warschau 8, 89

Friedrich Christian von Sachsen 74, 189

Friedrich Wilhelm I., König von Preußen 66, 82, 102, 105f., 122, 126, 133f., 162ff., 168, 173, 187, 190f.

Friedrich Wilhelm II., Kurfürst von Brandenburg 96

Friesen, sächs. Adelsgeschlecht 112

Friesen, Heinrich Friedrich, Graf von 105, 109, 111, 144, 158

Frisch, Freiherr von 87

Fritsch, Thomas, Freiherr von 176f.

Fröhlich, Joseph 119

Fuchs, Johann Gregor 150f.

Fürstenberg, Anton Egon, Fürst von 49, 54, 116, 122, 154, 185

Gärtner, Andreas 184

Geibel, Emanuel 178

Georg, Herzog von Sachsen 10, 49

Georg Wilhelm, Markgraf von Brandenburg-Bayreuth 149

Gersdorf, sächs. Adelsgeschlecht 18

Gersdorf, Nikolaus, Freiherr von 46, 92

Giorgione da Castelfranco, eigtl. Giorgio Barbarelli 145, 185

Goltz, von der 66

Gottsched, Johann Christoph 74, 174

Grumbkow, Friedrich Wilhelm von 168, 175, 191

Gunst, Peter Stevens van 60

Harrach, von, kaiserlicher Gesandter in Dresden 42

Hasse, Johann Adolph 191

Haugwitz, sächs. Adelsgeschlecht 109

Haugwitz, Hans Adolph von 41, 55, 92, 109

Haxthausen, Christian August von 27, 30, 32

Heermann, Paul 142

Heinecken, Carl Heinrich von 78f.

Heinichen, Johann David 128

Heinrich, Herzog von Sachsen 10, 15

Hennecke, Johann Christian 79

Höroldt, Johann Gregorius 142

Hohmann, Peter, geadelt von Hohenthal 157

Holland, Christian Friedrich 51

Holtzbrink, Georg Hermann, Edler von 170

Holtzenbrink, Kammerjunker 121

Hoym, Adolph Magnus, Graf von 66, 100, 104, 112

Hoym, Anna Constantia von s. Brockdorff, 65, 98ff., 104f., 118ff., 124, 162, 186ff.

Irminger, Johann Jacob 142

Iwan IV., der Schreckliche, Zar von Rußland 140, 160

Jauch, Johann Daniel von 69, 174

Johann Adolf II., Herzog von Sachsen-Weißenfels 96

Johann Georg, Herzog von Sachsen-Weißenfels 96

Johann Georg, illegitimer Sohn Augusts des Starken, Chevalier de Saxe 99, 186

Johann Georg I., Kurfürst von Sachsen 22, 29

Johann Georg II., Kurfürst von Sachsen 9, 17ff., 22, 24, 183

Johann Georg III., Kurfürst von Sachsen 19f., 25, 28, 36, 92, 159, 183f.

Johann Georg IV., Kurfürst von Sachsen 19, 21, 26, 29, 35f., 41, 44, 93, 101, 147, 159, 184

Johann III. Sobieski, König von Polen 48, 59, 185

Joseph I., deutscher Kaiser 104, 187

Kändler, Johann Joachim 119, 142

Kanne, Baron von 22

Karcher, Johann Friedrich 70, 130, 136, 185

Karl II., König von England 24

Karl IV., deutscher Kaiser 187

Karl V., deutscher Kaiser 15

Karl XII., König von Schweden 40, 60f., 72, 91, 99, 124, 156, 160, 186ff.
Kasimir IV., König von Polen 49
Kastner, Johann Abraham 115
Katharina, illegitime Tochter Augusts des Starken, Gräfin Rutowski, Gräfin von Bielinska 70, 105, 122, 167
Katharina II. »die Große«, Zarin von Rußland 88
Kees, Johann Jakob 148
Kellerthaler, Hans 140
Klengel, sächs. Adelsgeschlecht 18
Klengel, Wolf Caspar von 21, 32, 135, 183
Knoch, Johann Ernst von 55, 92
Knöffel, Johann Christoph 138
König, Johann Ulrich 115
Königsmarck, Marie Aurora, Gräfin von 42, 61, 98, 103, 123, 132, 185
Kolowrat-Krakowsky, Anna von 78
Kregel, Johann Ernst, geadelt von Sternbach 157
Krögner, Johann Gottfried 149

La Croix, François de 63
Lakoffskin, Elisabeth 114
Lange, königlicher Diener 120
Lehmann, Johann 154
Leibniz, Gottfried Wilhelm 144

Leopold I., deutscher Kaiser 65
Leszczyński, Stanislaw 61, 68, 72, 76, 186, 191
Lichtenstein, Fürstin von 132
Lindenau, sächs. Adelsgeschlecht 113
Lipski, Bischof von Krakau 78
Liselotte von der Pfalz s. Orléans, Elisabeth Charlotte von
Löser, Hans von 46, 55, 112
Löwendal, Woldemar von 109f., 130
Lohenstein, Daniel Caspar von 36
Longuelune, Zacharias 136ff., 142ff.
Lubomirska, Fürstin von, s. Boccum, Ursula Katharina
Lubomirski, Georg Dominic, Fürst von 61, 99
Ludwig XIV., König von Frankreich 32, 95, 135, 164
Ludwig XV., König von Frankreich 104
Lüttichau, sächs. Adelsgeschlecht 112

Magdalena Sibylla von Brandenburg 182
Magdalena Sibylla von Brandenburg-Bayreuth 182
Manteuffel, Ernst Christoph Freiherr, später Graf von 66, 119
Maria Anna von Sachsen 74
Maria Antonia von Bayern 74

Maria Josepha, Erzherzogin von Österreich 68, 74, 77, 106, 128, 131, 167, 189
Maria Josepha von Sachsen 74
Maria Kasimira, Gemahlin des polnischen Königs Kasimir IV. 54
Mauro, Allessandro 130, 132
Mauro, Girolamo 130
Menzel, Friedrich Wilhelm 179
Miltitz, sächs. Adelsgeschlecht 18
Miltitz, Alexander von 94, 109
Mitzler de Kolof, Verleger 59
Mniszech, Jerzy August 85
Mock, Johann Samuel 121
Mordax, Sigismund von 131
Moritz, Herzog, später Kurfürst von Sachsen 10ff., 15f.
Moritz von Sachsen, illegitimer Sohn Augusts des Starken, bekannt als Marschall von Frankreich 98, 103f., 120, 185
Moritz Wilhelm, Herzog von Sachsen-Zeitz 96, 188
Mosczynski, Anton, Graf von 70, 74, 105
Müller, Philipp Heinrich 40

Napoleon Bonaparte 89, 180
Nattier, Jean Marc 103

Naumann, Johann Christoph 154, 189
Neitschütz, sächs. Adelsgeschlecht 18
Neitschütz, Sibylla Magdalena von, Reichsgräfin von Rochlitz 36, 101
Nienborg, Hans August 156
Nostitz, sächs. Adelsgeschlecht 112

Orczelska, Anna Cathérina, s. Anna Cathérina
Orléans, Elisabeth Charlotte von, gen. Liselotte von der Pfalz 32, 35, 95, 120

Patkul, Johann Reinhold von 59, 91
Pauli, Matthäus 30, 34
Permoser, Balthasar 26, 187
Pesne, Antoine 52, 110
Peter I. »der Große«, Zar von Rußland 53, 59ff., 68, 159, 160f., 170, 187
Peter III., Zar von Rußland 87
Pflugk, August Ferdinand, Graf von 120
Philipp I., Landgraf von Hessen 17
Philipp II., König von Spanien 35
Pisendel, Johann Georg 127, 190
Planitz, sächs. Adelsgeschlecht 113
Pöllnitz, Karl Ludwig, Freiherr von 121f.
Pöppelmann, Matthäus Daniel 70, 92, 125, 129f., 132, 136f., 142, 145, 149, 154, 186ff., 191

Polignac, Melchior de, Graf, französischer Gesandter 54
Ponickau, sächs. Adelsgeschlecht 18, 109, 113
Potocki, poln. Adelsgeschlecht 79
Przebendowski, Krongroßschatzmeister 64

Raab, Bischof von, s. Christian August von Sachsen-Zeitz
Radziejowski, polnischer Kardinalprimas 54, 61
Rechenberg, Johann Georg von 22
Reibold, von, Kammerherr 110
Rénard, Henriette 99, 106, 187
Reuß, Gräfin von 118
Rex, Karl August 79
Rexrath, Johann Christoph 115
Rivius, Johannes 17
Romanus, Franz Conrad 150
Rutowski, Graf von, s. Friedrich August
Rutowski, Gräfin von s. Katharina

Saint-Aubin, Augustin de 78
Saul, Ferdinand Ludwig 79
Schatz, David 151
Schleinitz, sächs. Adelsgeschlecht 18, 109
Schlosser, Friedrich Christoph 178
Schmied, Kriegsrat Friedrich Augusts II. 79
Schmiedel, »Postmeister« und Hofnarr 119
Schmiedt, Johann Christoph 128

Schneider, Georg Jacob 21
Schönberg, sächs. Adelsgeschlecht 109, 113
Schöning, Hans Adam von 41f., 48, 119
Schreiber, Johann Georg 153
Schütz, Heinrich 24
Schulenburg, General 103
Schwan, William 24
Seckendorf, Veit Ludwig von 96
Seyffertitz, Rudolph Gottlob, Freiherr von 111
Sieniawski, Adam 58
Sibylla Elisabeth von Württemberg 182
Sigismund I. August, König von Polen 57
Silvestre, Louis de 73, 77, 95, 102f., 164f., 167
Solicole, Margherita 27
Sophia, Herzogin von Sachsen-Weißenfels 149
Spiegel, Georg 98
Staszewski, Jacek 64, 79
Strungk, Nicolaus Adam 152
Sulkowski, Alexander Joseph, Fürst von 75, 79f., 94, 177

Taube, sächs. Adelsgeschlecht 18
Teschen, Fürstin von, s. Boccum, Ursula Katharina
Thielau, Hanß Gottlieb von 112
Thiele, Johann Alexander 101
Thomae, Johann Benjamin 142
Tola, Gabriele da 10

Treitschke, Heinrich von 178
Triller, Daniel Wilhelm 141
Troc (Trotz), Michael Abraham 58
Troppaneger, Christian 115
Trützschler, sächs. Adelsgeschlecht 112
Tschirnhaus, Ehrenfried Walther, Graf von 144

Vauban, Sébastien le Prestre de 32
Vehse, Eduard 178
Veracini, Francesco Maria 128
Vesnich, Wolfgang Heinrich 54, 109
Vitzthum, sächs. Adelsgeschlecht 118
Vitzthum, von, Kammerpage Augusts des Starken 30, 104
Vivaldi, Antonio 127

Vota, Beichtvater Augusts des Starken 66

Wackerbarth, Christoph August, Reichsgraf von 66, 119, 136ff.
Wackerbarth-Salmour, Graf 76, 84
Wagner, Gottfried 157
Walther, Georg Wilhelm 79
Watzdorf, Christian Heinrich, Graf von 119
Weck, Anton 23
Wehme, Zacharias 16
Weidmann, Moritz Georg 157
Weiß, Johann Friedrich 111
Welsch, Gottfried 151
Wermuth, Christian 49
Werner, Anna Maria 132
Wilhelm III. von Oranien, Statthalter der Niederlande, König von England 138
Wilhelmine Friederike

Sophie von Preußen 122, 125, 164, 166f., 187
Wilhelmine von Brandenburg-Bayreuth 106
Wolffgang, Johann Georg 110, 121
Wolframsdorf, sächs. Adelsgeschlecht 18
Wolframsdorf, Hermann 22
Wollick, Johann 114
Woulmyer, Baptist 128

Xaver, Prinz von Sachsen 89

Zech, Bernhard 109
Zehmen, sächs. Adelsgeschlecht 112
Zigler und Kliphausen, Heinrich Anselm von 35
Zinzendorf, Margarethe Susanne von 27
Zucchi, Lorenzo 79
Zürner, Adam Friedrich 148f., 171f., 187, 189